本书得到“中央高校基本科研业务费专项资金”资助

(This work was supported by“the Fundamental Research Funds for the Central Universities”)

刘子平／著

民间金融法律治理何以失效？

基于对区域性民间金融风暴成因的分析

WHY DID THE LEGAL GOVERNANCE OF INFORMAL FINANCE FAIL?

BASED ON THE ANALYSIS OF THE CAUSES OF THE REGIONAL INFORMAL FINANCIAL STORMS

法律出版社
LAW PRESS · CHINA
北京

图书在版编目（CIP）数据

民间金融法律治理何以失效?：基于对区域性民间金融风暴成因的分析 / 刘子平著. -- 北京：法律出版社, 2024. -- ISBN 978 - 7 - 5197 - 9422 - 4

Ⅰ. D922.280.4

中国国家版本馆 CIP 数据核字第 2024N3S764 号

民间金融法律治理何以失效?

——基于对区域性民间金融风暴成因的分析

MINJIAN JINRONG FALÜ ZHILI HEYI SHIXIAO?

—JIYU DUI QUYUXING MINJIAN JINRONG FENGBAO CHENGYIN DE FENXI

刘子平 著

责任编辑 慕雪丹　章　雯
装帧设计 鲍龙卉

出版发行 法律出版社
编辑统筹 法商出版分社
责任校对 赵明霞
责任印制 胡晓雅
经　　销 新华书店

开本 710 毫米×1000 毫米　1/16
印张 13.5　　**字数** 208 千
版本 2024 年 8 月第 1 版
印次 2024 年 8 月第 1 次印刷
印刷 北京新生代彩印制版有限公司

地址:北京市丰台区莲花池西里 7 号(100073)
网址:www.lawpress.com.cn
投稿邮箱:info@lawpress.com.cn
举报盗版邮箱:jbwq@lawpress.com.cn

销售电话:010 - 83938349
客服电话:010 - 83938350
咨询电话:010 - 63939796

书号:ISBN 978 - 7 - 5197 - 9422 - 4　　**定价**:59.00 元

凡购买本社图书,如有印装错误,我社负责退换。电话:010 - 83938349

前　言

民间金融（或称非正规金融）与正规金融相对应，是指未受到国家金融监管机构控制的金融活动。改革开放以来，民营经济发展迅速，其对资金的渴求也越发强烈。由于我国金融领域尚存在“金融抑制”，国有正规金融机构的资金更多地流向了国有企业和大型企业，民营企业特别是中小民营企业融资困难问题较为显著，民间金融在这种情况下自发形成并发展壮大，在一个历史阶段内为私营经济的发展发挥了不可磨灭的作用。随着民间金融规模的不断增大，自20世纪90年代以来，一些机构、组织吸收大量公众资金、破坏国家金融管理秩序、威胁金融安全的现象时有发生，中央政府对其进行严厉打击，出现了“沈太福案”“邓斌案”等一系列涉案金额极高、社会反响极大的重大案件。之后，国家对相关活动的打击逐渐升级，从制定行政法规对其进行行政取缔到在1997年《刑法》中增设非法集资类罪名对其施以刑罚，惩治手段不可谓不严厉，惩处范围不可谓不广泛，而治理效果却不尽如人意。非法集资案件不但并未偃旗息鼓，反而愈演愈烈，并于2011年至2015年接连在一些地区出现集中性的民间金融资金链断裂与“暴雷”风潮，民间金融风险进入暴露期与高发期，严重影响到相关地区经济社会稳定。

作为民营经济和民间金融发展的领头羊和风向标，温州最先于2011年爆发民间金融资金链断裂风潮，参与其中的众多民企老板频频“跑路”，一时间引发舆论热议。随后，陕西神木、内蒙古鄂尔多斯等地相继出现类似情况。在这些地区，无论是参与非法集资的企业数量、集资金额、涉案人数，还是对经济、社会的影响，都不啻为一场区域性金融风暴。到2014

年年底、2015 年年初，全国多个省市陷入民间金融集中暴雷引发的阴霾中，由民间金融资金链断裂而诱发的挤兑、跑路、围堵、自戕等事件屡现报端。2015 年年底，“e 租宝”案、“泛亚”案等涉案金额惊人的全国性互联网集资诈骗案件被曝光，再次将民间金融与非法集资拉到了舆论的风口浪尖。

我国对非法集资的刑事打击可谓严厉，为什么民间金融活动演化成为非法集资的现象却还会屡禁不止，并在上述时间段内呈现出爆发之势，引发多地区域性金融震荡？我国在一段时期内对民间金融的法律治理为何收效甚微？2016 年后，随着中央相关政策法律文件的出台，以及地方政府对民间金融风险认识水平与处置能力的提高，局势逐渐好转，再未出现过集中性的民间金融暴雷风潮。但由于民间金融的发展与治理极具中国国别特色，并与宏观经济政策、金融监管制度密切相关，探求上述问题的答案，至今仍然具有重要的理论价值与现实意义。

有鉴于此，本书拟围绕“民间金融法律治理何以失效”这一问题展开探索。各章逻辑结构如下：第一章是导论，依次是研究背景、文献综述、研究问题、研究框架和研究方法；第二章是对在 2014—2015 年民间金融暴雷风潮中情况最为严峻的 H 省的调研情况的总结；第三章至第五章是对中心问题的分析，基于对 H 省的调研情况，结合相关理论，提出了解释民间金融法律治理失效原因的“三层面失灵”框架；第六章是比较法分析，借助功能主义的比较方法，对中美民间金融的相关法律体系进行比较；第七章是结论。

本书的主要创新点有二。一是提出了解释民间金融法律治理失效原因的“三层面失灵”框架。具体而言，我国在一定时期内对民间金融法律治理的失效有其内在逻辑和必然性，因为就此问题，市场、规制与私人执行（公民通过向法院提起民事诉讼保障其自身权益）三个层面都出现了失灵的问题：第一，市场失灵。民间金融在该时期的异常繁荣与彼时房地产等领域的资产泡沫密切相关。由于民间金融不受监管，其成为助长泡沫的最佳资金来源，与资产泡沫呈现相互促进的共生关系。民间资金本身的市场需求和市场价格同时上升，也呈现出一种泡沫化的状态。因此，该时期民间金融的疯狂滋长不仅是基于实体经济的融资需求，更多的是基于投机需求。此外，由于不受监管，野蛮生长的民间金融组织与相关市场的脆弱性尤为显著，其依赖的信用模式也具有内在缺陷，较之正规金融更容易出现市场失灵。随着2014年经济下行，三四线城市房地产泡沫呈现破裂趋势，民间金融泡沫随之破灭。第二，规制失灵。与国家所制定的非法集资法律制度体现的抑制性政策导向相反，地方政府具有“重发展、轻风险”的倾向，对民间金融的发展持默许甚至鼓励的态度。中央与地方的规制博弈在一定程度上削弱了国家制定的非法集资法律制度的实施效果。正规金融受到严格监管与民间金融实际上缺乏监管的不均衡状态，导致大量资金出于套利动机从正规金融部门涌向民间金融部门。面对客观存在且规模巨大的民间金融，中央政府和地方政府都未能进行有效的风险监管，从而导致金融风险的持续累积与骤然爆发。第三，私人执行模式也存在失灵的问题。芝加哥学派认为，面对常常出现的市场失灵，私人向法院提起诉讼的私人执行模式是比政府规制的公共执行模式更优的应对方式，而其前提是存在完善的法律与中立的司法系统。在我国，并不存在私人执行模式发挥作用的良好前提。一方面，一些相关法律问题（刑事与民事界限问题、刑事与民事审理顺序问题以及民事合同的效力问题）仍存争议；另一方面，由于民间金融案件属于影响地方金融稳定的涉众类案件，具有较高的政治敏感性，地方法院往往倾向于采取回避的态度。因此，在我国民间金融的语境下，芝加哥学派将私人执行模式作为政府规制的替代手段解决市场失灵问题的想法难以实现。

本书的第二个创新点是借助功能主义的比较方法，就中美两国对民间金融的法律治理展开了比较研究。非法集资是我国法律所创造出的本土概念，在外国法律中找不到与之对标的概念，这给以法律概念或法律规范为比较对象的传统比较法研究带来了看似无法逾越的方法论障碍。因此，以往鲜见就民间金融问题展开的系统的比较法研究。然而，笔者认为，强烈的差异性恰恰说明，就此问题展开中美比较研究具有重要价值。并且，以上方法论难题可通过采用功能主义的比较法研究范式进行破解。民间金融的实质是未获授权的金融活动，因此，比较法研究可从两国现实中均存在的实质相同的问题——未获授权金融活动出发，抽取两国法律中的相关规则，结合两国的不同语境展开比较研究。通过分析，本书提出，美国作为全球金融服务业和金融监管最为成熟的国家之一，虽未出现大规模、集中性的非法集资，但立法技术的局限、金融创新的涌现，以及监管套利与监管竞争冲动的存在，使未获授权金融活动在美国亦普遍存在，并亦可能导致金融风险的累积与爆发。其规制经验包括：通过对成文法与判例法的修订不断优化“银行活动”“证券活动”“期货活动”“集合投资计划”“保险活动”等基础概念的功能性定义，廓清金融监管的外部与内部边界，从而使未获授权的金融活动能够较为准确地落入适宜的监管类别与法律监管框架内。在此基础上，相关功能监管主体可及时对其采取执法措施，追究有关主体未妥善履行准入监管要求的民事、行政或刑事责任。此外，美国在 2008 年全球金融危机后设立了金融稳定监督委员会（Financial Stability Oversight Council，FSOC），可就两个以上功能监管主体对某一现实中出现的金融交易产生的监管管辖争议进行协调与建议。最后，美国法律还赋予一些金融活动的交易主体以监管管辖异议的私人诉权，以充分保障其合法权益。

目　　录

第一章 导 论

第一节 研究背景

一、民间金融与非法集资历史回顾

中华人民共和国成立初期，出于集中力量积累经济实力特别是培育和发展重工业的需要，我国实行国有资本对金融领域的绝对控制，禁止民间资本进入金融领域与国有资本争夺资源。这种对民间金融严格控制的政策导向由当时的国内外环境所决定，在特定历史时期有其合理性。[①] 在这一时期，合法的民间金融仅被限制在亲友之间偶尔为之的互助性质的私人借贷范围内；除此之外，实践中少量存在的高利贷、钱庄、合会、有偿集资等民间资金融通行为都受到严厉打击。[②]

改革开放以来，中央政府对民间金融的政策开始松动，对一些民间互助借贷之外的民间金融活动和民间金融组织的发展由绝对禁止转变为认可与鼓励。针对从 1984 年开始在一些地区的农村出现的具有合作金融性质的农村合作基金会，中央政府表示出认可的态度，并鼓励在全国范围内进行试验和推广。[③] 1992 年以后，社会主义市场经济改革方向的确立为中小企业拓宽了发展空间，民间金融适应了这些经济主体的融资需求而快速发展。随着民间金融的快速发展，出现了一些大量吸收民间资金、扰乱金融

---

① 参见魏倩：《中国金融管制的历史与变革》，复旦大学 2007 年博士学位论文。

② 参见陈蓉：《“三农”可持续发展的融资拓展：民间金融的法制化与监管框架的构建》，法律出版社 2010 年版，第 74 页。

③ 参见李静：《关于农村合作基金会的研究综述》，载《中国农村观察》2002 年第 6 期。

管理秩序甚至具有诈骗性质的集资事件。

1995年至2004年，政策又趋于严厉，1995年《商业银行法》、1995年《关于惩治破坏金融秩序犯罪的决定》、1997年《刑法》等相关法律文件的出台形成了非法集资类犯罪体系，据此惩治了一批非法集资的典型分子。

自2004年后，政策又开始回暖，此时，无论是决策部门还是社会舆论都开始越来越肯定民间金融的积极作用。从2004年开始，中央一号文件每年都有关于发展农村多层次金融体系的论述。2005年2月，国务院发布了《关于鼓励支持和引导个体私营等非公有制经济发展的若干意见》，提出要发展非公有制经济，并对其提供金融支持，这无疑为民间金融的发展释放了积极信号。2005年5月，中国人民银行在《2004年中国区域金融运行报告》中作出了对民间金融具有里程碑意义的描述，明确提出“正确认识民间融资的补充作用”①。2005年10月，中国人民银行决定在山西、四川、贵州、陕西、内蒙古五省（自治区）试点“只贷不存”的小额贷款公司。2009年6月，原中国银行业监督管理委员会（以下简称原银监会）颁布《小额贷款公司改制设立村镇银行暂行规定》，首次为我国民间金融机构向正规金融机构的转化给予明确指引。2013年，党的十八届三中全会提出“扩大金融业对内对外开放，在加强监管前提下，允许具备条件的民间资本依法发起设立中小型银行等金融机构”，同时要“加快推进利率市场化”。2013年，P2P、网络众筹等依托互联网和移动互联网技术产生的具有民间金融属性的互联网金融横空出世，不仅吸引了人们的眼球，甚至给传统银行业带来了不小的竞争压力。民间金融因互联网金融这一新鲜血液的注入而焕发出夺目光彩。这一年亦被媒体称为互联网金融元年。

改革开放以来民间金融之所以能够迅速发展壮大，主要有赖于民营经济的快速发展及其带来的巨大的资金需求。以2000年左右的数据为例，经过20年的发展，我国共新增了3000多万家私营企业，私营经济成为中国

---

① 中国人民银行货币政策分析小组编：《2004年中国区域金融运行报告》，中国金融出版社2005年版，第15-17页。

经济中最有活力的一部分；但截至2000年年底，整个国家银行系统贷给私营企业的资金尚不足1%。[①] 在难以得到国家正规信贷体系贷款的情况下，私营企业正是依靠民间金融的资金支持才创造出了中国的经济奇迹。

然而，在我国民间金融的发展过程中，始终存在一把“悬顶之剑”，那就是国家对非法集资的严厉打击。非法集资是法律对符合一定条件的民间金融活动的合法性所给予的否定性评价。这部分民间金融活动由于扰乱金融管理秩序、具有较大金融风险而被认定为“非法”。一般认为，一项民间金融活动符合“未经批准”“面向不特定公众”“承诺投资回报”“以合法形式掩盖非法目的”等条件，即构成非法集资。[②] 非法集资以刑法规制为主，涉及的罪名主要包括非法吸收公众存款罪，集资诈骗罪，擅自发行股票、公司、企业债券罪，欺诈发行证券罪等。这些罪名的涵盖范围不可谓不广，刑罚手段不可谓不严厉，[③]“蚁力神案”“吴英案”等震惊全国的非法集资大案所引起的社会反响也不可谓不强烈。然而，在越来越严厉的打击之下，非法集资案件发案形势却不容乐观：最高人民法院公开数据显示，2003年至2011年，全国法院年平均一审审结非法吸收公众存款案件566件，集资诈骗案件229件，而2012年的数据分别是此前年均数据的2.9倍和2.3倍，呈现大规模增长的趋势。此外，从2011年开始，温州、鄂尔多斯等民间金融发达地区开始出现集中性的非法集资资金链断裂情况，而到了2014年年底，这种区域性的民间金融风暴在全国多个省市上演，法院审理的非法集资案件数量也达到历史峰值。[④]

二、区域性民间金融集中暴雷现象频现

民间金融的发展具有明显的地域性特征，不同地方的政府对民间金融的不同态度、地方经济发展水平与文化传统的差异都给民间金融活动烙上

---

① 参见［美］蔡欣怡：《后街金融：中国的私营企业主》，何大明、湾志宏译，浙江人民出版社2013年版，第1－10页。

② 参见国务院办公厅《关于依法惩处非法集资有关问题的通知》。

③ 在2015年11月《刑法修正案（九）》实施之前，集资诈骗罪最高可判处死刑。

④ 参见钟文：《全国非法集资案达到历史峰值》，载《中国企业报》2015年6月9日，第3版。

了鲜明的地方烙印，从而使民间金融发展呈现一定的区域差异。进入21世纪的第二个十年，民间金融累积的风险开始在一些民间金融活动最为繁荣的地区引爆：2011年年底，温州最先发生了集中性的民间金融资金链断裂风暴；2012年，陕西神木、内蒙古鄂尔多斯等地也出现了类似情况。由于民间金融资金链断裂之后通常被执法和司法部门认定为非法集资类案件进行风险处置，因此，“民间金融危机”与“非法集资资金链断裂”等用语一时间频现报端，相关事件引发广泛关注。2013年，互联网金融元年到来，“P2P”“网络众筹”暂时取代“民间金融危机”“非法集资资金链断裂”成为金融领域最为火爆的焦点话题。然而，非法集资却依然在不停地潜滋暗长，并将魔爪延伸至P2P、网络众筹行业。2014年下半年开始，各地非法集资案件数量呈现出空前的爆发式增长趋势。根据非法集资处置部际联席会议公开的数据，2014年非法集资案件发案数量、涉及人数与金额均同比上涨两倍左右，呈现大爆发的趋势，① 包括港澳台地区在内的31个省级行政单位中87%的地市均出现了非法集资案件。② 其中，继此前的温州、鄂尔多斯之后，成都、南京、西安、兰州、洛阳、邯郸、娄底、信阳、安阳、苏州、桂林、柳州等越来越多的地区陷入民间金融集中暴雷危局，风险大有蔓延之势。③

普遍认为，从2014年下半年开始发生的新一轮区域性民间金融风暴与彼时宏观经济下行和房地产市场持续低迷的形势密切相关。由于上述两个原因，银行流动性趋紧，房地产企业更加难以从正规渠道获得资金，不得不以高额利息从民间吸收资金。随着市场进一步下行，民间借贷的利息不断升高（后期月息高达4%—5%），逐渐超出企业承受范围，导致大量房地产企业资金链断裂。④ 随之，如同多米诺骨牌一样，充当民间信用中介

---

① 其中，跨省案件133起，同比上升133.33%；参与集资人数逾千人的案件145起，同比增长314.28%；涉案金额超亿元的案件364起，同比增长271.42%。参见姚东：《向非法集资说不》，载《中国金融家》2015年第6期。

② 参见王丽娜：《非法集资新困局：民间投融资局部坍塌》，载《财经》2016年第1期。

③ 参见涂重航：《民间集资泛滥暴露监管真空》，载《新京报》2015年3月17日，B07版。

④ 参见吴红毓然、韩祎：《集资风险显露　高层严令排查》，载《财新周刊》2015年第49期。

的一些民间金融组织也出现了资金链断裂的情况。一时间，违约、挤兑、暴雷、跑路频繁上演，民间金融风险进入集中暴露期和高发期。[①] 2015年，非法集资危机持续发酵，在深度和广度上不断增强。[②] 这种恐慌挤兑和跑路风潮对当地经济社会造成的冲击不啻为一场金融地震，给当地群众的生活带来了方方面面的影响，并在多地出现了受害群众围堵政府、涉案人员自戕的群体性事件与极端性事件。[③]

在2013年互联网金融浪潮袭来之后，P2P等网络平台成为民间金融风险潜藏的新的重灾区。据报道，仅2014年一年，资金链断裂的网络借贷平台就达275家。[④] 其中，一些是纯粹的金融骗局，另一些则是从线下民间金融演化而来，打着互联网金融的噱头，仍然主要通过线下销售开展业务。[⑤] 2016年春节惊爆全国的"e租宝"集资诈骗案通过网络借贷平台集资诈骗500亿元人民币，受害人涉及31个省（直辖市、自治区），造成了严重的社会后果。

在本轮发生区域性民间金融风暴的省份中，H省是情况最为严重的省份之一。[⑥] 其辖区内所有地级市都存在立案的非法集资案件。虽早在2011年，H省A市就曾爆出多个房地产企业从事非法集资的案件，但H省民间金融集中暴雷是从2014年下半年开始的。从2014年下半年到2015年，H省被查处的非法集资案件呈明显增多的趋势，总涉案金额巨大。[⑦] 2015年春节前后，H省多个地市出现了受害群众围堵政府、涉案人员自戕等群体

---

① 参见钟文：《全国非法集资案达到历史峰值》，载《中国企业报》2015年6月9日，第3版。

② 参见吴红毓然、韩祎：《集资风险显露　高层严令排查》，载《财新周刊》2015年第49期。

③ 参见朱文彬等：《千里直击"跑路风"》，载《上海证券报》2015年1月19日，第4版。

④ 参见王晓洁：《机构：2014年P2P问题平台达275家》，载新华网，http：//news. xinhuanet. com/fortune/2015－01/03/c_ 1113857348. htm。

⑤ 参见红原：《中小房企涌入线下P2P寻资金　利率高企或生新泡沫》，载网易财经2015年5月8日，http：//money. 163. com/15/0508/10/AP3A94OQ00254TFQ. html。

⑥ 《财经》记者王丽娜根据公开资料整理的结果显示，2015年审结非法集资审计数量H省位居前列。参见王丽娜：《非法集资新困局：民间投融资局部坍塌》，载《财经》2016年第1期。

⑦ 由于通常从事非法集资的公司资金链断裂之后才会引发官方注意，从已侦破案件动辄数亿元的涉案金额来看，实际的非法集资数额与民间融资数额更加惊人。

性、极端性事件，H省政府也开始采取多项措施进行处置。

三、民间金融问题比较法研究的困境与突破

清朝末年的“西学东渐”思想在21世纪仍然是我国学术界的主流方法论，我们在社会经济发展中遭遇问题时，习惯于从西方发达国家的现有经验中寻求解决之法。美国是金融业和金融监管发展最为成熟的国家之一，其无论是在金融监管模式（总体上依然是分业经营、分类监管模式），还是在经济体量、人口数量、区域差异性上，较之于其他发达国家都与我国最为接近。因此，美国法是我们在金融领域进行法律移植最为重要的来源之一。然而，当我们就民间金融问题像往常一样将目光投向美国时，却发现无法找到完全相同的问题和现成的解决方法。我国经济转型大背景下经济、社会发展的不均衡状态使民间金融问题成为极具中国特色的现实问题。

当前，我国由计划经济向市场经济、由农村社会向城市社会的转变仍未最终完成，传统的、当代的、计划的和市场的各种成分混杂在一起呈现出一种极不寻常的复杂性，各个领域都存在不均衡发展的现象。[①] 此外，我国的经济转型采用渐进式改革方式，以“增量改革、实验推广、非激进改革”为主要特点。[②] 这就意味着在很多时候并非立法引领改革，而是改革先行、立法随后，可能会经常出现法治建设滞后于现实需要的情况。基于金融业的特殊重要性，与我国国民经济其他领域的市场化改革相比，我国金融业的市场化改革步调更为缓慢，无论是对行业准入、资金流向，还是对利率仍然存在一定的管制措施。整个金融体系呈现极不均衡的二元分割状态：一方面，国有企业长期享有占据主导地位的国有正规金融机构提供的源源不断的低成本资金供给；另一方面，中小民营企业因难以从正规金融渠道获得信贷支持，被迫转向高利率的民间金融市场。可以说，民间

---

① 参见［美］巴里·诺顿：《中国经济：转型与增长》，安佳译，上海人民出版社2010年版，第3-4页。

② 参见林毅夫、蔡昉、李周：《论中国经济改革的渐进式道路》，载《经济研究》1993年第9期。

金融在某种程度上是自下而上自发形成的一种“利率市场化”的表现形式。

成熟市场经济国家的金融市场以市场调节为主导，较能满足各类企业的融资需求，中小企业的直接或间接融资渠道较为通畅。以美国为例，中小银行成立的门槛较低，数量占银行总数的90%以上，成为中小企业获取资金的主要渠道。① 因此，大规模的民间金融与非法集资在美国很少出现，其法律中并不存在与我国的“民间金融”或“非法集资”内涵和外延完全等同的概念。可以说，这种差异性是由两国金融体制、经济发展阶段，甚至社会、文化因素的差异性所综合决定的。这种差异性一方面使传统的以法律概念和法律规范作为比较对象的比较法研究无法顺利进行，另一方面也昭示着中美相关问题之间的比较研究具有极大的价值。

事实上，上述方法论困境并非不可突破，以功能主义的比较法研究路径替代规范主义的比较法研究路径，相关问题便可迎刃而解。功能主义的比较法研究方法认为，法律概念和法律条文的差异并不意味着比较研究与借鉴是行不通的。比较法研究不应被局限于对完全相同的法律概念的比较，而应当挣脱纸面上的法律条文的束缚，关注法律规则对解决具体实际问题所发挥的功能。只要存在实质相同或类似的现实问题，就可以以之作为比较的起点，按照法律条文的功能将不同的法律条文重新拆分并组合形成相关法律体系，进而对其进行比较。这种功能主义和系统性的思维方式，可以帮助实现对法律规则差异较大的两个法律体系的比较。② 虽然美国法律中不存在与我国“民间金融”或“非法集资”完全相同的概念与现成的法律制度，却并不意味着其不存在实质上类似的问题，以及避免、解决该类问题的法律制度。并且，民间金融作为我国金融体制滞后的产物，对其治理应当对整个金融体制进行系统性改革，而非局部调整；美国金融监管的成功经验可为我国未来的系统性改革提供借鉴。

---

① FDIC, Community Banking Study (2020).

② ［德］K. 茨威格特、H. 克茨：《比较法总论》，潘汉典等译，法律出版社2003年版，第46页。

第二节 文献综述

一、现有文献中的民间金融概念

对于民间金融，国外学界通常采用的类似概念为非正规金融（informal finance），且对其内涵认识较为统一。例如，世界银行的报告中指出，非正规金融与正规金融相对，是指没有被中央银行监管当局所规制的金融活动。[①] 又如，伊萨克松（Isaksson）也将非正规金融等同于在国家监管范围之外的金融活动。[②] 就非正规金融的外延而言，一般认为其主要包括私人借贷、轮转基金、信用合作社、典当、财务公司，以及某些非政府组织等。[③] 由此可以看出，由于西方国家正规金融体系覆盖范围较为大，非正规金融通常仅指代那些仅具有个体性风险的采用原生、传统信用模式的金融活动。一旦这些金融活动的规模和复杂性达到一定程度，使其可能引发系统性风险，并对正规金融产生替代作用，便应当将其转化成正规金融加以规制。这是因为，规制安排应当与风险程度相适应：对个体风险而言，只需适用民商法保障单个交易安全即可对其进行有效控制；系统性风险作为一种市场整体风险，无法通过对单个交易的保障进行控制，必须从交易外部施加特别监管和规制，采用金融监管法加以调整。因此，是否可能引发系统性风险，是决定一项金融交易是否应当受到金融监管的标准，具体

---

① See World Bank, *Informal Financial Markets and Financial Intermediation in Four African Countries*, http: //www - wds. worldbank. org/external/default/WDSContentServer/WDSP/IB/2010/10/11/000333038_ 20101011033553/Rendered/PDF/570510BRI0Find10Box353745B01PUBLIC1. pdf.

② See Anders Isaksson, *The Importance of Informal Finance in Kenyan Manufacturing*, The United Nations Industrial Development Organization（UNIDO）Working Paper, http: //www. unido. org/fileadmin/import/userfiles/puffk/sin_ wps05. pdf, 2016 - 3 - 21.

③ See Dale W. Adams & Delbert A. Fitchett, *Informal Finance in Low - Income Countries*, Westview Press, 1992, p. 1 - 5. World Bank, *Informal Financial Markets and Financial Intermediation in Four African Countries*, http: //www - wds. worldbank. org/external/default/WDSContentServer/WDSP/IB/2010/10/11/000333038_ 20101011033553/Rendered/PDF/570510BRI0Find10Box353745B01PUBLIC1. pdf, 2016 - 3 - 20. Micheal Aliber, *Informal Finance in the Informal Economy: Promting Decent Work among the Working Poor*, International Labour Organization Working Paper, 2002, p. 1 - 4.

而言，可以通过交易规模以及是否针对特定群体来加以确定。[①]

在国内，“民间金融”“非正规金融”“非正式金融”等词汇常被用以指代相似概念，多数学者将这几个概念视为等同，[②] 本书亦赞同这种观点。由于在以上词汇之中，“民间金融”的使用频率最高（见表1－1），并且在本书所要讨论的区域性民间金融风暴的相关描述之中使用最多，因而，本书选择使用“民间金融”这一概念。

表1－1　中文学术论文使用民间金融类似概念频数对比

概念	民间金融	非正规金融	非正式金融
按“主题”检索得到的篇数	54, 958	21, 470	5950
按“篇名”检索得到的篇数	2455	638	75

数据来源：中国知网全文数据库（搜索日期2016年6月25日）。

与国外学者对非正规金融概念存在较为统一的认识不同，国内学者对民间金融（非正规金融、非正式金融）概念的认识不甚统一，且伴随着对民间金融的政策变化呈现出一个明显的转变过程，依产生时间的先后主要有产权说、工商注册说、监管说等几种不同的学说。产权说和工商注册说出现较早。例如，姜旭朝提出产权说，将资金来源是否为公有作为判断金融活动是否为民间金融的依据，即民间金融约等于“民营金融”。[③] 李丹红持类似观点，认为民间金融包含所有民营金融主体提供的相关服务。[④] 其后，姜旭朝又改变了其之前的看法，将民间金融的认定与是否根据《公司法》进行了工商注册相挂钩，将民间金融视同于未经工商登记而进行的金

① 参见刘少军：《准金融“机构与业务”监管的法理研究》，载王卫国主编：《金融法学家》（第5辑），中国政法大学出版社2014年版。

② 参见卢现祥：《论我国的体制性非正式金融》，载《财贸经济》1997年第5期；李建军：《中国未观测信贷规模的变化：1978～2008年》，载《金融研究》2010年第4期；陶广峰、谭正航：《我国农村金融组织法律制度：反思与创新》，载岳彩申主编：《中国农村金融法制创新研究》，群众出版社2011年版，第27页。

③ 参见姜旭朝：《中国民间金融研究》，山东人民出版社1996年版，第1－10页。

④ 参见李丹红：《农村民间金融发展现状与重点改革政策》，载《金融研究》2000年第5期。

融活动，即采用了工商注册说。[①] 监管说与国外文献中对非正规金融内涵的表述最为一致——以是否纳入政府监管作为核心特征。例如，左柏云认为，是否为民间金融的判断标准，应当是其是否被纳入我国金融监管机构监管的范围内。[②] 监管说目前在我国学术界占据主要地位。

产权说将民间金融的本质属性与主体的资金来源挂钩，带有鲜明的时代烙印；工商注册说与监管说的出现则是脱离计划经济色彩的一种进步。工商注册说与监管说的区别在于，前者将是否为民间金融与是否经过批准（合法性）挂钩，其本质上体现的是机构监管的逻辑，即一项金融活动被监管的前提是其被批准成为具有提供某类金融服务资质的金融机构；后者则将是否为民间金融与是否受到金融监管（正规性）挂钩。前者必须先经过合法性的判断，而后者则更多地是对客观状态的描述。需要注意的是，即使在监管说下，虽然我国的民间金融与西方学者描述的非正规金融内涵基本一致，但其外延却依然有较大差别：西方国家非正规金融的外延通常仅包括那些不具有系统性金融风险的采用原生、传统信用模式的金融活动，如货币借贷、轮转基金、信用合作社、典当、非政府组织等；在我国，由于正规金融的覆盖范围过于狭窄，民间金融的外延不仅包括与非正规金融类似的风险水平较低、与传统信用模式相联系、对正规金融具有积极补充作用的原生性金融活动（如私人借贷、合会、互助会、农村合作基金会等开展的金融活动），还包括另一部分规模巨大、影响显著、可能诱发系统性风险、对正规金融具有替代作用的金融活动（如非法吸收公众资金的融资性担保公司、小贷公司等准金融机构与一般工商企业，从事自融业务的 P2P 融资平台等开展的金融活动）。这部分民间金融因风险较高，已经超越了民间金融的应然范畴，本应被纳入金融监管体系，跻身正规金融的行列，但由于我国正规金融的覆盖范围仍然过于狭窄，使这些金融活

① 参见姜旭朝、丁昌峰：《民间金融理论分析：范畴、比较与制度变迁》，载《金融研究》2004 年第 8 期。

② 参见左柏云：《民间金融问题研究》，载《金融理论与实践》2001 年第 5 期。

动无法获得与其风险水平相匹配的监管安排，从而积聚了巨大的金融风险。[①]

现有文献对上述第二类民间金融的认识和研究存在不足：一些研究直接将我国民间金融的外延等同于上述第一类不具有系统性风险的金融活动，强调其积极作用，并基于此提出应当尊重和保留“非正式金融制度”的信息优势，对其应主要采用契约治理机制，尽量避免政府对其过分干预的政策建议。这类观点忽略了我国民间金融发展状况的特殊性，不符合我国民间金融发展的客观事实。实际上，近些年来规模迅猛增加并不断引发区域性民间金融风暴的，正是以上提到的第二类民间金融。另一些研究虽然注意到了民间金融内部的异化，但仍然秉承机构监管的思路提出将民间金融“合法化”的命题，即通过制定各种民间金融组织法甚至制定所谓的“民间金融法”来赋予民间金融合法地位。但这类观点实际上陷入了这样一种逻辑悖论之中——如果将这些民间金融“合法化”，那么其便不再是民间金融了，“民间金融法”这一概念本身便存在逻辑错误。并且，在不改革现有机构监管模式及非法集资法律制度的前提下，民间金融“合法化”的命题本身也与现行的非法集资法律制度相违背。

根据非法集资的定义，“非法”是指“未依照法律程序经有关部门批准”。在我国目前的机构监管模式下，金融监管主体的监管对象是依法设立的某种金融机构；未依照法律程序经有关部门批准的非法金融活动，则不在监管当局的监管范围之内。[②] 因此，非法集资符合监管说对民间金融的定义。“集资”所隐含的公开性要求（人数与金额要达到一定标准）又恰恰是系统性风险的具体表现形式。[③] 因此，非法集资实际上与具有潜在

① 参见刘少军：《准金融“机构与业务”监管的法理研究》，载王卫国主编：《金融法学家》（第5辑），中国政法大学出版社2014年版。

② 在实行功能监管模式的国家，监管当局的监管对象是符合功能性定义的金融交易，只要一项金融活动符合功能性定义，就应受到监管，而无论其是否由经过批准的机构所为。

③ 例如，最高人民检察院、公安部《关于公安机关管辖的刑事案件立案追诉标准的规定（二）》规定，非法吸收公众存款的一般立案标准为：非法吸收或变相吸收公众存款数额在一百万元以上的；或对象在一百五十人以上的；或给集资参与人造成直接经济损失数额在五十万元以上的应予立案追诉。

系统性风险的民间金融的范围大致重合。

二、现有文献中民间金融的产生原因

对于民间金融的产生原因，主要有金融抑制学说和信息经济学理论等几种相关理论。其中，麦金农（Mckinnon）和肖（Shaw）针对发展中国家提出的金融抑制论（financial repression hypothesis）与市场分割性假说（market segment hypothesis）具有较大的影响力。该学说认为，金融体制性原因是民间金融产生的根源。[①] 伊萨克松（Isaksson）继承了这种观点，提出金融抑制和金融政策的扭曲是造成民间金融大量存在的原因。[②] 国内学者普遍认同这种理论，并结合中国的现实情况进行了分析。例如，卢现祥从金融领域的市场需求与政府对金融的行政干预之间的关系出发，对我国民间金融产生和发展的原因及其影响进行了分析。[③]

与金融抑制说从经济体制、政府政策角度展开分析不同，信息经济学理论主要从民间金融本身的特性来展开分析。支持这一理论的学者认为，一些发展中国家和地区市场的结构和特征决定了民间金融比正规金融更具效率，这是这些国家和地区民间金融大量存在的重要原因。斯蒂格利茨（Stiglitz）和维斯（Weiss）认为，发展中国家的经济和金融信息匮乏，获取成本高，并且法律规定不完善。在这种情况下，正规金融市场的合同执行成本较高，并出现了信贷配给，以在一定程度上解决因信息缺失而造成的道德风险和逆向选择。非正规金融机构能够利用熟人之间获取信息的优势，并通过个人信誉、群体责任、关联交易等进行制约，保障合同的执行。相比而言，这些国家的非正规金融市场比存在信贷配给的正规金融市

---

① See Ronald I. Mckinnon, *Money and Capital in Economic Development*, The Brookings Institution, 1973, p. 177. Edward S. Shaw, *Financial Deepening in Economic Development*, Oxford University Press 1973.

② See Anders Isaksson, *The Importance of Informal Finance in Kenyan Manufacturing*, The United Nations Industrial Development Organization (UNIDO) Working Paper, http://www.unido.org/fileadmin/import/userfiles/puffk/sin_ wps05.pdf, 2016-3-21.

③ 参见卢现祥：《论我国的非正式金融与金融管制》，载《中南财经大学学报》1995年第1期。

场更具有效率。[①]

三、现有文献中民间金融的合理性、风险和法律治理

对我国民间金融的研究，还呈现出对合理性的关注多于对风险的关注的特点。这与在一定时间段内我国民间金融风险尚未充分暴露具有很大关系。

对民间金融的合理性，汪丽丽认为，非正式金融作为一种内生自发的金融形式，具有多种存在的制度动因，并不会因政府的严厉打击而减少，应当承认其合理性。[②] 陈蓉通过对世界各国非正规金融实践和制度的对比研究，提出民间金融可以充分利用熟人关系网的信息优势，是对正规金融的有益补充，具有支持民营经济的发展、缓解农村金融资源的极度匮乏、提高资金配置效率的积极作用。[③]

对民间金融的风险，霍夫（Hoff）和斯蒂格利茨（Stiglitz）认为，非正规金融建立在参与者间相互信任的基础上，但这种依靠信任的约束将随着涉及资金的增加越发脆弱，容易引发道德风险。[④] 李富有和匡桦提出了关于非正规金融组织的简化博弈模型，认为组织发起者的声誉是非正规金融组织成立以及正常运行的基础，但这一基础会随组织规模的扩大、组织参与者监督的缺失而越发脆弱，最终导致道德风险爆发。[⑤]

在对民间金融法律治理的研究方面，由于我国相关成文法律规定集中于对非法集资活动进行禁止性规制的金融法律法规和刑法条文中，因此，国内理论界对非法集资活动及其规制的研究较为丰富。部分研究聚焦于非法集资类犯罪的构成要件与司法实践，提出现行法律制度对“集资性、公

---

① See Stiglitz J. & Weiss A., *Credit Rationing in Markets with Imperfect Information*, 71 American Economic Review 393 – 410 (1981).

② 参见汪丽丽：《非正式金融法律规制研究》，华东政法大学 2013 年博士学位论文。

③ 参见陈蓉：《论我国民间金融管制的重构》，西南政法大学 2008 年博士学位论文。

④ See Karla Hoff & Joseph E. Stiglitz, *Imperfect Information and Rural Credit Market*, 4 World Bank Economic Review 235 – 250 (1990).

⑤ 参见李富有、匡桦：《基于声誉约束的民间金融组织风险及其防范》，载《华南农业大学学报（社会科学版）》2010 年第 1 期。

开性”的界定不够明确。[①] 部分研究提出，治理非法集资不应仅依赖刑法规制，而必须加强基础性金融法律法规的建设；提出解决非法集资问题的关键是改革金融监管，而非施加严厉的刑事惩罚。例如，刘燕认为，金融监管的逻辑应当是尊重和承认现实中存在的金融形式。[②] 黄韬认为，治理非法集资是刑法无法完成的任务，有效的解决方法应当是完善金融监管。[③] 对民间金融组织法律治理的展望，多数学者提出未来应当实行分类管理。例如，陈蓉认为，对于商业化程度较高、组织发展较为成熟的民间金融机构，可将其转化成正规金融机构；对于存在于乡村地区的市场化程度较低的民间金融机构，应当通过专门的民商事立法确认其合法性，并保留其非正规金融的特性。[④] 高晋康等认为，对民间融资应当进行分类，对“黑色金融”应当予以禁止，对应当纳入正规金融进行监管的金融活动应当规定其合法地位。[⑤] 汪丽丽认为，对非正式金融应以私人契约治理为主，辅之以适度的金融监管。[⑥]

四、现有文献评价及扩展

结合民间金融发展的现实情况，现有文献对民间金融的研究还有很多不足之处。总体来讲，国外文献虽然具有理论深度，但缺乏针对我国的特殊情况所进行的专门研究。国内文献对民间金融的概念界定不清，普遍将民间金融与国外的合作型金融混为一谈，强调非正式制度和传统型信用模式的信息优势，而忽视了民间金融活动所潜藏的巨大的金融风险；对民间

---

① 参见李有星、范俊浩：《非法集资中的不特定对象标准探析——证券私募视角的全新解读》，载《浙江大学学报（人文社会科学版）》2011 年第 5 期；彭冰：《非法集资活动的刑法规制》，载《清华法学》2009 年第 3 期。

② 参见刘燕：《发现金融监管的制度逻辑——对孙大午案件的一个点评》，载《法学家》2004 年第 3 期。

③ 参见黄韬：《刑法完不成的任务——治理非法集资刑事司法实践的现实制度困境》，载《中国刑事法杂志》2011 年第 11 期。

④ 参见陈蓉：《论我国民间金融管制的重构》，西南政法大学 2008 年博士学位论文。

⑤ 参见高晋康、唐清利等：《我国民间金融规范化的法律规制》，法律出版社 2012 年版，第 1－10 页。

⑥ 参见汪丽丽：《非正式金融法律规制研究》，华东政法大学 2013 年博士学位论文。

金融的研究与社会经济宏观形势割裂严重，民间金融与通货膨胀、民间金融与泡沫产业的关系方面的研究成果较少；重点讨论中央政府的刑事法律规制制度本身存在的问题，而忽略了地方政府基于其所拥有的剩余立法权对民间金融活动的鼓励性治理所起到的重要作用。

实际上，在金融领域，金融风险的集中爆发常常具有揭露金融监管体制隐藏问题的作用，并为金融改革提供了契机。以区域性民间金融风暴为切入点，相关经济学、政治学、法学理论仍可为本书中心问题的研究提供基础的理论支持。从根本上说，对金融进行监管属于政府规制，因此，规制经济学中的市场失灵理论、政府失灵理论与芝加哥学派的私人执行理论等都为本书提供了基本的理论分析框架。市场失灵是指市场运行中可能会出现一些情况影响市场机制资源配置功能的发挥，导致出现低效率或不公平的状况。面对市场失灵，福利经济学家们提出，政府应当出面对市场进行干预，以提高社会的整体福利；[①] 芝加哥学派则认为，解决市场失灵问题并不必然依赖政府规制，私人执行模式（当事人在其权益受到侵害时依据合同法或侵权法向法院提起诉讼）才是解决市场失灵的最佳模式。[②]

在转型经济与经济危机的特殊问题上，德米尔古克 - 肯特（Demirgus - Kunt）和德特拉贾凯（Detragachia）分析了 53 个国家在 1980 年至 1995 年银行业危机与金融自由化之间的关系后得出结论：在实行金融自由化的进程中，更可能发生银行业危机。对法律规则的尊重程度、腐败程度以及契约执行的程度都是具有重要影响的特征。[③] 谢经荣等认为，发展中国家处于金融开发进程之中，金融自由化初期盛行的投机促进了泡沫的形成。[④]

一些经济学和政治学学者还发现了地方政府在民间金融发展中所起到

---

① 参见［英］亚瑟·赛斯尔·庇古：《福利经济学》，何玉长、丁晓钦译，上海财经大学出版社 2009 年版，第 12 - 35 页。

② See Gary S. Becker & George J. Stigler, *Law Enforcement, Malfeasance, and Compensation of Enforcers*, 3 Journal of Legal Studies1 (1974): p. 1 - 18 (1978).

③ 参见世界银行《东亚复苏之路》编写组编：《东亚复苏之路》，中国财政经济出版社 1999 年版，第 132 - 154 页。

④ 参见谢经荣等：《地产泡沫与金融危机——国际经验及其借鉴》，经济管理出版社 2002 年版，第 10 - 20 页。

的重要作用。诸葛隽在考察温州民间金融发展情况的基础上，提出了中央政府、地方政府、民间金融的三方博弈框架，认为民间金融的发展得益于三方长期博弈形成的互惠模式。① 蔡欣怡通过对福建省、浙江省与河南省的对比研究，提出地方政府对中央政策法律的执行差异是造成不同地方非正规金融发展水平差异的主要原因。② 王毅认为，中国金融机构区域性差异的存在，使对不同地区采取差异化的金融宏观政策、金融管理政策成为必要。③ 何星认为，在中央和地方金融博弈的过程中，中央政府有权确定金融资源分配的基本格局，而不同地方政府通过其地方金融管理职能的实施事实上对中央制定的金融政策有着不同的配合程度。在很多时候，不配合或逾越中央政策可能会给地方带来更多的金融资源和金融管理权力，从而带来更多的经济利益；与此同时，也可能导致风险积累，甚至引发区域性或系统性的金融风险，致使国家整体利益受损。因此，地方应采取有效举措降低地方金融风险；中央也应当加强对地方金融风险的监测和管理。④ 郑永年认为，虽然中国是中央集权的单一制国家，但事实上具有联邦制的一些特征，各地方政府在决定某些地方事务上享有巨大的权力。⑤ 黄宗智认为，在中国的“国家—社会”关系中，社会可以被广义地解释为除中央国家领导层与官僚系统的最核心部分之外的所有阶层的利益集团，可以有争议地包括一系列实际上受官方认可的有组织的利益集团，诸如群众社团、社会组织甚至地方政府的部分机关。⑥ 就中国地方政府金融管理体制的未来变革，钱颖一、蒙廷诺拉（Montinola）、温加斯特（Weingast）提出了应维护“市场的经济联邦制”的观点，认为分权是中国经济成功的关

---

① 参见诸葛隽：《民间金融：基于温州的探索》，中国经济出版社 2007 年版，第 35 – 37 页。

② 参见［美］蔡欣怡：《后街金融：中国的私营企业主》，何大明、湾志宏译，浙江人民出版社 2013 年版，第 1 – 10 页。

③ 参见王毅：《中国区域金融结构差异性分析》，辽宁大学 2011 年博士学位论文。

④ 参见何星：《我国中央与地方金融博弈问题研究》，中共中央党校 2015 年硕士学位论文。

⑤ 参见郑永年：《中国的“行为联邦制”：中央—地方关系的变革与动力》，邱道隆译，东方出版社 2013 年版，第 1 – 7 页。

⑥ See Philip C. C. Huang, “*Public Sphere*” / “*Civil Society*” *in China*?: *The Third Realm between State and Society*, 19 Modern China 216 – 240 (1993).

键，建议中国在金融管理上探讨分权改革。①

第三节 研究问题

一、中心问题与民间金融的概念界定

基于以上研究背景与现有文献，本书拟对一段时期内民间金融法律治理失效的原因进行探索。基于文献综述中的相关讨论，本书对我国民间金融界定如下：民间金融是指主体、行为、工具等未被纳入政府金融监管范围内的以货币资金为标的的价值转移与本息支付。以下分别详细阐释其内涵与外延。

（一）民间金融的内涵

民间金融中的“金融”，是指以货币资金为标的的价值转移与本息支付。其不仅涉及资金融通行为，还涉及行为主体，更重要的是涉及整个金融系统的制度性安排。金融活动与一般经济活动的差别在于，其在很多情况下脱离了简单的、一对一的私人契约关系，体现出多人关系中的公共属性，需要以特别规制给予更为严格的保护。并且，从金融交易结构上看，无论是直接融资、间接融资还是集合投资工具，都包含了巨大的结构性风险，这种结构性风险很难通过民商法对单个金融交易的保护来有效控制。因此，金融业的有序发展必须辅之以覆盖全面、设置科学的法律监管框架，以期将不同类别金融活动的风险水平均控制在合理范围内，确保不发生系统性金融风险。对金融活动而言，金融监管法取代了民商法成为保护交易安全的主要法律依据。

民间金融中的“民间”，是指未被纳入金融监管的范围之中。这也正是民间金融与正规金融的区别之所在。由以上对“金融”的分析可知，由

① See Yingyi Qian, Gabriella Montinola & Barry R. Weingast, *Federalism, Chinese Style: The Political Basis for Economic Success in China*, 48 World Politics 50–81 (1995).

于金融活动内生的系统性风险和结构性风险，其规制制度须与金融活动同步发展，规制的存在和发展既是金融活动正规化的条件，同时也是金融活动现代化的标准；未纳入规制与监管框架的金融活动，即呈现出与现代化相对应的“原始性”特征。理论上，金融活动具有“原始性”意味着其结构较为简单、风险较小，从而不必纳入金融监管范围内；然而，在我国特殊的发展背景下，这种“原始性”却容易使人将其与“资金来源不明”或“未经授权”（非法性）联系在一起，从而在对民间金融的概念认识上出现模糊。

理论上，无论参与借贷与融资的资金供给方、需求方是国有经济主体还是民营经济主体，只要未被纳入金融监管范围，相关投融资行为在客观上均属民间金融范畴。但由于在改革开放初期，我国公有制经济的地位和资本数量具有绝对优势，注定了市场中的货币盈余供给方以公有制资本为主；经济力量的客观差距以及监管制度的路径依赖导致了对风险进行判断的技术性标准客观上与所有制标准存在相当部分的重合。正是这种重合误导了对于“民间金融”的判定标准，使其在所有制主体是公还是私、是否经过审批、是否取得资质等问题上纠缠不清。随着制度与经济的发展，资本盈余条件、主体标准、技术性风险标准三者的重合性逐渐降低，再应用主体标准来对技术性风险标准和资本盈余条件进行识别，已经越来越不具现实意义。此时，再将对借贷融资的规制和监管的标准建立在主体资质判断上，忽略私人部门的投融资需求，错误地认为资金来源于私人部门的金融活动都是“本身违法”的，并以其形式上未经国家审批而设立为理由，将其一概归类为不合法的融资方式，无疑是对金融监管理解的一种偏差。缺少管理、未经批准等仅是民间金融的外在表现，并且，造成这些情况的原因是现有的监管制度并未给予其正规化的途径；民间金融的实质特征仍然是其没有被纳入正规的风险规制和金融监管制度下，从而使其表现为不规范和不正式。因此，民间金融的“民间”与资金来源无关，与合法与否也不完全等同，而与“不受监管”联系密切。在西方国家，也存在很多没有政府授权的非法金融活动，如未经注册的证券发行行为、未经授权的银行业务等，但其仍然受到金融监管机构的监管。在这些国家，金融监管模式并非机构监管，而是功能监管。在机构监管模式下，由于金融监管只针对法定类型的金融机构（商业银行、证券公司、基金公司、期货公司、保险公司等），未获授权的金融机构自然被排除在金融监管范围之外。在功能监管模式下，由于金融监管针对的是金融活动发挥的金融功能，因此，所有符合基础金融活动（银行活动、证券活动、期货活动、集合投资计划、保险活动等）功能性定义的金融活动，无论其是否为合法金融机构所从事，只要达到监管标准，都在功能监管的范围之内。一项金融活动不受监管的唯一正当理由是其风险较小尚不必要对其进行监管，监管安排应当与风险程度而非其他因素（如资金来源、合法性）相匹配。

通过以上分析不难发现，我国民间金融的概念本身即存在一定的矛盾性。“金融”的高风险性，要求在达到一定规模和复杂程度时理应受到外部监管；“民间”又表明，这些金融活动事实上并未受到金融监管。因此，应然意义上的民间金融，应当仅包括风险较小因而不必受到监管的那一部分金融活动。我国实践中却存在大量的具有系统性风险却游离于金融监管范围之外的民间金融。如上文所述，这部分民间金融活动与我国法律规定的非法集资的范围大致重合。正是这部分风险水平与监管安排不匹配的、夹杂在应然与实然之间的、构成非法集资的民间金融活动，导致了金融风险的大量累积，在经济下行时出现集中性违约，诱发了区域性民间金融风暴。因此，对我国民间金融进行法律治理的首要与核心问题，就是要解决民间金融概念中存在的应然与实然之间的矛盾。

（二）民间金融的外延

从外延上看，我国的民间金融采取的具体组织形式、业务模式多种多样。依照行为主体进行分类，民间金融可以分为个人从事的民间金融活动、准金融机构从事的民间金融活动、互联网金融企业从事的民间金融活动、普通工商企业从事的民间金融活动、未注册机构从事的民间金融活动（见表1－2）。其中，需要特别注意的是，融资性担保公司、小额贷款公司、典当行等由地方政府批准设立的从事一定金融服务却不受金融监管机构监控的准金融机构，其本身经营范围中的融资担保、典当、小额贷款等业务，并不具备发展为系统性风险的潜力；但随着时间的推移，当其主营业务逐渐异化为面向社会公众的“集资”“理财”行为时，其后期从事的这些活动便具备与正规金融活动相同的风险。

表 1-2 民间金融活动依照主体的分类列表

类型	内　　容
个人	私人借贷、个人从事的非法集资活动等
准金融机构	准金融机构从事的合法金融活动与非法集资活动
互联网金融企业	P2P 平台等从事的非法集资活动
普通工商企业	房地产公司、教育机构等从事的企业拆借、非法集资活动等
未注册机构	地下钱庄、合会等从事的民间金融活动

根据交易结构的复杂程度，民间金融又可以分为一对一民间借贷、合作式民间金融、直接融资型民间金融、集合投资型民间金融与存款机构型民间金融，其交易的复杂程度和交易风险依序递增（见表 1-3）。其中，一对一民间借贷是最为简单的民间金融形式，当事人可以自行分配风险，使用民商法保障合同实施即可。合作式民间金融是非营利的、建立在传统熟人信用基础上的民间金融活动，所筹集资金供内部人员使用。合作式民间金融以合会为典型代表，但实践中，随着规模的扩大和复杂程度的提高，很多合会逐渐演化成为更复杂的交易结构，存在“倒会”风险。直接融资型民间金融是企业为了获取用于自身生产经营的资金而直接吸收资金，其风险大于一对一民间借贷与合作式民间金融，类似于正规金融中的证券发行行为。集合投资型民间金融类似于共同基金、投资公司业务，其与直接融资型民间金融的区别在于，集合投资型民间金融筹集的资金不用于自身生产经营，而是进行投资和证券交易。存款机构型民间金融组织以固定利率吸收公众的“存款”用于向其他企业放贷，其业务模式的实质类似于商业银行，具有极大的金融风险。

表 1－3 民间金融活动依照交易结构的分类列表

类型	内 容
一对一民间借贷	私人借贷、典当等
合作式民间金融	合会、轮会、抬会等
直接融资型民间金融	房地产企业等直接吸收资金用于自身生产经营
集合投资型民间金融	“e 租宝”非法集资、私募基金等资金池理财
存款机构型民间金融	担保公司、地下钱庄等吸收公众存款用于放贷

按照是否具有非法占有目的进行分类，民间金融可以分为欺诈性民间金融与非欺诈性民间金融（见表 1－4）。欺诈行为本身就是道德风险的一种极致的表现形式，因此，欺诈性民间金融的投资者面临巨大风险。实践中，欺诈性民间金融与非欺诈性民间金融常常掺杂在一起，许多非欺诈性民间金融在后期会朝向欺诈性民间金融进行转变。

表 1－4 民间金融活动依照是否具有非法占有目的的分类列表

类型	内 容
欺诈性民间金融	庞氏骗局、金字塔骗局等诈骗行为
非欺诈性民间金融	不具有欺诈性的民间金融活动

按照潜在风险是否达到外部干预标准进行分类，民间金融又可以分为未达到外部干预标准的民间金融与达到外部干预标准的民间金融（见表 1－5）。前者是原生性的、依赖传统信用的金融活动，如民间借贷、非营利性质的合作金融等。由于风险较小，在传统上通常采用民商事法律直接进行调整。这部分民间金融对正规金融具有积极的补充作用，能够利用熟人信用的信息优势，填补正规金融无法覆盖的空白领域。然而，未达到外部干预标准的民间金融在一定条件下也可能会转化为达到外部干预标准的民间金融，如上文提到的合会的转化。达到外部干预标准的民间金融活动包含民间集资、地下钱庄、民间票据贴现，以及融资性担保公司、小额贷款公司、典当行、互联网金融平台等从事的类似于吸储放贷、发行证券与集合投资工具的金融活动，这些金融活动风险较大且对正规金融具有替代

作用。如前文所述，达到外部干预标准的民间金融与我国法律规定的非法集资范围大致相当。

表1-5 民间金融活动依照潜在风险是否达到外部干预标准的分类列表

类型	内　容
未达到外部干预标准的民间金融	私人借贷、合作金融（初级阶段）
达到外部干预标准的民间金融	各类主体所进行的非法集资活动

达到外部干预标准的民间金融活动与正规金融活动风险无异，理论上应当被纳入金融监管体系内，由金融监管法进行调整，但其实际上却游离于监管体系之外。正是这部分民间金融活动应然状态和实然状态的矛盾，导致人们对达到外部干预标准的民间金融到底是不是民间金融感到进退两难。实际上，对于这部分民间金融而言，如果其在将来获得了正规金融的身份、受到金融监管当局的监管，那么其便不再是民间金融了。也就是说，民间金融的外延是动态性的与建立在实然基础上的。恰恰是这一部分夹在应然和实然裂缝之间并随时可能演变成为正规金融的民间金融的风险持续累积，才酿成了一段时期内此起彼伏的区域性民间金融风暴。民间金融法律治理的失效，也在于未妥善解决这一应然状况和实然状况之间的矛盾，未厘清对哪些民间金融应当施加规制，将其纳入正规金融的范畴之中（实现正规化），以及将其纳入何种正规金融监管类别之中。

现有文献对这部分民间金融普遍没有给予足够重视。一些学者片面强调不具有系统性风险的民间金融的积极作用，提出应保持其非正规性，因此主张民间金融应主要受到民商法调整；还有一些学者提出了将民间金融合法化的观点，即通过降低正规金融的准入门槛，或增设新的正规金融门类，将这些民间金融组织改造成正规金融机构以有效控制其风险。然而，本书认为，“合法化”的提法依循的仍然是机构监管的思维逻辑——某一组织受到金融监管的前提是其依法获得正规金融机构的资质。功能监管的思路是以风险控制为核心，将正规金融的覆盖范围扩大到所有可能诱发系统性风险的金融活动，而无论这些金融活动是否受到政府授权（进而是否为合法）。只有这样才能够真正避免出现监管空白，有效控制金融风险。

因此，合法化不等于正规化。应通过一定的方式将这部分民间金融正规化，再通过市场化改革措施实现更多金融活动合法化，使更多主体能够参与市场竞争，从而改变金融抑制对金融市场的扭曲作用。

最后，鉴于民间金融与正规金融是一体两面的一对概念，明确了正规金融的覆盖范围，需要被正规化的民间金融的范围就自然得以确定。因此，研究民间金融正规化的问题，也就是研究正规金融覆盖范围的修正问题，研究如何将现行金融监管体系的覆盖范围扩大到能够有效防控民间金融风险的问题。这涉及金融监管的外部边界问题。此外，由于民间金融的交易结构、风险特征多种多样，在将达到外部干预标准的民间金融活动纳入正规金融体系之后，具体某一特定金融交易应落入哪一种监管类别（银行、证券、期货、集合投资计划、保险等）、由哪一个监管主体进行监管，也是需要进一步考虑的问题。这又涉及金融监管的内部边界问题。因此，民间金融的正规化应建立在对我国金融监管体制的系统性改革之上，需要采用整体性而非局部性的思维，而绝不能如一些学者所提出的那样，在正规金融法律体系之外另外制定一部“民间金融法”。

二、中心问题与区域性民间金融风暴成因分析

区域性民间金融风暴即一定时期、一定区域内民间金融集中性资金链断裂的现象为研究本书中心问题的主要现实素材，对其的分析包括对以下两个问题的探索：（1）民间金融产生并“野蛮”生长的原因；（2）区域性民间金融风暴的成因。对第一个问题的分析必然会涉及民间金融存在的合理性问题，而对第二个问题的分析则实际上是对民间金融潜藏的风险的深入探讨。在对民间金融的合理性及其风险进行全面认识、均衡考量的基础上，才能科学研判民间金融法律治理存在的问题与改进路径，对中心问题作出回答。实际上，由于对民间金融的产生、发展的研究恰恰也是研究区域性民间金融风暴的逻辑起点，风暴发生往往是前期发展过程中“非理性繁荣”的后果。因此，上述两个问题都可以在对区域性民间金融风暴成因的研究中得到解答。

对区域性民间金融风暴成因的分析尤其要注意地方政府的作用。法学

界对民间金融规制的现有研究，通常集中在对现有中央政府制定的正式制度（主要为非法集资类刑法规范）的立法目的、立法技术、司法实践等方面的考察上，讨论正式制度所存在的问题并提出相关建议。然而，这种惯常的研究路径可能由于受到纸面法条的局限而无法看清制度（包括正式制度和非正式制度）在现实中的真实运行状况，忽略了地方政府及其主导下的非正式制度所发挥的重要作用。基于西方学者对我国“中央—地方”关系可以适用“国家—社会”框架的观点所带来的启发，本书在研究民间金融风暴的成因时提出以下假设：第一，地方政府的相关政策、行为为民间金融创制了一套非正式制度，这套非正式制度与中央政府所制定的抑制导向的正式法律制度相比，体现为放任与鼓励的政策导向。其原因是，地方政府显然认识到了民间金融对地方经济发展的促进作用，却对民间金融的风险认识明显不足。第二，中央正式制度与地方非正式制度之间的博弈以后者获胜告终，后者对地方的融资者、投资者和中介机构的影响更大。正是地方的非正式制度的存在，在一定程度上削弱了中央正式制度的效果，导致民间金融在地方的发展“有恃无恐”。后期风险集中爆发进一步证明，地方的非正式制度是不足的。民间金融本身潜藏的巨大风险，决定了这套“重发展、轻风险”的非正式法律制度是不可持续的。因此，需要重新找到制度的均衡，达到兼顾风险与效率、实现金融市场持续发展的目标。

本书拟选取H省在2014年至2015年之间所发生的区域性民间金融风暴作为研究样本，原因如下：首先，由于省级地方政府在财权、事权上较为独立，一省之内的经济金融发展水平、文化传统又较为一致，因此省级行政单位常常成为讨论我国的地方问题时所选取的样本。在民间金融的相关问题上，由于省级行政机关是管理准金融机构和处置非法集资风险的第一责任人，一省范围内奉行相同的金融政策，适用同样的监管制度和事后处置机制，因此，以省级行政单位作为研究民间金融和区域性民间金融风暴的样本是比较合理的。并且，虽然不同省份的民间金融组织形式、发展程度不尽相同，但由于受相同宏观经济形势、法律制度的影响和作用，其大体发展趋势、存在的主要问题又具有高度一致性，这一点从各地自2014年年底开始纷纷出现民间金融集中性暴雷的现象即可见一斑。因此，研究一省的情况和问题对思考和解决其他地区的民间金融问题同样具有价值。其次，具体到H省而言，H省是深处内陆的农业大省，虽然民营经济的发展水平和中小企业数量不及沿海发达地区，但庞大的人口基数、较低的城镇化水平、较为匮乏的投资渠道、维持较好的传统信用关系仍然使该地区成为我国民间金融非常活跃的地区。[①] H省是受2014年至2015年区域性民间金融风暴影响最为严重的省份之一，其2015年非法集资案件一审审结数量居全国首位。此外，由于H省地处中原、农村人口较多，传统信用在相关案件中体现得较为明显，因此，以H省作为研究我国民间金融问题的样本能够充分体现出我国的国别特色。

在对H省区域性民间金融风暴成因的具体分析路径上，由于区域性民间金融风暴的发生是多重因素（不仅包括经济因素、法律因素，还包括社会因素、文化因素）共同作用的结果，因此想要探索其真实成因，不能仅考察法律方面的问题，而应当对上述多重因素进行综合考察。基于对H省进行调研的结果，本书提出解释民间金融法律治理失效原因的“三层面失灵”框架，将上述各种因素归纳为市场失灵、规制失灵与私人执行模式（公民个人向法院提起民商事诉讼以保障其自身权益）失灵三大层面，再采用相关理论对每个层面的失灵原因进行深入分析，以期还原H省区域性民间金融风暴的形成机理。这三大失灵的逻辑关系如图1－1所示。

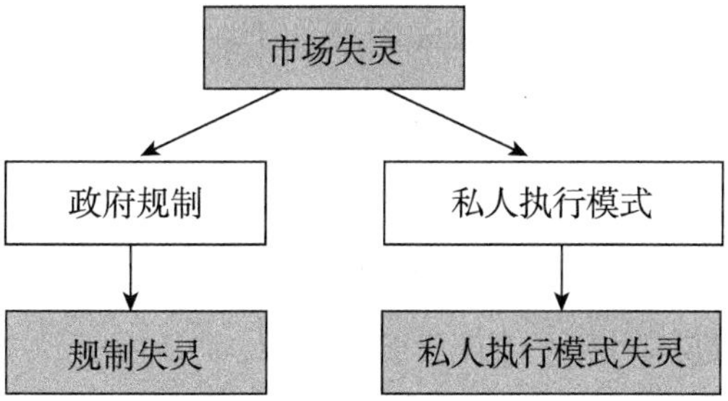

图1－1 区域性民间金融风暴成因分析逻辑图示

---

① 徐可：《河南省民间融资的形势、特征、风险防范与启示》，载喻新安、谷建全主编：《河南金融发展报告（2015）：新常态下的区域金融发展》，社会科学文献出版社2015年版，第265－273页。

法律治理的逻辑出发点在于市场失灵。在完美的市场经济中，竞争充分的市场机制能够实现资源的最优配置。然而，市场机制常常会出现失灵而呈现低效率或不公平的状态，甚至影响宏观经济稳定。区域性民间金融风暴本身就是一种市场失灵的表现。在出现市场失灵的情况下，福利经济学家和芝加哥学派分别提出了政府规制与私人执行模式两种解决思路。福利经济学家认为，通过政府规制可以有效矫正市场失灵；在H省区域性民间金融风暴中，中央政府和地方政府的规制措施都没有发挥应有的效力，出现了规制失灵的情况。芝加哥学派则认为，市场失灵并不能当然推出政府规制的正当性，当事人依靠提起民商事诉讼就能保障自己的合法权益，弥补其在市场失灵中受到的损失，这种私人执行模式比政府规制更具效率；在我国现实情况下，由于法律不完备与此类案件的特殊敏感性等问题，这种私人执行模式也出现了失灵，未能起到矫正市场失灵的作用。

第四节　研究框架和研究方法

围绕中心问题，本书的研究思路如下：第一步，从区域性民间金融风暴入手，对其成因进行深入分析。这一部分选取民间金融风险暴露较为严重、文化特征较为显著的H省区域性民间金融风暴的情况作为研究样本，对其成因进行深入剖析，以期将感性认识升华为理性认识，对危机成因获得较为深刻的了解，并对中心问题进行反思。第二步，比较法研究，通过对中国和美国民间金融相关法律体系的对比，分析中美民间金融发展情况存在较大差异的原因，并获得一定的规制经验。第三步，基于以上分析，尝试对中心问题进行回答，并提出政策建议。

具体而言，本书的研究框架和每一部分拟采用的研究方法如下（见图1-2）：在第一章提出中心问题“民间金融法律治理何以失效”。第二章以H省为研究样本，在实地调研的基础上，介绍H省区域性民间金融风暴的概况和典型案例，并提出“三层面失灵”的解释框架。第三章、第四章与第五章分别从市场失灵、规制失灵与私人执行模式失灵三个层面揭示H省区域性民间金融风暴产生的原因，并特别注重分析中央政府的正式法律制度和地方政府的非正式制度之间的博弈及其对区域性民间金融风暴的发生所起到的影响。通过这三章的分析，在确定规制失灵是导致民间金融法律治理失效最关键的原因后，得出优化规制（金融监管）是改进民间金融法律治理的关键途径的结论。第六章是比较法分析，采用功能主义的比较法研究路径，对中、美两国与民间金融相关的法律规则进行系统性的比较，着重分析美国金融监管的外部界限和内部界限，以期更深层次地揭示我国金融监管体系存在的问题，探寻改革的正确方向。第七章是本书的结论部分，在回答本书中心问题的基础上，提出要以优化监管为主要方式进行综合治理，并强调经济转型背景下规制均衡理念的重要意义。

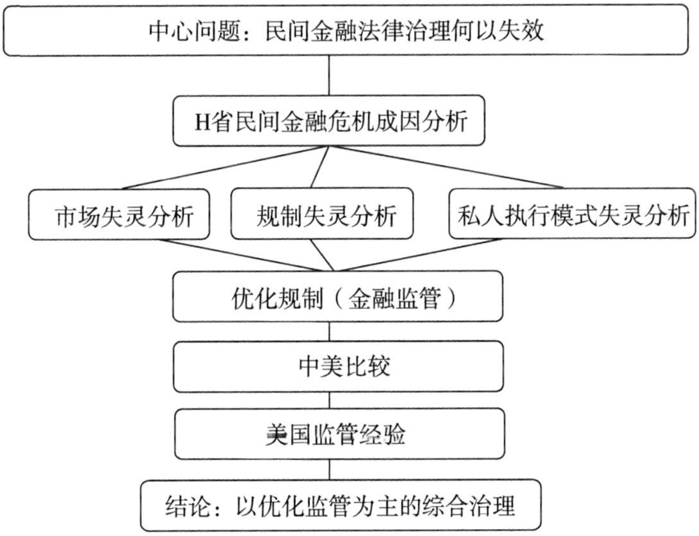

图1－2　中心问题研究逻辑思路

第二章　H省区域性民间金融风暴介绍

第一节　H省区域性民间金融风暴的总体情况*

早在2009年，H省的担保行业就曾呈现出井喷式发展的状况。① H省民营经济研究会数据显示，该省融资性担保公司的数量在短短几年内飙升了十数倍，占全国该类公司总量的四分之一。H省大多数融资性担保公司注册地为其省会Z市，这也使Z市成为与浙江温州、内蒙古鄂尔多斯、陕西神木并列的民间金融比较发达的城市。Z市曾创造出广为流传的宣称具有“不摸钱”“一对一”“担保代偿”三大特点的担保模式。然而，随着时间的推移，“不摸钱”的业务模式逐渐异化，H省担保公司不再仅从事担保业务，而是异化成为信用中介，通过公开吸储再向急需资金的中小房地产企业放贷来赚取高额利差。② 早在2011年，H省A市就曾爆出多个房地产企业从事非法集资的案件，但H省区域性民间金融风暴的真正到来是从2014年下半年开始的。

2014年下半年到2015年，H省所有地级市几乎都出现了民间金融集中暴雷的现象，数千从事民间金融活动的企业（以担保公司、房地产企业为主）出现了资金链断裂的情况，数万投资者、数亿投资金额无法得到偿

---

* 本节数据和资料未标明出处者，皆来自笔者赴H省调研的结果。

① 参见胡心洁、邹筱溪：《河南担保业“井喷”》，载《河南日报》2009年7月16日，第11版；梁鹏、李鹏：《10亿非法集资背后的投资担保业乱象》，载央广网河南频道，http：//hn.cnr.cn/hngbqg/201309/t20130917_513618057.shtml。

② 参见王勇、李姗姗：《变身“高利贷”　河南肃整担保业》，载《中国经济周刊》2011年第3期。

付，进而引发了一系列经济、社会连锁反应。

一、爆发的时间点与区域

应当说，H 省区域性民间金融风暴在 2014 年年底开始发生，具有一定必然性。虽然在这次区域性民间金融风暴中，民间金融活动的主体多样、形式各异，但其资金需求方有很大一部分为中小房地产企业。房地产业是典型的资金密集型行业，是否能够顺利获得外部融资是决定房地产企业（特别是中小房地产企业）经营成败的关键。基于对之前楼市繁荣的记忆和对房价持续上升的预期，二三线城市的很多中小房地产企业在 2014 年之前几年急剧扩张。到了 2014 年，房地产市场（特别是二三线城市）出现持续低迷，银行逐渐惜贷，使这些中小房地产企业在获得资金方面陷入困难。这些房地产企业一方面努力从正规金融机构（商业银行）获得已经不容易得到的贷款，另一方面不得不支付高额利息从违法从事贷款业务的担保公司、理财公司，以及新兴的互联网金融公司等机构进行融资。[①] 到了 2014 年年底，由于银行回收贷款，大量中小房地产企业出现资金流紧张甚至资金链断裂的情况，再也无法负担民间融资的高额资金成本出现违约，导致大量担保公司、理财公司等资金链随之断裂。根据中国裁判文书网的公开数据，H 省非法集资类案件一审审结数量在 2014 年呈现明显的升高趋势（见图 2－1）。从 H 省 2015 年上半年的数据来看，新增立案数已经远远超过全省 2014 年全年的总数，增幅达到 50%，涉案金额、参与群众数量均大幅上升。除此之外，从 2015 年上半年全省非法集资风险排查工作的情况来看，共有 1200 家企业存在风险爆发的可能，风险处置形势十分严峻。

---

① 参见红原：《中小房企涌入线下 P2P 寻资金　利率高企或生新泡沫》，载网易财经 2015 年 5 月 8 日，http：//money. 163. com/15/0508/10/AP3A94OQ00254TFQ. html。

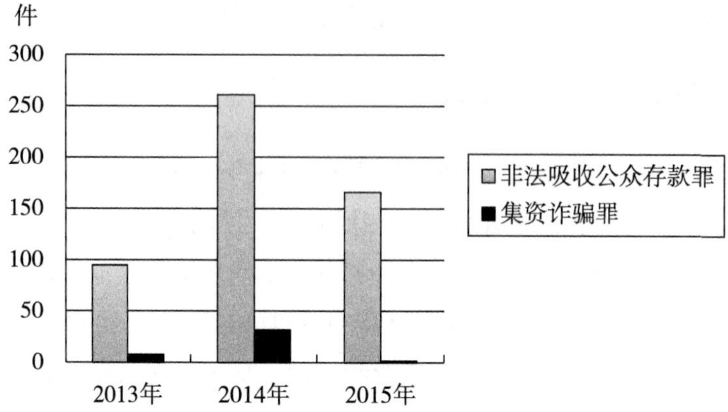

图 2-1　2013—2015 年 H 省一审审结非法集资案件数量图示

数据来源：中国裁判文书网。

根据调研情况，在 H 省内，所有 18 个省辖市均存在相关案件，并且呈现出一定的“传染”趋势。其中，省会 Z 市与 A 市、L 市和 N 市等几个经济相对发达的城市是本省区域性民间金融风暴的发源地和重灾区。其原因不难理解——城市的经济越发达，其房地产业和其他工商业越发达，资金需求就越迫切，民间金融在这些城市发展的速度也就比较快。通常，一个经济较为发达的城市首先会出现少量从事民间金融活动的个人或机构，基于高利息的诱惑和示范作用，参与民间金融活动的个人与机构越来越多，并通过人员或机构联结向其他城市逐渐扩散。在区域性民间金融风暴发生前夕，在高额利息难以偿付甚至已经出现资金链断裂的情况时，一些民间金融组织会急赴尚未开展业务的城市设立子公司或分公司开展业务，通过在这些新的地区吸纳资金，以偿还其在先前展业城市所吸收资金的高额利息。如果说难以判定这些民间金融组织前期是否具有非法占有的主观目的，那么其后期的这种纯粹为了借新还旧而在新城市、新地区开展的集资活动明显构成了集资诈骗。此外，从各市查处的案件情况来看，非法集资还存在从城镇向乡村、从线下向线上蔓延的趋势。与城镇居民相比，农村人口风险识别能力和风险承受能力更低；与线下集资相比，网上非法集资风险可控性更差，情况更复杂，带来的后果更严重，矛盾更难稳控化解。

二、融资主体、动机、方式与资金流向

从融资主体来看，虽然多数司法案例都并非以单位犯罪进行裁定，但现实中的民间金融活动几乎都是通过成立公司来进行集资的。从风险行业来看，担保小贷类、投资类、资产管理咨询类、房地产类、商务商贸类等五类企业的非法集资风险相对集中，占H省全省风险企业总数的70%以上；农民合作社、制造、珠宝销售、文化传播、养殖、金融服务、寄卖、典当、仓储、基金会、物流、新兴网络金融、旅游开发、广告、林业、医药、餐饮、服饰等其他30多个行业和领域也都存在不同程度的非法集资风险隐患。这些不同行业涉及非法集资活动的主体就其本质而言，可以分为三大类（如表2－1所示）。第一类是不仅在当地工商部门登记注册，并且具有地方政府授权，可从事一定金融服务的准金融机构，包括融资性担保公司、小额贷款公司、典当行等；第二类是只在当地工商部门进行登记注册，不具有提供金融服务资质的普通工商企业，如房地产公司、珠宝销售公司等；第三类是在工商部门进行了登记注册，在工信部门取得了互联网信息服务业经营许可证，但不具有提供金融服务资质的互联网金融企业。其中，由工信部门（后期由金融办）备案或批准设立的融资性担保公司以及对外宣称为融资性担保公司的投资公司、金融公司“集体”从事非法集资行为，是H省区域性民间金融风暴的一个重要特点。投资者往往对其参与投资的企业类型并不十分清楚，他们往往用“担保公司”这一名称来作为担保公司、投资公司、金融公司的统称。即使是真正的融资性担保公司，其所能提供的金融服务也应仅限于融资担保业务，即为货币资金持有者和需求者提供担保，而并不能发挥信用中介功能。然而，在现实中，H省涉案的“担保公司”往往以开展担保业务为幌子，实际从事一方面向公众吸收“存款”、另一方面向借款企业发放“贷款”的信用中介业务。H省非法集资风险集中于担保行业与该省自2009年起担保行业的井喷式发展

密切相关。①

表 2－1　H 省民间金融风暴涉及主体分类列表

类型	内　容
准金融机构	担保公司、小额贷款公司、典当行等
普通工商企业	房地产公司、投资公司、资产管理咨询公司等
互联网金融平台	P2P 平台、“e 租宝” 等

就融资动机而言，H 省民间金融的融资动机存在一个转变过程。前期，大量民间金融活动是为了给难以从正规金融渠道获得生产经营所需资金的中小企业（特别是中小房地产企业）提供资金支持，只有少部分是以非法占有为目的的集资诈骗。后期，一些民间金融组织在面临资金链断裂危险时，去新的市县拓展业务吸收资金以维持其资金链的行为，带有明显的欺诈性。到了 2015 年年底，全民投机的热潮催生了很多典型的互联网金融集资骗局，最为典型的是 2015 年年底爆发的“e 租宝”案，其业务模式可归于典型的庞氏骗局。②

从融资方式来看，总体而言，以存款机构型和直接融资型两种融资方式最多，两者数量大致相当。其中，存款机构型民间金融组织以担保公司、各类投资公司为主要形式，其向社会公众吸收资金后，再贷给需要使用资金的企业（以中小房地产企业为主）以赚取高额利差。直接融资型民间金融组织则包括房地产公司、旅游公司、商贸公司、教育公司等。无论采用的是直接融资还是间接融资模式，都以债权融资为主，股权融资的情况极少。此外，还有少部分民间金融组织采用了类似于投资基金或集合投

① 参见胡心洁、邹筱溪：《河南担保业“井喷”》，载《河南日报》2009 年 7 月 16 日，第 11 版；梁鹏、李鹏：《10 亿非法集资背后的投资担保业乱象》，载央广网河南频道，http：//hn. cnr. cn/hngbqg/201309/t20130917_ 513618057. shtml。

② 庞氏骗局（Ponzi Scheme）的名称来源于美国 20 世纪初一场著名的金融骗局。骗局的始作俑者是一名意大利裔美国人查尔斯 · 庞兹（Charles Ponzi），他向投资者许诺在三个月内得到 40% 的利润回报，实际上，其所称的投资目标企业并不存在，其系依赖借新还旧来支付前期投资者的高额利息。庞兹在七个月内吸引了三万名投资者，而当后期无法继续吸引足够多的新的投资者以偿还需要支付的利息时，骗局随即崩溃。

资计划的形式（见表 2－2）。

表 2－2　H 省民间金融风暴涉及交易结构分类列表

类型	内　　容
存款机构型	担保公司、投资公司、资产管理咨询公司吸收公众存款用于放贷
直接融资型	房地产公司、教育公司等非法集资
集合投资型	“e 租宝”非法集资、私募基金

从资金流向来看，虽然后期从事民间金融活动的公司种类繁多，但资金的最终流向仍以房地产业为主。其中，有些房地产公司以签订借款合同、预售合同等方式直接吸收资金；还有很多房地产公司的实际控制人另外成立担保公司或投资公司以吸收资金供其关联房地产企业使用；更多的房地产公司则通过向无关联关系的存款机构型民间金融组织进行借贷获取资金。

三、社会影响与事后处置

就涉案金额而言，由于通常情况下从事民间金融或非法集资的公司在资金链断裂之后才会引起官方注意，以曝光案件动辄数亿元的涉案金额来看，潜在的非法集资数额应特别巨大。就参与人数而言，从曝光案件动辄有数千乃至上万人参与的情况来看，受到损失的投资者数量极为巨大，中低收入人群受损严重。区域性民间金融风暴给整个地方经济、社会稳定造成了非常恶劣的影响，H 省多个地市出现了受害群众围堵政府与涉案人员自戕的群体性、极端性事件。[①] 由于银行业对信贷流向进行了及时管控，本轮民间金融风暴并未有向银行业和其他正规金融领域扩散的明显表现。

根据 H 省全省防范、打击和处置非法集资工作通报，对涉嫌非法集资的企业，按照分类处置的原则进行处置。对于经营正常或者存在困难但尚能维持经营的涉嫌非法集资的企业，要加强监管，督促其停止集资行为，

① 参见吴红毓然、韩祎：《集资风险显露　高层严令排查》，载《财新周刊》2015 年第 49 期。

并清退集资款项；对于经营困难并且有群众反映问题的涉嫌非法集资的企业，要视其情况审慎采取措施；对能够主动配合政府帮扶、积极整改的企业，要尽力帮扶，采取有效措施，帮助逐步解决问题；对有试图藏匿资产、携款潜逃等不法行为的企业，要采取强制措施果断处置；对资金链确已断裂、风险充分暴露、主观诈骗恶意明显、社会影响恶劣的涉嫌非法集资的企业，要及时依法立案查处，有效震慑犯罪。分类处置的逻辑在于，如果实行“一刀切”式的严厉的处置方式，虽然有法可依，但可能加速企业资金链断裂与破产，甚至引发连锁反应，对区域金融稳定与经济发展带来更大的负面效应。

第二节　典型案例介绍

基于以上情况，结合融资方式、行业代表性、案件重大程度、案件材料可及性等因素，本书选取案发地点在 H 省的 A 集团公司案、B 房地产集团公司案、C 投资咨询公司案作为典型案例。此外，由于 2015 年爆发的“e 租宝”集资诈骗案件影响巨大且具有较强的代表性，本节还将对“e 租宝”案在 H 省的发案情况进行介绍。其中，A 集团从事的是存款机构型民间金融活动，同时也是担保公司从事非法集资活动的典例；B 房地产集团是直接融资型民间金融组织和房地产企业从事非法集资的代表；C 投资咨询公司在农村设立，专门面向农民非法吸收资金，亦具有较强的代表性；“e 租宝”案既是互联网金融平台从事集资诈骗的典型案例，交易结构又类似于集合投资计划。上述四个案例基本上囊括了本轮 H 省区域性民间金融风暴中融资企业和融资方式最主要的几种类型（见表 2－3）。

表 2－3　典型案例选取代表性分析

公司名称	主体类型	交易结构类型	非法占有的故意
A 集团公司	准金融机构	存款机构型	无
B 房地产集团公司	普通工商企业	直接融资型	无

续表

公司名称	主体类型	交易结构类型	非法占有的故意
C 投资咨询公司	普通工商企业（准金融机构子公司）	存款机构型	无
“e 租宝”	互联网金融平台	集合投资型	有

一、A 集团公司案

A 集团公司成立于 2003 年，总部位于 H 省省会 Z 市，集团业务涉及房地产开发、投资担保、投资咨询、旅游开发与管理、机械制造等多个领域。2008 年，经由 H 省工信厅中小企业局备案，A 集团公司在 Z 市成立了 A 融资性担保公司，后者具有省级融资性担保资质，注册资金 1.2 亿元。

随着时间的推移，A 担保公司的业务在其经营过程中逐渐发生异化，从融资性担保业务异变为类似于商业银行的存贷款业务，以投资理财与融资担保为名，行非法吸收公众存款之实。其以 1.5%—2% 的月利率接受公众投资（实为存款），每笔投资最低 5 万元，期限为 3—6 个月。其吸收来的资金一部分供 A 集团其他子公司使用，另一部分对外以 3.5% 左右的月利率高息放贷。向其申请贷款通常需要提供抵押物，贷款人按抵押物价值的 50% 获得抵押贷款。只要提供足够的抵押物，当天即可签订“担保合同”并收到贷款。[①] A 集团通过在 H 省各地市开设分公司的方式将这种“投资理财”业务推及 H 省各地。这些分公司每月可吸收的资金达数亿之巨。“员工的提成很高，是客户存款数额的千分之二乘以存款月数。”这些分公司管理混乱，A 集团各地市分公司与 A 担保公司各地市分公司常常出现人格混同的情况，一些地市的分公司可能“招牌是 A 集团公司某分公司，合同印章却是 A 投资担保公司某分公司”。A 集团公司还存在使用集团高管私人账户接受客户存款的情况。以 A 集团公司 K 分公司为例，客户

---

① 反传销咨询解救中心反传销求助中心：《河南亚圣投资集团非法融资，涉嫌传销骗局》，载东莞市让爱寻亲咨询服务中心 2017 年 3 月 29 日，https：//www.fcx/20.cn/shehuiguanzhu/705.html。

通过 POS 机直接将存款打入 A 集团公司总经理 N 某在多家银行的私人账户。① 此外，为了营造良好的企业形象，A 集团公司还投入大量资金自购办公楼装点门面，进行广告宣传，并积极维护与地方政府之间的关系。A 集团公司与其董事长 M 某都曾获得过政府部门的嘉奖。

进入 2013 年下半年，H 省投资担保行业的乱象业已引发舆论关注，A 集团公司顺势而变，成立 A 珠宝公司，进军黄金珠宝行业。A 珠宝公司虽名曰珠宝公司，但其从事的业务与 A 担保公司极为相似，同样是一边吸收公众存款承诺返本付息，一边高息放贷；只是其在各地市的门店被改装成了珠宝门店，与投资人和贷款人签订的合同由“投资担保合同”变成了“工艺金条买卖合同”，而整个过程中并未发生任何真实的金条买卖交易。②

自 2014 年下半年开始，由于市场形势发生重大变化，其吸储的月利率飙升至 3%—4%。当年 10 月、11 月，在大量投资即将到期兑付时，A 集团公司突然宣布停止还本付息，A 集团公司旗下的 A 房地产公司亦出现了拖欠农民工工资的情况。③

截至 2015 年 10 月，A 集团公司非法集资活动涉及八个省辖市，涉及人数超过万人，涉案金额高达 30 多亿元，并在三个省辖市立案。A 集团公司亦采取了一系列自救措施，推出了新的还款计划。

二、B 房地产集团公司案

B 房地产集团公司成立于 2007 年，其营业地位于 H 省 N 市，是 H 省住房与建设厅批准成立的具有三级资质的房地产开发企业，注册资金 4000 万元，职工 500 多人，累计开发面积达 150 万平方米之多。与此同时，其下属还有机电设备公司、酒业公司等十数家子公司。B 房地产集团的创始

---

① 反传销咨询解救中心反传销求助中心：《河南亚圣投资集团非法融资，涉嫌传销骗局》，载东莞市让爱寻亲咨询服务中心 2017 年 3 月 29 日，https：//www. fcx/20. cn/shehuiguanzhu/705. html。

② 参见河南省郑州市二七区人民法院（2015）二七民初字第 1515 号民事裁定书。

③ 反传销咨询解救中心反传销求助中心：《河南亚圣投资集团非法融资，涉嫌传销骗局》，载东莞市让爱寻亲咨询服务中心 2017 年 3 月 29 日，https：//www. fcx/20. cn/shehuiguanzhu/705. html。

人为 N 市某区建设局正科级退休干部。

得益于 2008 年开始的 N 市房地产市场的火爆带来的房地产业大发展，B 房地产集团在成立初期即实现迅猛扩张。① 赵某称："当时可没想搞这么大。"由于房地产市场的火爆，N 市的大多数房地产企业在手续尚未办理齐全时就已经开始出售房屋。除了从银行贷款之外，大多数房地产企业还通过向民间集资以缓解资金之渴。"我从 2011 年就开始集资，政府部门从没发现过。""N 市的房地产公司基本都是我这样的，要靠社会融资发展。"房地产市场的繁荣发展与良好预期一方面使房地产企业敢于以高息从民间融资，并疯狂扩张其开发版图；另一方面也使公众敢于向这些企业投资。②

然而，到了 2014 年，受宏观调控政策和整体经济形势影响，房地产行业陷入持续低迷。对 N 市而言雪上加霜的是，有媒体于 2014 年 6 月曝光了 N 市几家开发商使用"瘦身钢筋"的行为，致使该市全部在建项目被迫停建。更为致命的是，公众不再愿意通过民间金融活动向房地产企业投资。房地产项目的资金需求量越来越大，而融资却越来越困难，民间借贷利息飙升至房地产企业无法承受的程度（后期月利率高达 4%—5%），最终导致房地产企业资金链断裂。宋某是一位经亲友介绍向 B 房地产集团公司投资的投资者，其与 B 房地产集团公司签署集资合同，以 2% 的月利率向 B 房地产集团公司投资 70 万元。在收到第一期利息之后，他放松警惕，从亲友处借款又向 B 房地产集团公司投资 100 万元。然而，这次未及获得第一期利息，钱就再也拿不回来了。③

B 房地产集团公司是 N 市最早出现资金链断裂的房地产公司，也因涉案金额 5.7 亿元而成为该市涉案金额最大的一家房地产公司。当地政府对 B 房地产集团公司案高度重视，2014 年 10 月 24 日即对其进行立案，并制订了相应的处置方案，在对其进行严密监控的同时，积极推进审计评估、

---

① 2012 年 1—7 月，N 市新建商品房成交 12,137 套，其中，7 月比 6 月增长 71.65%。参见张永生：《南阳崩塌楼市背后的财富逻辑》，载《新京报》2015 年 3 月 17 日，B9 版。

② 参见张永生：《南阳崩塌楼市背后的财富逻辑》，载《新京报》2015 年 3 月 17 日，B9 版。

③ 参见张永生：《南阳崩塌楼市背后的财富逻辑》，载《新京报》2015 年 3 月 17 日，B9 版。

变现资产，以尽可能地保障受害人的权益。①

三、C 投资咨询公司案

C 担保公司成立于 2009 年 10 月，是在 H 省工信厅中小企业局备案、经原 H 省工商行政管理局注册成立的独立法人企业，注册资本为 1.18 亿元。C 担保公司非法集资案件涉及 H 省七个城市，涉案人数 3000 人，涉案总金额超过 10 亿元。其旗下子公司 C 投资咨询公司成立于 2011 年 3 月，其实际上为 C 担保公司在 M 市 X 县的"分支机构"。

C 投资咨询公司业务模式的特殊之处在于，其选择聘用 X 县各个村庄里品行最受人尊敬者（所谓的"排场人"）作为业务员，利用业务员在其村庄内极高的个人信誉吸引当地农民进行投资。C 投资咨询公司于 2011 年 3 月起，陆续上门招聘了 40 多名 X 县各个村庄的"排场人"作为公司业务员。之后，这些被选中的业务员受邀赴 C 投资咨询公司位于 Z 市的"总公司"（实为母公司）C 担保公司进行考察。在看到 C 担保公司表面上具有雄厚实力，以及得到投资无风险的口头承诺之后，这些业务员回村后开始积极劝说同村的乡亲朋友将积蓄投入 C 投资咨询公司换取可观回报。②C 投资咨询公司的投资者不乏家境困难、将辛苦攒出的两三千元钱投入其中的"小户"。短短三年时间内，借助"排场人"的个人信誉，C 投资咨询公司吸收到了来自 4000 多户农民的近 2 亿元巨款。

为了躲避非法集资的嫌疑和迷惑"储户"，C 投资咨询公司通常将"存款合同"伪装为由 C 担保公司为某一借款企业和某一出借人（通常为虚构）的借款合同提供担保的担保合同。在合同首页，会有关于借款企业钱款去向和投资情况的介绍，但业务员和村民通常并不会仔细阅读担保合同与相关介绍。在很多情况下，由业务员代表出资村民与出借人签订合同，表示其为借款企业提供担保，而出资村民拿到手的是由业务员为其签

---

① 参见张永生：《南阳一集资企业控制人已自首》，载《新京报》2015 年 3 月 20 日，A20 版。

② 参见钱卫华：《4000 多户农民被套 2 亿血汗钱，2 名集资业务员自杀》，载《京华时报》2015 年 6 月 23 日，第 6 版。

下的收款证明。①

2014 年 12 月 23 日，C 投资咨询公司的业务员们突然接到公司停止兑付利息甚至可能无法偿付本金的消息。将辛苦积攒的微薄收入交给十分信任的业务员打理，却收到资金即将“打水漂”的消息让村民们感到恐惧与愤怒，使他们不顾年老体弱，不遗余力地到业务员家中讨要本金与说法。经济上和道德上背负的巨大压力致使两名业务员不堪重压自戕“谢罪”。由于受到舆论的广泛关注，X 县公安部门对 C 投资咨询公司迅速立案侦查，并逮捕了相关嫌疑人。②

四、“e 租宝”案在 H 省的情况

“e 租宝”是金易融（北京）网络科技有限公司所运营的融资租赁债权转让网络平台，该公司是钰诚集团的全资子公司，注册资本为 1 亿元。“e 租宝”自 2014 年 7 月上线后，交易规模快速跻身行业前列。其上线的项目预期年化收益率在 9%—14.6% 之间，远高于银行理财产品收益率。“e 租宝”还许诺保本付息，部分产品可以随时赎回。2015 年 12 月，“e 租宝”暂停交易并因涉嫌集资诈骗 500 余亿元被立案侦查的新闻引发全社会广泛关注。③“e 租宝”案在 H 省全省范围内涉案人数超过两万人，该平台在各地市均存在分公司或代售公司，是在 H 省内影响较大的互联网金融公司集资诈骗案件。

根据“e 租宝”网站上的介绍，其业务模式可以归纳如下：需要资金的承租公司与钰诚集团旗下的融资租赁公司订立融资租赁协议，而后，后者通过“e 租宝”平台以债权转让的形式向公众进行融资。融资成功后，融资租赁公司将承租人对其支付的租金用于偿付公众投资者的本金和利息，融资租赁公司赚取项目利差，而平台仅赚取中介费。但实际上，“e 租

---

① 参见李亚楠：《上千农民的 2 亿元血汗钱如何被“吸走”?》，载新华网，http：//news.xinhuanet.com/legal/2015－06/24/c_ 1115709587.html。

② 参见钱卫华：《4000 多户农民被套 2 亿血汗钱，2 名集资业务员自杀》，载《京华时报》2015 年 6 月 23 日，第 6 版。

③ 参见白阳、陈寂：《“e 租宝”非法集资案真相调查》，载《检察日报》2016 年 2 月 1 日，第 1 版。

宝”所谓的融资租赁项目大多根本子虚乌有，① “e 租宝”通过收买和注册空壳公司，虚构融资项目，最终把投资人的资金转入“e 租宝”自身账户中，除了还本付息之外，资金还被用于购买承租公司信息、高管个人挥霍、发放高额薪金以及进行广告炒作等。② 这与前述线下非法集资借新还旧、自我担保的戏码如出一辙。

“e 租宝”虽然打着互联网金融平台的旗号，但其依然主要依赖线下推销来吸引客源。其在全国范围内广泛开设分公司或代销公司，向投资人“贴身”推销。这些公司名称不甚统一，例如，其在安徽境内就开设了振戎、德信、钰诚等多个代销公司。③ 各地分公司与代销公司的线下销售人员共有四五万人，每名销售人员的月度最低业绩额要求高达数十万元，达不到考核标准就会被淘汰。④ “e 租宝”及钰诚系在 H 省开设的分公司与代销公司包括钰诚国际控股集团有限公司 Z 市分公司、上海钰申金融信息有限公司 Z 市分公司等 14 家公司。

第三节 “三层面失灵”分析框架的提出

通过以上对基本情况与典型案例的介绍，我们发现，H 省区域性民间金融风暴的成因极其复杂，其诱发因素既有经济层面的因素，又有法律层面的因素，甚至还包括社会文化层面的因素。只有对这些因素进行全面挖掘、综合分析，才能对区域性民间金融风暴的形成机理形成比较客观的认识，从而找到具有针对性的法律治理优化方案。

---

① 钰诚租赁风险控制部总监雍某称，“e 租宝”上 95% 的项目为虚构。参见白阳、陈寂：《“e 租宝”非法集资案真相调查》，载《检察日报》2016 年 2 月 1 日，第 1 版。

② 参见白阳、陈寂：《“e 租宝”非法集资案真相调查》，载《检察日报》2016 年 2 月 1 日，第 1 版。

③ 参见支付圈：《传 P2P 企业 E 租宝员工自爆钰诚集团为最大传销机构》，载搜狐网 2015 年 7 月 29 日，https：//www. sohu. com/a/24700276_ 116173。

④ 参见孤鸿栖岸：《一个悲伤的故事：在 e 租宝上班是何种体验》，载新浪财经 2016 年 2 月 3 日，https：//finance. sina. com. cn/money/bank/dsfzf/2016 – 02 – 03/doc – ifxnzanh0664508. shtml。

基于调研结果，本书提出了解释民间金融法律治理失效原因的“三层面失灵”框架，将引发区域性民间金融风暴的因素归纳为“市场失灵”“规制失灵”“私人执行模式失灵”三个层面（见图2－2）。以下逐一对各个层面涉及的问题进行大体介绍。

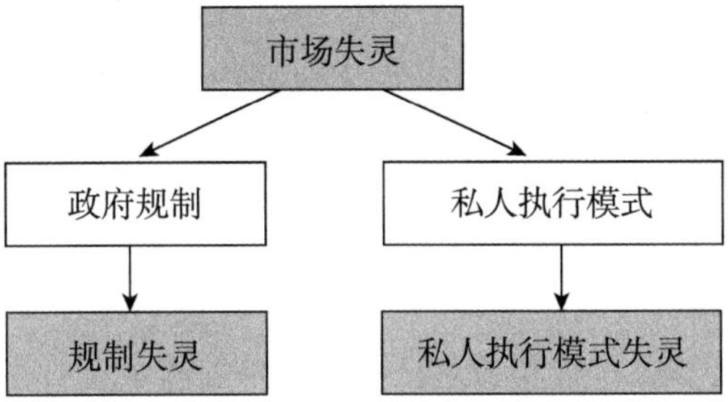

图2－2　民间金融风暴中的失灵现象

一、市场失灵涉及问题

从实际情况来看，区域性民间金融风暴恰恰是在地方政府干预较少或较晚的情况下才在一定时期内大量出现的。在几乎所有案件中，案发之前，民间金融活动都逸出了金融监管范围，未受到来自金融监管主体的外部干预。相关民间金融活动的资金来源为资金盈余、缺乏投资渠道的私人主体，资金流向主要为市场上急需资金的房地产企业，借款和贷款利率由市场决定，这一过程恰恰是市场发挥调节作用的一种结果。这种由市场调节起主导作用的金融安排，在前期曾经为民营经济的发展起到了积极作用；在2008年之后进入了“野蛮生长”阶段，参与主体数量、涉及金额与利率水平都达到了近乎疯狂的程度，此时的民间金融已然潜藏了巨大的金融风险；2014年下半年，房地产市场的持续低迷导致民间金融此前潜藏的风险骤然暴露，出现了集中性的资金链断裂与暴雷现象，整个区域经济陷入困顿之中。在这一过程中，市场机制无疑失灵了。

究其原因，除了宏观经济形势、房地产市场的发展状况的影响之外，民间金融组织本身的一些特性可能是导致民间金融市场失灵的最直接原因：第一，融资行为表里不一，具有一定的隐蔽性和迷惑性。从事民间金融活动的主体涉及多个行业，名义上所涉及的业务五花八门（包括理财、教育、仓储、租车、担保等），然而，从其交易结构来看，无外乎采取存款机构型、直接融资型与集合投资型三种模式，与我国正规金融中的银行业务、公司债券发行业务与共同基金业务十分相似。在典型案例中，A集团公司的融资行为名义上是不具有潜在系统性风险的融资担保或者金条买卖，并往往以融资担保合同或金条买卖合同作为幌子，而实际上先从数量逾万的公众投资者处以固定利率借入短期资金，进而贷给急需资金的房地产企业，其实质是在我国专属于商业银行的存贷款业务。B房地产集团公司与单个投资者签订的是一对一的借贷合同，然而，由于投资者众多（总涉案金额达5.7亿元），其实质上已构成了一对多的证券发行行为。C投资咨询公司的融资行为对外宣称为投资理财或存款业务，但其行为实质与A集团公司如出一辙。“e租宝”对外宣称其从事的是信息中介业务，但其业务实质乃是类似于采用公开募集方式（全国总涉案人数达90万人）所开展的证券投资基金业务（见表2－4）。

表2－4　典型案例市场行为状况列表

公司或平台名称	名义业务	实质业务			
		融资方式	权益方式	类似正规金融业务	非法占有故意
A集团公司	融资担保 投资理财	存款机构型	债权	银行业务	无
B房地产集团公司	借贷	直接融资型	债权	公司债券发行业务	无
C投资咨询公司	投资理财 存款	存款机构型	债权	银行业务	无
“e租宝”	投资理财	集合投资型	债权	共同基金	有

第二，过度借贷倾向。无论是事实上从事信用中介业务、类似于存款机构的A集团公司与C投资咨询公司，通过直接融资为自身获取经营资金的B房地产集团公司，还是将公众资金聚合之后投资于融资租赁债权的“e租宝”，其均存在高杠杆经营的过度借贷问题。对于A、B、C公司而言，出于泡沫资产升值的预期，其敢于以超高利率从民间获取其现金流无

法偿还的巨额资金，希望通过泡沫资产升值来获取收益、偿还债务，然而，随着资产泡沫自2014年下半年开始萎缩，其只能通过借新还旧来勉强维持其现金流，最终无以为继导致资金链断裂。对于“e租宝”而言，由于没有真实的投资项目，其从一开始就依靠借新还旧来维持经营，当其无法获得足够的新的资金来源以偿还先前的债务之时，这种庞氏型融资结构就必然会走向崩溃。

第三，公司治理结构混乱。在H省的典型案例中常常出现公司高管和公司账户混用，母公司和子公司公章混用，签订合同时业务员与投资者身份混用的现象，反映了民间金融组织公司治理结构极其混乱。公司治理结构的混乱无疑会使道德风险显著增加。

二、规制失灵涉及问题

根据福利经济学家的观点，市场失灵使政府规制经济成为必要。实际上，基于金融业的特殊性，对金融业进行规制（金融监管）的必要性也已被理论界和各国实践所广泛承认。对于民间金融或非正规金融，我国目前系以刑法对非法集资类犯罪的规定作为主要规制手段。非法集资类犯罪包括非法吸收公众存款罪，擅自发行股票、公司、企业债券罪与集资诈骗罪等多个罪名，其中适用最为广泛的是非法吸收公众存款罪与集资诈骗罪。H省区域性民间金融风暴中出现资金链断裂的企业被最后提交司法程序的，也多是以非法吸收公众存款罪、集资诈骗罪来定罪量刑的。

非法集资类犯罪对民间金融的抑制性规制，无论从覆盖范围还是刑罚手段上都可谓非常严厉。其中，在2015年11月《刑法修正案（九）》实施前，集资诈骗罪最高可被依法判处死刑（目前已修改为无期徒刑）；非法吸收公众存款罪因其覆盖范围极其广泛，被称为非法集资类犯罪的“口袋罪”。因此，非法集资刑事规制的威慑力理应足以震慑犯罪。然而，在诸多相关案例中，行为主体从事非法集资活动似乎有恃无恐，并且其犯罪行为通常能够持续较长时间而不被执法机关发现，直至资金链断裂无法偿还投资人时才会因债权人的告诉而东窗事发。在立案之后，由于犯罪嫌疑人的可执行财产大概率已仅存寥寥，受害人也难以获得及时、有效的补偿。显然，我国对民间金融的政府规制也出现了失灵的问题。

规制为何会失去其应有的效果呢？从事前监管的角度来看，如表2－5所示，典型案例中的民间金融组织除了A集团公司是准金融机构，曾取得融资性担保的牌照外，其他几类民间金融组织均既无准入审批程序，也无行业监管主体，在机构监管的模式下，金融监管机构无权对其按照其事实上从事的金融业务进行监管。作为准金融机构的A集团公司，理论上受到地方政府相关部门的监管，但由于地方政府秉持“重发展、轻风险”的政策导向，相关日常监管可谓形同虚设。因此，面对现实中大量存在的事实上从事类似银行业务、公司债券发行业务与共同基金业务的民间金融组织，无论是中央政府还是地方政府，事实上都没有对其施以有效规制，从而导致民间金融组织所潜藏的金融风险持续累积，并在特定时间骤然爆发。

表2－5　典型案例规制状况列表

公司或平台名称	主体类型	监管主体	实质业务	对应正规监管主体
A集团公司	准金融机构	地方政府	银行业务	银行监管部门
B房地产集团公司	普通工商企业	无	公司债券发行业务	证券监管部门
C投资咨询公司	普通工商企业（准金融机构子公司）	无	银行业务	银行监管部门
“e租宝”	网络借贷信息中介	无	共同基金业务	证券监管部门

从非法集资刑事规制这一事后规制制度的效果发挥来看，由于民间金融组织的行为均存在“以合法形式掩盖非法目的”的问题，其非法集资行为具有较强的隐蔽性，通常在资金链断裂之后才被发现，因此，犯罪分子可能存在较强的侥幸心理。同时，由于民间金融对地方经济发展有一定积极作用，地方政府对其在一定程度上持放任甚至鼓励的态度，导致非法集资案件在地方层面可能存在较为严重的选择性执法问题。此外，非法吸收公众存款罪与集资诈骗罪的法定刑差异较大，可能也进一步加剧了犯罪分子的侥幸心理。

三、私人执行模式失灵涉及问题

芝加哥学派认为，政府规制并不是解决市场失灵的必然选择，且可能带来公权力是否应当介入、介入程度应当为何甚至如何避免规制失灵等一系列问题。他们认为，市场自身可以富有创意地解决各种失灵问题。在多数情况下，当事人将无法得到履行的合同诉诸法院从而得到强制执行，就可以解决问题。即使合同在有些时候不能保障当事人的所有权益，侵权法也可以发挥作用提供剩余保护。因此，真正需要政府规制的情况其实是非常有限的。[①] 与依赖政府规制保障合同执行的公共执行（public enforcement）模式相对应，这种依赖当事人提起民事诉讼保障合同执行的模式被称为私人执行（private enforcement）模式。将这种理论应用于民间金融问题上，意味着利用民事诉讼这一事后救济机制便足以保障各种民间金融合同的良好执行，而不必再额外施加严格的政府规制（通常包含事前、事中、事后全过程的管理）。

然而，私人执行理论成立有其重要前提——必须拥有完备的法律和良好、中立的司法系统。在我国，通过私人执行模式对民间金融合同进行保障是通过当事人提起民间借贷类民商事诉讼来实现的。通过进一步观察可以发现，由于民间借贷类民商事案件与非法集资类刑事案件往往相互交织，刑事立案优先的原则可能使民事立案受到刑事立案的挤压，减少了相关案件民事诉讼的可及性。并且，由于民间金融案件往往具有较强的社会经济影响，我国法院在处理该类案件时不免受到地方政府态度与前期处置措施的影响，因此，实践中真正能进入司法流程的案件占比极少。因此，私人执行模式对区域性民间金融风暴中的市场失灵的纠正作用非常有限，作为政府规制替代方式的私人执行模式也同样难以发挥应有的作用。

本书第三、四、五章将分别对市场失灵、规制失灵以及私人执行模式

---

① 参见［美］安德烈·施莱弗：《有效监管》，潘方方、丁丁译，载《比较》，中信出版社 2010 年版，第 46 页。

失灵所涉及的问题进行深入分析，探索三大失灵之间的内在关系，比较其在 H 省区域性民间金融风暴中所起到的作用，进而更为真实地还原民间金融法律治理失效的原因，在此基础上找出具有针对性的解决之策。

第三章　区域性民间金融风暴中的市场失灵分析

第一节　市场失灵理论与民间金融

一、市场失灵、泡沫与金融危机理论

在市场经济的完美假设下，竞争充分的市场机制能够实现资源的最优配置。然而，在现实中，由于本身的局限性或受到外界干扰，完全竞争的市场机制几乎不存在，资源配置也无法在市场的作用下达到最优状态。经济学中，这种市场资源配置缺乏效率的情况被称为市场失灵（market failure）。狭义的或者说微观的市场失灵是指市场资源配置脱离“帕累托最优”的状态，包括自然垄断、外部性、公共品、信息不对称引起的资源配置低效率或不公平。广义的市场失灵包括微观经济低效率、社会不公平和宏观经济不稳定。[①] 市场失灵为政府全面干涉提供了理由，正如福利经济学家所主张的那样，为了提高全体社会成员的福利，政府应当采取干预市场的措施以克服市场失灵所带来的问题，因为后者是市场自身所无法解决的。[②] 在区域性民间金融风暴中，大量债权得不到偿付、大量企业破产，从而给整个区域的经济、社会带来负面影响，彼时无疑出现了市场失灵。

---

① 参见马云泽：《规制经济学》，经济管理出版社2008年版，第62页。

② 参见［英］亚瑟·赛斯尔·庇古：《福利经济学》，何玉长、丁晓钦译，上海财经大学出版社2009年版，第12－35页。

泡沫（bubbles）是市场失灵的一种典型的表现形式。① 其描述的是这样的一种经济现象：一种或一系列资产的价格在一个连续的时间段内急速上升，并令人产生其会继续涨价的预期，从而吸引投机者参与其中；资产价格在达到某一高点时往往会急剧下降，从而引发金融震荡甚至金融危机。② 泡沫的发展一般会经历迅速膨胀（虚假繁荣）时期，进而急速破灭，因此，用绚丽夺目、内容空虚、一触即破的泡沫对其命名是非常贴切的。一旦泡沫经济形成，市场规律便不能再发挥其应有的资源配置作用了：在市场正常发挥作用的情况下，资产价格的上升会带来需求的下降；在泡沫经济下，价格和需求会同时上升——这也是判断泡沫经济是否形成的重要标准。③ 既然在泡沫经济下市场规律已经失效，客观上就必须要采取市场之外的措施（如政府规制）来解决问题。历史上第一次有记录的泡沫是17世纪荷兰郁金香泡沫，随后比较著名的泡沫有18世纪法国密西西比泡沫与英国南海股票泡沫等。进入现代，最为常见的泡沫载体是房地产和股票；其他一些供求不易达到平衡状态且交易成本较低的资产（如债权、古董、其他实物或金融资产等）也可能成为泡沫的载体。④

区域性民间金融风暴的产生与房地产泡沫的发展密切相关。在一个固定的时期内，一方面房地产的供给量很难增加、交易价值较高，使其供求关系不容易达到平衡；另一方面房地产交易场所集中、手段规范，使其具有较低的交易成本。基于以上特点，房地产特别容易引发投机需求而成为泡沫载体。房地产泡沫主要表现为投机需求上升、房价虚高。特别是房地产泡沫与金融行业关系密切，作为典型的资金密集型行业，房地产业的快速扩张必然需要来自正规金融、民间金融，甚至外国资本的大量资金，这

① 参见张晓蓉：《投机泡沫与市场失灵——基于行为金融理论的解释》，载《浙江金融》2007年第4期。

② 参见［英］约翰·伊特韦尔等编：《新帕尔格雷夫经济学大辞典》，经济科学出版社2016年版，第1卷第519页。

③ 参见徐滇庆、于宗先、王金利：《泡沫经济与金融危机》，中国人民大学出版社2000年版，第7-33页。

④ 参见徐滇庆、于宗先、王金利：《泡沫经济与金融危机》，中国人民大学出版社2000年版，第11-12页。

些资金的涌入使房地产泡沫越吹越大，而房地产泡沫的最终破灭也必然使这些金融部门受到连累。

区域性民间金融风险的产生与债权泡沫也具有一定的关联。实践中，民间金融活动的当事人之间绝大多数为债权合同关系而非股权合同关系，作为金融资产的一种，民间金融债权本身也可能成为泡沫的载体。通常情况下，企业过度借贷的冲动是引发债权泡沫膨胀的主要原因。在债权泡沫膨胀阶段，债权的价格远远高于其实际价值（利率疯长），企业自身的盈利不足以偿还其债务，只能依赖不断借债来偿还其旧的债务，导致债权泡沫进一步膨胀。若企业无法再获取新的贷款，或其经营情况发生恶化，其已有的债权债务关系便不能得以维持，债权泡沫也即告破灭。[①] 民间金融活动的参与者，无论是自行从民间融资的房地产企业，还是为其提供资金的准金融机构等信用中介组织，都存在这种风险。

泡沫产生的原因是多方面的，但普遍认为，泡沫形成的直接原因是投机。投机源于人们对商业与金融领域中“新颖之物”的普遍热衷。[②] 金融创新催生了人们之前所不熟悉的新的交易工具和方式，同时使人们缺乏对其风险的防备。一部分敢于尝试和投机的人首先利用这些新的交易工具和交易方式大赚一笔，没有参与初期投机的公众在后悔其没有早些参与投机的同时，亦争先恐后地加入其中，投机由此变成了一种社会风潮。这种投机风潮会使大量的资金投入特定资产之中，从而导致资产价格疯涨，即使人们已经意识到该资产已被严重高估了，却仍对其抱有上涨预期而继续投入更多的资金。[③] 此外，投机心理还会催生一系列诈骗行为和道德风险。人们在每一次泡沫破裂之后都会对之前为追逐利润而丧失理智的行为进行反思，然而，新的泡沫经济的发生却仍然不可避免。[④] 20 世纪 80 年代以来，行为经济学中的从众行为（herd behavior）理论与信息经济学理论开

① 参见石俊志：《金融危机生成机理与防范》，中国金融出版社 2001 年版，第 115－116 页。

② 参见［美］J. K. 加尔布雷斯：《“泡沫”的故事——金融投机历史回顾（三）》，万安培、白大丰、王寿安译，载《改革》1994 年第 6 期。

③ 参见文红星：《经济泡沫研究》，光明日报出版社 2013 年版，第 4 页。

④ 参见［美］J. K. 加尔布雷斯：《“泡沫”的故事——金融投机历史回顾（三）》，万安培、白大丰、王寿安译，载《改革》1994 年第 6 期。

始成为解释泡沫经济的重要理论。从众行为理论认为，金融市场中那些缺乏信息来源或者缺乏专业知识的投资者通常会对其他投资者的投资行为进行模仿。从众行为也会进一步增强人们价格上涨的预期。[①] 信息经济学理论认为，投机泡沫产生的根本原因是信息不对称。信息不对称使人们更加关注短期收益，并且更倾向于模仿他人的投资行为。人们甚至会更愿意相信小道消息，盲目跟风，从而导致泡沫越发膨胀。

当泡沫膨胀到临界点时，高扬的资产价格可能会突发性地崩溃，下降至起始价格甚至更低。在较为严重的情况下，泡沫破裂本身就是一种金融危机。[②] 金融危机是指“全部或大部分金融指标——短期利率、资产（证券、房地产、土地）价格、商主体破产数和金融机构倒闭数——的急剧、短暂和超周期的恶化”[③]。按照危机影响的地域范围，金融危机可以分为全球性金融危机、国内金融危机和区域性金融危机。孙祁祥和王曙光认为，在当前经济运行中，与爆发大规模和全局性金融危机相比，区域性危机成为对经济安全更为可能的威胁因素。区域性金融危机表现为区域性的企业融资渠道堵塞、资金链断裂及其引发的金融恐慌。在我国，区域性金融危机的爆发通常与区域性的过度投资与民间金融盛行有关。[④] 产生金融危机最基本的根源是经济周期波动，即总体经济活动上升与下降相互交替的周期性变化和发展的过程。马克思政治经济学理论为我们揭示了资本主义经济周期性波动与经济危机周期性爆发的客观规律。作为现代经济中日益重要的组成部分，金融领域也自然会跟随周期性经济危机的爆发而发生危机。此外，金融组织与金融市场的内在脆弱性也是造成金融危机爆发的重要原因。金融组织的内在脆弱性是由金融组织所具有的过度借贷的内在冲动决定的。金融组织运行过程中“短借长贷”造成的流动性缺陷、信息不

---

① 参见谢经荣等：《地产泡沫与金融危机——国际经验及其借鉴》，经济管理出版社 2002 年版，第 8 - 9 页。

② 参见石俊志：《金融危机生成机理与防范》，中国金融出版社 2001 年版，第 117 页。

③ ［英］约翰·伊特韦尔等编：《新帕尔格雷夫经济学大辞典》，经济科学出版社 1996 年版，第二卷第 362 页。

④ 参见孙祁祥、王曙光：《区域金融危机与民间借贷风险防范》，载《中国金融》2011 年第 23 期。

对称造成的资产质量缺陷和过度依赖公众信心造成的经营基础缺陷等，都使金融机构具有超越实体经济的脆弱性。金融市场的内在脆弱性是指金融资产的价格具有波动性。金融体系内在的脆弱性使金融危机可能会独立于经济危机单独爆发，并且对实体经济产生负面作用。[①]

二、转型经济体的特殊情况

与已经具有较为成熟的市场经济的西方国家不同，转型国家所存在的一些特殊问题可能会导致其更容易出现泡沫和金融危机。[②] 第一，金融自由化初期的投机盛行。如上文所述，人们对经济和金融领域中的“新颖之物”会产生争相追求的投机心理。[③] 在西方发达国家金融市场400余年的发展进程中，由于“新颖之物”的不时出现，曾经相继涌现出多次投机泡沫和爆发过多次金融危机。转型国家处于金融自由化初期，恰恰是“新颖之物”在其商业和金融领域大量产生的时期。从这个角度上讲，转型国家某些领域内的投机盛行有一定的必然性。并且，当今转型国家在发展的过程中，由于存在发达国家作为可供学习的对象，具有跨越式发展的后发优势，转型国家常常试图通过对西方发达国家的模仿和学习，使用十几年到几十年的时间就建立起后者花费上百年时间建立起来的各种制度，在金融领域，更是在极短时间内就试图引进西方发达国家上百年时间积累产生的各项金融创新。然而，短时间内大量金融创新所带来的冲击不可谓不大。缺乏风险意识的幼稚投资者在这种金融自由化初期带来的巨大冲击下，更容易出现过度投机的现象，甚至出现种种欺诈行为，从而引发泡沫经济和金融危机。

第二，国家宏观政策对泡沫的影响。虽然泡沫经济是市场失灵的一种典型表现，但经济泡沫的产生又往往与政府的宏观政策密切相关，政府的

---

① 参见石俊志：《金融危机生成机理与防范》，中国金融出版社2001年版，第2-3页。

② 参见石涛：《转型期政府规制改革的路径选择》，载《中共浙江省委党校学报》2010年第1期。

③ 参见［美］J. K. 加尔布雷斯：《“泡沫”的故事——金融投机历史回顾（三）》，万安培、白大丰、王寿安译，载《改革》1994年第6期。

某些不当行为会直接或间接地导致市场失灵。① 例如，有学者认为，宏观经济政策的失误是日本泡沫经济产生及破灭的导火索。经济转型时期，政府官员对市场经济规律的了解不够，其行政权力又受到较少制约，更容易对经济活动采取过多的或不当的干预，从而扭曲市场机制的作用，产生泡沫经济。因此，对于此种原因产生的泡沫，解决问题的关键在于加强市场机制所起的作用：增进公平竞争、促进信息流通、减少投资决策中的失误。然而，当经济泡沫积累到一定程度，已然导致泡沫经济的时候，却并不能期待市场依靠自我调节作用恢复均衡状态。

第三，资本国际流动对泡沫的影响。由于发展中国家在金融自由化初期境内资本匮乏、利率水平较高，会吸引境外资本大量流入。对发达国家的金融资本来说，新兴市场是加尔布雷斯（Galbraith）所说的“新颖之物”，具有强大吸引力。发达国家资本的流入会引起发展中国家流动性泛滥，为泡沫的产生和膨胀提供必要的条件。这些外部流入的热钱在泡沫膨胀期间起到了推波助澜的作用，而一旦显现泡沫破裂的趋势，热钱的迅速外逃亦会加剧泡沫破裂的速度。这是作为先发展国家的发达国家在其早年并不会遇到的特殊问题。② 谢经荣等考察 20 世纪 80 年代以来发展中国家的泡沫经济与金融危机，总结出了发展中国家在经济发展中的一条相似路径，印证了上述推论：发展中国家转型初期会进行各种市场化改革，经济保持高速增长；此时，大量外国游资瞅准机会进入发展中国家国内市场，导致发展中国家货币升值影响其出口，而相当一部分资金流入房地产市场和非贸易部门，加剧房地产市场和股票市场的泡沫；当泡沫经济发展到一定程度时，整个经济结构出现失衡，有的国家甚至出现经常项目赤字、债台高筑与货币贬值的情况，甚至爆发金融危机。

---

① 参见时家贤：《转轨、全球化与中国政府规制改革》，经济科学出版社 2007 年版，第 76－77 页。

② 参见樊纲：《经济危机常常是资产泡沫引起的》，载网易财经 2010 年 5 月 18 日，https：//www. 163. com/money/article/66VVS40H00254E1F. html；谢经荣等：《地产泡沫与金融危机——国际经验及其借鉴》，经济管理出版社 2002 年版，第 20 页。

三、泡沫经济与民间金融——我国台湾地区的案例

民间金融与泡沫经济具有相互促进的共生关系：由于正规金融往往受到各种各样的限制，当经济泡沫泛滥的时候，为了筹集炒股或炒房资金，往往会出现非法集资风潮，造成地下经济和非法活动的蔓延。既然在股市和房地产市场上转瞬之间就可以获得数倍之暴利，许多来历不明的公司乘机打着各种各样的旗号，以极高的利率向民众筹集资金；由于在集资中可以得到比存入银行多数倍的回报，人们纷纷从银行中提出自己的存款，交给形形色色的集资公司。正因为民间金融的资金流向的是资产价格虚高的泡沫行业，才能在初期支持高昂的利息；反过来，正是由于有了民间金融的信贷支持，越来越多的资金才得以进入泡沫行业，支撑了泡沫的膨胀。民间金融与资产泡沫之间的相互作用形成了一个正反馈循环，两者相互滋长、互利共生。正如戴立宁所说，“泛滥的货币是地下钱庄的催化剂，股市泡沫和资产泡沫则是地下金融的寄居所”①。

民间金融与行业泡沫共生的一个典型时空是20世纪80年代的我国台湾地区。彼时，“台湾经济之父”尹仲容的经济改革使我国台湾地区民间经济大发展，唯独留下金融面没有改革。金融面的问题又反映在金融机构的垄断、利率与汇率的管制上。正是在这种背景下，我国台湾地区的地下金融快速发展起来，其一方面满足了民间经济大发展的资金需求，另一方面也与泡沫经济相呼应，使我国台湾地区经历了一次金融震荡。

我国台湾地区自20世纪50年代末实施外汇贸易改革，采取对外导向的发展政策并获得成功以来，二十余年追逐出口与外汇。为了继续追求贸易顺差，台湾当局不愿听任市场机制发挥作用，使新台币升值。长期对外偏低的币值一方面使贸易顺差持续扩大，外汇收入增加，并导致资金流入；另一方面引导资源流向出口部门，妨碍新技术和新产业的发展。外汇储备的大量增加对货币供给和物价造成了影响。尽管台湾地区相关机构采

---

① 戴立宁口述，郭建龙、谷重庆撰写：《一以贯之：戴立宁的经历和坚持》，中信出版社2014年版，第147－149页。

取种种方法抵消外汇增加引起的货币增加的效果，然而，自1985年年底至1986年年底，我国台湾地区的货币供给仍增加了47.7%，翌年再增加38.3%，第三年又增加了26.2%。货币供给增加如此迅速，本可以预期物价会大幅上涨。但由于在此期间实行了贸易自由化，关税税率降低，新台币大幅升值，在此作用下，消费者物价指数仅略微上涨，零售物价则连年下降，进出口物价也呈下降趋势。然而，货币供给剧增的效果主要反映在了股票市场和房地产市场上，导致这两个市场出现了资产泡沫。股票价格指数在数年间从不到1000点上涨到了1990年年初的12,000点以上，台北市房价同一时期上涨了3—4倍。[①] 此时，我国台湾地区采取了压低利率的措施，但这更有助于泡沫的泛滥。到了最后，甚至已经不敢再提高利率，因为一旦提高利率，热钱就会加速涌入，进一步加剧资产泡沫。

以“鸿源”[②] 为代表的地下投资公司借此机会获得了极大发展。据估算，当时我国台湾地区共计有200家地下金融公司，涉及50万家庭，如果按照一家四口人计算，则地下投资公司直接影响的人数多达200万之众，大约占我国台湾地区全部人口的十分之一。由于很多投资人会向其他人借钱参与投资，地下投资公司间接影响的人群更为巨大。[③] 以“鸿源”为例，它四处设立挂着各类招牌（包括投资、旅行社、建筑、电影、保安）的分公司，雇佣大量“财务顾问”，[④] 提供高达4%的月利率。能够支付如此高的利息，除了依靠不停借新还旧之外，还依靠其在泡沫高涨的股市投资赚钱。来自地下投资公司的资金无疑进一步增加了股市和房地产市场的泡沫。1989年，我国台湾地区新“银行法”修正案通过，不再限制利率上下限，开放民营银行设立，并宣布除了正规金融机构，其他机构均不得吸

---

① 参见孙震：《台湾经济自由化的历程》，台北，三民书局股份有限公司2003年版，第六章第四节。

② 全称为鸿源国际投资顾问股份有限公司，我国台湾地区“经济部”对其审批的服务范围是国内外投资居间、顾问、咨询服务，但其实际业务是非法吸收公众资金。

③ 参见张孟起：《鸿源风暴档案——79年台湾地下吸金怪兽鸿源的生与死》，台北，时报文化出版企业股份有限公司1995年版，第12-28页。

④ 参见建龙博客2015年4月6日，http://blog.sina.com.cn/s/blog_49e28c6e0101jpc9.html。

储。这一重大的制度变化给“鸿源”等地下投资公司造成了巨大的打击，使其资金周转出现问题。随即，我国台湾地区有史以来最大的股市泡沫破灭，从而又加速了地下投资公司的最终灭亡。

第二节　房地产泡沫对区域性民间金融风暴的影响

在大多数民间金融发展较为繁荣的地区，各类民间金融组织所吸收的资金中很大一部分流向了房地产企业。普遍认为，我国房地产行业存在泡沫，[①] 表现为地价暴涨暴跌、房价持续过度上涨、房地产投资占固定资产投资比例偏高、房屋空置率过高等。[②] 我国各地发生的区域性民间金融风暴与我国房地产市场的泡沫密切相关。诚然，其资金流向还包括股市、能源行业等——有学者认为这是经济泡沫化的一种表现，但房地产行业无疑与区域性民间金融风暴联系最为密切。本书仅以房地产市场泡沫与区域性民间金融风暴的关系为例进行分析，对其他行业泡沫与民间金融的关系也应有所启示。

一、房地产泡沫的形成

改革开放前，我国实行国家统一分配、无租金（或低租金）、无限期使用的计划经济住房制度。但这种住房制度越来越无法满足城镇居民的住房需求，不再适应社会发展。1978 年，中央首次提出了住房改革的问题。1980 年 4 月，住房商品化的道路得以明确，并开始在各地进行试点。1997 年，国家经济出现通货紧缩，亚洲金融危机也在该年爆发。出于促进消费、扩大内需、推动生产的目的，在国内生产总值中所占比重较大、产业关联度较高的房地产业成为中国经济增长的新动力。到 1998 年 6 月，全国城镇自有住房已占全部住房的一半以上。1998 年 7 月，国务院颁布了《关

① 参见姜春海：《中国房地产市场投机泡沫实证分析》，载《管理世界》2005 年第 12 期。

② 参见单捷：《中国的房地产泡沫研究——以政府宏观调控为视角》，复旦大学 2009 年硕士学位论文。

于进一步深化城镇住房制度改革加快住房建设的通知》，提出了“停止住房实物分配，逐步实行住房分配货币化；建立和完善以经济适用住房为主的多层次城镇住房供应体系；发展住房金融，培育和规范住房交易市场”的改革目标。至此，我国住房制度商品化改革正式开启。2003 年，国务院颁布《关于促进房地产市场持续健康发展的通知》，明确提出房地产业已经成为国民经济的支柱产业，并提出要实现房地产业与当地经济和社会协调发展的指导思想。

市场化、商品化的改革举措极大地缓解了我国城镇居民住房需求得不到满足的问题，经过了若干年的发展，我国以住宅为主的房地产业已然成为国民经济的支柱产业，并带动了多个行业的发展。但与此同时，住房制度改革也使部分地区的房价增长过快，使房地产业出现了过热的问题，我国的房地产业成为集聚泡沫最为严重的行业。为了缓解房地产价格虚高所带来的消极影响，兼顾经济发展和民生问题，并实现国民经济的可持续发展，国家出台了一系列宏观调控政策（包括土地政策、财税政策、限购政策等）对房地产业进行调整。表 3－1 为 2003 年至 2015 年我国中央政府对房地产市场的宏观调控政策的简要回顾。

表 3－1　2003—2015 年房地产市场调控政策发展

导向	年份	调控政策	主要内容
确立地位	2003 年	《关于促进房地产市场持续健康发展的通知》	明确房地产业为国民经济支柱产业，对房地产企业和项目提供信贷支持
逐步降温	2004 年	《关于继续开展经营性土地使用权招标拍卖挂牌出让情况执法监察工作的通知》、调整存贷款利率	提高拿地门槛，首次上调贷款利率
	2005 年	《关于切实稳定住房价格的通知》《关于做好稳定住房价格工作的意见》	首付比例提高，加大调控力度。房贷优惠政策取消，二手房缴纳个税

续表

导向	年份	调控政策	主要内容
	2006 年	《关于调整住房供应结构稳定住房价格意见的通知》《关于规范房地产市场外资准入和管理的意见》	限房价，房贷利率再次上调，外资限炒令
	2007 年	《关于加强商业性房地产信贷管理的通知》、不断加息与上调存款准备金	五次加息，提高二套房首付比例，八次上调存款准备金
	2008 年 8 月前	上调存款准备金、《2008 年廉租住房工作计划》	三次上调存款准备金，增加廉租房建设
紧急救市	2008 年 8 月后	《关于扩大商业性个人住房贷款利率下浮幅度等有关问题的通知》《关于调整房地产交易环节税收政策的通知》	进一步鼓励和支持住房消费，降低存款准备金、三次下调利率、税费减免
紧急救市	2009 年 5 月前	地方政府可自主出台救市政策	地方政府可自主出台救市政策
全面加码	2009 年 5 月后	完善促进房地产市场健康发展的政策措施	增加普通商品房供给，支持居民自住及改善性购房等
全面加码	2010 年	《关于促进房地产市场平稳健康发展的通知》《关于坚决遏制部分城市房价过快上涨的通知》	限贷，二套房首付比例提高至四成，房贷利率上浮 10%，三套房停贷等；严格二套房贷款管理，首付比例不得低于 40%
全面加码	2011 年	《关于进一步做好房地产市场调控工作有关问题的通知》	限购、限贷、限价三管齐下，首付比例提高至 50%，全国 36 个城市先期纳入限购范围
全面加码	2012 年	调控不动摇	坚定不移地抓好房地产市场调控各项政策措施的贯彻落实工作
全面加码	2013 年	《关于继续做好房地产市场调控工作的通知》、各地出台调控政策	保持房价基本稳定，严格执行商品住房限购措施；二三线城市加入楼市调控大军

续表

导向	年份	调控政策	主要内容
分类调控	2014 年	提出分类调控，各地救市、放松限贷并降息	赋予地方政府更多自主权，定向降准微刺激，限购体系瓦解
保发展	2015 年	降息降准	保证平稳发展

从表 3－1 中可以看出，这一时期对房地产业的宏观调控政策既缺乏必要的系统性和连续性，又缺乏前瞻性与科学性。被动应对市场的措施多，主动完善的措施少，[①] 使市场参与各方无法产生正确的长期预期，客观上助推了房地产泡沫的形成与破裂。有学者认为，国家对房地产行业的宏观调控政策缺乏连续性——先猛放再猛收，是导致温州 2011 年发生区域性民间金融风暴的主要原因。[②] 2008 年全球金融危机后，政府出台强力的救市政策，使局部地区房地产开发过热，房价暴涨，空置率上升，集聚起大量的泡沫。随着房地产泡沫的蔓延，民间资本、国有资本和国外资本都争先恐后地进入房地产业。2011 年开始，国家对楼市的打压力度空前，多管齐下，政府的收缩银根、出台限购令、调整税率、差别信贷、增加土地出让等政策，致使房产流动性下降、房价滞涨、楼盘滞销，导致房地产泡沫萎缩，继而引发民间借贷资金链断裂的多米诺效应。作为我国民营经济的风向标，温州最先于 2011 年即发生了区域性民间金融风暴；自 2014 年年底开始，全国范围内多地出现区域性民间金融风暴，区域性民间金融风暴从东部向中西部乃至全国蔓延，房地产泡沫的膨胀和破裂所造成的悲喜剧在全国各地重复上演。[③]

二、民间金融对房地产泡沫的支持

房地产业是典型的资金密集型产业，房地产企业的经营和发展需要大

---

① 参见马光远：《全面检讨房地产公共政策》，载《董事会》2010 年第 2 期。

② 参见罗培新主编：《温州金融实践与危机调研报告》，法律出版社 2013 年版，第 192－195 页。

③ 参见罗培新主编：《温州金融实践与危机调研报告》，法律出版社 2013 年版，第 192－195 页。

规模的资金支持。在我国金融业发展尚不十分成熟、直接融资渠道仍然较为狭窄的情况下，我国房地产企业的融资活动主要是通过间接融资进行的。2008 年全球金融危机后的一段时间内，国家接连出台财政、信贷政策对房地产业的发展释放积极信号，银行对房地产业的支持力度加大，有些银行甚至将其贷款总额的三分之一以上分配到房地产开发贷款上。然而，随着这些刺激政策的负面效应逐渐显露，中央政府开始出台种种措施，限制银行对房地产企业的贷款。作为应对，房地产企业开始大量通过信托贷款、民间融资等方式筹集资金。这一时期房地产企业强烈的资金需求，也使民间融资的利率大幅上涨。①

H 省是人口大省、农业大省，经济发展处于全国中等水平，金融业发展水平不高，而房地产业发展却有得天独厚的条件：一方面，农业人口比重大，城镇化潜力巨大；另一方面，庞大的人口和社会闲散资金可以为中小房地产企业通过民间融资提供资金。例如，H 省 2014 年房地产开发企业的资金来源。其中，利用外资和外商直接投资均仅为 6700 万元，占比极小；国内贷款占资金来源总量的 11.23%；自筹资金与其他资金来源占比则分别为 55.48% 与 33.26%。其中，自筹资金包括各地区、各部门及企事业单位筹集的用于房地产开发与经营的预算外资金；其他资金来源是指除以上各种资金之外其他用于房地产开发与经营的资金，包括国家预算内资金、债券、社会集资、个人资金、无偿捐赠的资金及用征地迁移补偿费、移民费等进行房地产开发的资金。由此可见，民间金融在 H 省房地产企业发展中发挥着极其重要的作用。

三、房地产泡沫破灭与区域性民间金融风暴

从 1998 年我国确立住房商品化改革的方向以来，直到区域性民间金融风暴发生之前的 2011 年，我国的商品房整体上处于供不应求的状态之中。房地产成为人们心目中一种稳赚不赔的投资对象。自 2011 年起，房地产市场的供求关系发生了重大变化。2008 年全球金融危机后，宏观调控政策的

---

① 参见郭翔：《2014 年，房地产拐点？》，载《期货日报》2014 年 3 月 7 日，第 5 版。

放松使房地产行业急剧扩张，2010 年房地产开发企业住宅新开工房屋面积急速上升至 10 亿平方米，到了 2011 年达到 14.7 亿平方米。从 2011 年开始，以年度住宅施工总面积除以年度商品住宅销量计算得出的住房供应指标上升至 4 以上，这意味着需要花费 4 年以上的时间才能销售掉在建的所有住宅。房地产市场开始出现过剩现象。[①]

H 省房地产市场在当时同样出现了过剩的现象，并且，其出现过剩的时间较之全国的总体情况存在一定的延迟。如图 3－1 所示，全国范围内房地产开发企业住宅新开工房屋面积于 2011 年就已达到最高点，而 H 省的相同指标到 2013 年才达到峰值。如图 3－2 所示，全国范围内住宅供应指标于 2011 年缓升至 4 以上，而 H 省住宅供应指标到 2012 年才快速升至 4 以上。

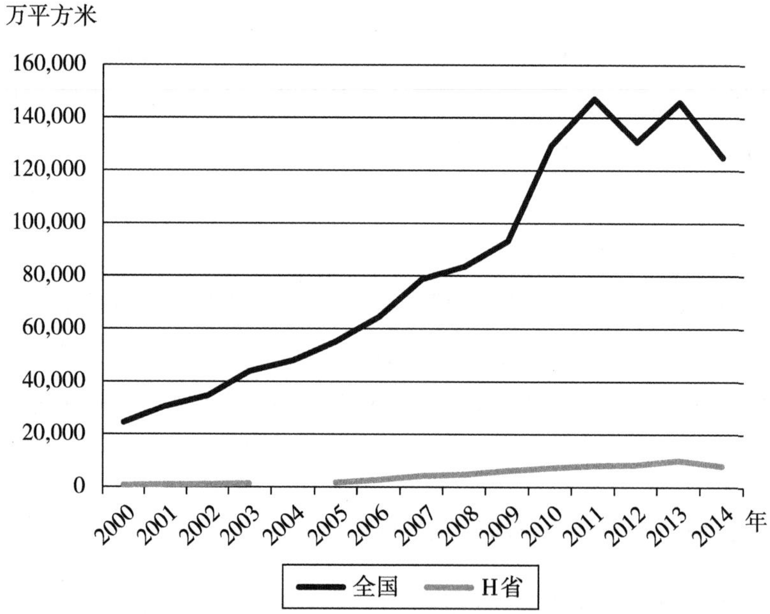

图 3－1　2000—2014 年全国与 H 省房地产开发企业住宅新开工房屋面积

数据来源：国家统计局。

① 参见朱海滨：《房地产的宏观风险》，载《首席财务官》2014 年第 6 期。

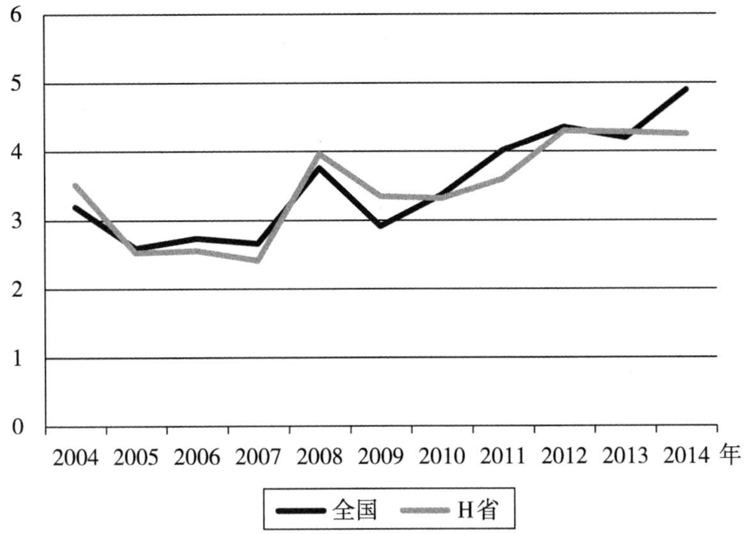

图 3－2　2004—2014 年全国与 H 省住宅供应指标折线图

数据来源：国家统计局。

房地产市场供求关系的变化意味着房地产价格的长期上涨预期将被打破，泡沫面临破裂的危险。在彼时的市场变化之下，与一二线城市相比，三四线城市房地产业面临的情况更为严峻。民生银行在 2013 年年报中指出，“房地产，特别是三四线城市的中小开发商，可能面临资金链断裂”①。一些学者也曾预测，房地产泡沫将首先在三四线城市破裂。之所以三四线城市的房地产泡沫可能会首先破裂，是因为与一二线城市相比，部分三四线城市供大于求的情况更为严重。② 2013 年 6 月，人民银行开始实行紧缩货币政策，国内贷款在房地产开发企业资金来源中所占比例进一步压缩，房地产开发商从传统贷款渠道获得资金的能力降低，不得不更多地求助于高利率的民间金融。库存高再加上宏观调控的收紧，从 2013 年年底开始，三四线城市的房地产市场进入危险时期，出现了成交量与价格同时下跌的

① 参见《中国民生银行股份有限公司 2013 年年度报告》，第 52 页。

② 肖潇：《石述思：三四线城市楼市泡沫或将破灭》，载人民网 2014 年 5 月 14 日，http：//www. people. com. cn/n/2014/0514/c347759－25017001. html。

情况。[①] 自2014年1月开始，全国房地产开发投资增速明显降低，截至2014年年底，已连续下降12个月。[②] 在房市低迷、房价下降的同时，民间金融的利率则持续飙升，房地产企业的融资成本逐渐上升到其不堪承受的程度。“企业吸收的民间资金30%用于投入生产，70%被高额利息吞噬。”[③] 当大量企业依靠借新还旧依然不能支付高额利息时，区域性民间金融风暴便悄然降临了。

第三节　民间金融体系自身的脆弱性

一、民间金融组织的脆弱性

金融组织的脆弱性首先来自过度借贷的内在冲动。明斯基（Minsky）通过对采用三种不同融资模式企业的风险进行分析来解释金融组织的脆弱性。[④] 一是抵补型融资机构。该类机构在某一时间段内的现金收入可以偿付其在该时间段内所有到期债务的本金和利息。这是一种非常安全的融资模式。对市场中的某一个机构而言，其权益融资所占的比重越大，该机构成为抵补型融资机构的可能性就越大。二是投机型融资机构。该类机构是指在某一时间段内现金收入只能覆盖其到期债务的利息，而不能覆盖其到期债务本金的机构。三是庞氏型融资机构。该类机构在某一时间段内的现金收入既无法偿付到期债务的本金，也无法偿付到期债务的利息，而需要依靠其所持资产价格上涨的预期将资产出售给下家或再进行新的融资来偿还先前的债务以获得“救赎”。一旦资产不能继续升值，庞氏型融资机构就只能依靠借新还旧维持其现金流。这种高杠杆率的融资方式呈现出极高

---

① 参见曹蓓：《银行开发贷冷对三四线城市房企　中小开发商被迫高息民间借贷》，载《证券日报》2014年6月24日，B2版。

② 数据来源：国家统计局。

③ 萧辉：《娄底一老板自杀引爆百亿借贷挤兑潮》，载《新京报》2015年3月17日，B8版。

④ See Hyman P. Minsky, *The Financial Instability Hypothesis: A Restatement*, in P. Arestis & T. Skouras eds, Post Keynesian Economic Theory: A Challenge to Neoclasssical Economics, Wheatsheaf Books, 1985, p. 37 – 38.

的财务风险，极易出现资金链断裂的情况。当庞氏型融资机构的资金链断裂之时，其所持有资产的价格也会出现暴跌，从而引发金融动荡。[①]

除了过度借贷的内在冲动之外，金融组织的内在脆弱性还来自其运行过程中的诸多缺陷，包括容易引发流动性风险的借短贷长的资产负债结构缺陷，由于信息不对称而造成的资产质量缺陷，由经营规模和资本金不足而造成的抵抗风险能力的缺陷，以及高利润诱惑导致的道德风险等经营管理缺陷等。[②] 此外，发展中国家在金融自由化初期产生的金融机构实力小，缺乏风险意识，容易投资高风险项目，特别喜好投机于房地产和股票市场，更容易产生信用风险。[③]

反观我国区域性民间金融风暴中的民间金融组织，其虽然以开展投资理财、存款、黄金买卖、租车等业务作为掩护，但是从事的实际业务为类似于商业银行业务的存款机构型融资活动、类似于发行证券的直接融资活动以及类似于共同基金的集合投资型融资活动。由于不同融资模式的交易结构、风险特征具有显著差别，以下分别对这三类民间金融组织自身的脆弱性进行分析。

（一）存款机构型民间金融组织的脆弱性

存款机构（最典型的为商业银行）与一般企业最显著的区别是，它具有将非流动性资产转化为流动性负债的信用中介功能。但正是这种功能的发挥导致其资产与负债之间存在期限错配，容易带来流动性风险和挤兑危机。因此，为了保证存款机构的偿付能力、防止挤兑，其法定监管措施通常包括存款准备金、资本充足率等侵入式监管要求。另外，由于存款机构业务具有较大的负外部性，政府一般会提供存款保险等担保机制，保障存款人利益与金融体系稳定。

---

① 这里需要说明的是，虽然庞氏型融资得名于庞氏骗局，但两者却并不等同。庞氏骗局必然包含主观上的欺诈性，而庞氏型融资却更多的是对融资行为的客观描述，并不一定含有主观欺诈的故意。

② 参见石俊志：《金融危机生成机理与防范》，中国金融出版社 2001 年版，第 66 页。

③ 参见谢经荣等：《地产泡沫与金融危机：国际经验及其借鉴》，经济管理出版社 2002 年版，第 18－19 页。

在调研中发现的存款机构型民间金融组织包括融资性担保公司、非融资性担保公司、小额贷款公司，以及各种理财公司、投资公司、商贸公司等。这些公司有的是国家批准从事一定金融业务（如融资性担保业务）的准金融机构，其余则均为普通工商企业。无论是准金融机构，还是普通工商企业，本身都并不具备接受存款、发放贷款的资质，其业务范围限于不具有潜在系统性风险的融资性担保业务、小额贷款业务、典当业务和工商企业日常经营业务，因此不必落入国家对正规金融机构的监管范围之内。特别是小额贷款公司虽然也从事放贷业务，但其并不吸收存款，其本身从事的是非资金池放贷业务，因此并不会产生类似于存款机构的期限错配风险与流动性风险。当宏观经济形势的变化与房地产泡沫的膨胀、收缩导致民间放贷业务的利润变得越发惊人时，上述机构的主营业务逐渐异化为了只有存款机构才能从事的存贷款业务。①

存款机构型民间金融组织实际上发挥着与存款机构无异的信用中介功能，因此同样具有强烈的期限错配与流动性风险。此外，由于逃逸出了金融监管主体的视线范围，这类民间金融机构还具有比正规金融机构更为显著的流动性风险、信用风险、操作风险、法律风险与系统性风险：

第一，流动性风险。存款机构型民间金融组织的贷款流向的往往是房地产等流动性较差的行业，而其与广大城乡居民签订的一般是期限为 3 个月的短期借款合同，② 因此必然会产生借短贷长的期限错配风险和流动性风险。这种风险也是所有存款机构均面临的结构性风险。由于没有资本充足率、存贷比等金融监管要求，民间金融组织的负债率往往会比正规的存款机构（如商业银行）更高，其结果是导致更为严重的期限错配与流动性风险。此外，由于没有存款准备金的要求，存款机构型民间金融组织的偿付能力严重不足，一旦遭遇流动性风险，极易出现资金链断裂的情况。

第二，信用风险。信用风险在某种意义上是金融机构的根本风险。存

---

① 参见马光远：《温州危机是改革不彻底的缩影》，载《中国经济报》2011 年 10 月 17 日，B7 版。

② 有的民间借款合同不可以在期限届满前解除，而有的合同则可以由投资者决定提前解除，只需损失一部分利息。

款机构型民间金融组织的信用风险也比一般商业银行大得多。首先，其贷款对象一般为信用等级难以在正规金融渠道获得足够信贷资金的中小房地产企业与其他中小民营企业。某种意义上存款机构型民间金融组织从事的实际上是“次级贷款”业务，会带来较高的不良资产率。其次，存款机构型民间金融组织的服务对象以当地特定行业的企业为主，地域和行业的集中程度较之一般商业银行更为显著，信用风险不能得到有效分散。

第三，操作风险。民间金融组织多数存在内部管理混乱的问题，具有较大的操作风险。实践中经常出现民间金融组织财务制度不透明、实际控制人的私人账户与机构账户混同、母公司与子公司公章混用等现象。此外，民间金融组织的管理层还存在为追求高额利润将资金投向房地产行业等高风险行业的逆向选择风险和道德风险。具有较大的操作风险所导致的恶果是，非欺诈性民间金融向欺诈性民间金融的转变非常容易。

第四，法律风险。存款机构型民间金融组织常常会签订以合法形式掩盖非法目的的合同，往往涉嫌高利贷、非法集资甚至人身侵害案件，具有较高的法律风险。一旦某一存款机构型民间金融组织涉嫌从事违法犯罪活动，甚至其他同类组织涉嫌从事违法犯罪活动，即可能会诱发声誉风险，甚至导致挤兑。

第五，系统性风险。存款机构型民间金融组织在案发前通常行事较为隐蔽，很难监测到其具体规模；待到资金链断裂或集中暴雷之时，其已然在区域内积累极高的系统性风险。由于民间金融不受最后贷款人与存款保险等机制的保障，相关案件的受害人无法得到存款保险的赔付，其合法权益难以得到保障。H 省典型案例中的 A 集团公司案与 C 投资咨询公司案均涉及数万名投资人，涉案金额高达数十亿元，严重危及区域经济与社会稳定。

（二）直接融资型民间金融组织的脆弱性

直接融资型民间金融组织是从民间金融市场吸收资金用于自身生产经营（而非再进行投资）的民间金融组织。H 省典型案例中的 B 房地产集团公司即为直接融资型民间金融组织的典型代表。尽管不同的直接融资型民间金融组织在直接向公众吸收资金时采用的合同形式各异——有的直接签订借款合同，有的签订的是“房屋预售合同”“二折买房合同”“零元首付买房合同”——但实质上几乎都是固定收益的标准化债权合同。采用股权融资的情况在H省区域性民间金融风暴中极为少见。对B房地产集团公司等难以从正规渠道获得信贷资金的房地产企业而言，如果向存款机构型民间金融组织贷款，需要承担月利率高达4%—5%的利息；如果自己直接进行集资，则只需支付月利率为2%左右的利息即可。正因如此，随着区域性民间金融风暴的演进，直接融资型民间金融组织的比例呈现一定的增多趋势。

从金融功能上看，直接融资型民间金融组织具备了证券发行人的实质特征，其融资活动应当被认定为证券发行行为。证券发行行为的结构性风险来源于集资对象与项目控制人之间的信息不对称。公众投资者并不直接参与其所投资事业的具体经营，多数情况下也并非专家；并且，数量较多的公众投资者缺乏集体行为的能力和意思，很难联合起来监督集资主体。因此，证券发行人可能利用这种严重的信息不对称，任意利用集资所得资金，欺诈、盗取资金供给者的集资利益。因此，传统上对证券发行行为的核心监管措施是信息披露。由于没有监管主体对B房地产集团公司等直接融资型民间金融组织施加类似的监管措施，相关金融风险持续累积：

第一，信息不对称。对于直接融资型民间金融活动而言，发行人的信用信息、经营信息等极不透明。这些进行直接融资的民间金融组织还往往会采取一些广告宣传的方式美化自身业务模式、提供虚假信息，对投资人的决策产生误导。投资人往往不具备基本的金融知识，他们一方面普遍怀有房地产泡沫不会在短期内破灭的预期，另一方面怀有对周边亲属朋友的从众心理，几乎没有监督集资主体的意识，往往直到发现定期到账的利息停止支付时，才惊觉其投资的房地产企业的资金链已经出现问题了。例如，在B房地产集团公司案中，由于信息极度不透明，在后期资金链濒临崩溃时，还有很多新的投资人不断加入；这些后期加入的投资人中，有的连第一个月的利息都没有收到。此外，极度的信息不对称还可能会带来较大的道德风险，导致直接融资型民间金融活动容易演化成集资骗局。

第二，财务风险。以中小房地产企业为代表的直接融资型民间金融组织通常具有极高的负债比率，后期沦为了明斯基所描绘的庞氏型融资机构，具有极其严重的财务风险。仍以B房地产集团公司为例，其将高息借来的资金投入已然存在泡沫的房地产行业，由于房地产行业的资金回收周期较长，无法在短期内创造足够的利润来偿付其借款利息，而只能依赖持续借款的方式偿付前期债务及其利息。这种融资模式之所以能够维系，是因为其建立在人们对房地产价格持续增长的预期上；一旦预期有变，无法吸收新的资金，庞氏型融资机构将马上面临破产的局面。

第三，系统性风险。直接融资型民间金融组织虽然与单个投资人签订的是一对一的借款合同，但由于其与多个投资人签订了类似的借款合同（涉案人数往往多达数万人），其融资行为显然已经达到了公开发行证券的标准，因此也显然具有产生系统性金融风险的可能。

（三）集合投资型民间金融组织的脆弱性

集合投资型民间金融组织是将其直接吸纳的民间集资用于投资活动的民间金融组织，“e租宝”是其典型代表。现以“e租宝”为例，对这类民间金融组织的脆弱性进行分析。“e租宝”借助互联网金融平台，将90余万投资人的小额投资汇聚于自己的资金池中，再投资于其所谓的融资租赁债权转让项目。这种融资结构与直接融资（证券发行行为）的区别在于，其集合而来的资金并非用于其自身的生产经营，而是用于进一步投资；与间接融资（银行业务）的区别在于，其向投资者承诺的并非固定利率，而是许诺一个具有浮动范围的收益率区间（年化9%—16.4%）。因此，“e租宝”的交易结构实际上类似于以公开方式募集的集合投资工具。[①]

一般而言，对共同基金的监管强度要强于对证券发行行为的监管强度，这是由于与吸收资金用于自身生产经营相比，吸收资金用于进一步投资可能存在更大的风险。由于集合投资工具本身也符合证券发行行为的定

---

① 集合投资工具在我国被称为证券投资基金，而在其他一些国家，还可能被称为“共同基金”“单位信托基金”“证券投资信托基金”等。

义，因此，针对证券发行行为的信息披露和反欺诈监管要求对集合投资工具同样适用。此外，集合投资工具管理者还需承担信义义务，以保证其忠实、善意地履行管理基金业务，避免道德风险。具体措施包括：未经股东同意，不能擅自改变既定投资项目；禁止关联交易；保证董事会中独立董事的数量等。① 此外，开放式集合投资工具（如开放式基金）的投资者可以随时申购或者赎回，因此，这种集合投资工具面临一定的流动性风险，通常规定其持有的流动性资产不得低于总资产的一定比例。② 因缺乏以上监管措施的约束，“e 租宝”等集合投资型民间金融组织面临以下几个风险：

第一，流动性风险。“e 租宝”负债端的债权期限较短，其几种投资产品的投资期限均在 1 年以内，并且可以申请提前赎回。资产端的融资租赁的租期较长（一般在 3 年左右），并且许多机器设备的流动性较低。因此，其存在借短贷长的期限错配风险。

第二，道德风险。由于“e 租宝”不受任何监管，其应当承担的信义义务得不到贯彻，道德风险在“e 租宝”案中体现得尤为明显。具体体现为虚构投资项目、关联交易等种种乱象。事实上，“e 租宝”自始至终就是一场庞氏骗局，其依靠不断地借新还旧来维持高额利率和管理层的奢华生活，是典型的以非法占有为目的的集资诈骗行为。

第三，系统性风险。集合投资工具兼具直接融资和间接融资的性质：从其直接从公众投资者处吸收资金的角度来看，其具有直接融资的性质，并符合证券发行行为的概念；从其发挥沟通资金提供者和资金最终使用者的信用中介功能的角度来看，其又具有间接融资的性质。因此，其联通了参与直接融资和间接融资的诸多参与者，使整个市场更加复杂，机构之间联系更加密切，这无疑使系统性风险进一步增加。例如，“e 租宝”案涉及多方参与者（投资人、“e 租宝”平台、担保公司、融资租赁公司、项目

---

① 参见黄东黎、凌忠果：《中国开放式基金的法律设计——美国共同基金发展经验的启示》，载《法律与生活》2002 年第 1 期。

② 参见于云生：《我国开放式基金流动性风险管理研究》，西南财经大学 2006 年硕士学位论文。

公司、第三方支付公司等），在全国范围内的涉案人数高达 90 万人，其崩溃带来的负面效应遍及全国各地，造成了极其恶劣的影响。

二、民间金融市场的脆弱性

除了民间金融组织具有内在的脆弱性之外，民间金融市场也具有内在的脆弱性。民间金融市场的脆弱性进一步扩大与激化了单体民间金融组织资金链断裂引发的风险，形成了集中性暴雷的区域性民间金融风暴。

第一，民间金融市场上信心危机的传递。在区域性民间金融风暴中，一家民间金融组织资金链断裂、不能给投资人偿付带来的恐慌会迅速蔓延，导致人们丧失对其他民间金融组织的信心。也就是说，信心危机具有自增强效应。在区域性民间金融风暴中，由于存在严重的信息不对称，信心危机的传递效应尤为显著。由于不存在信息公开渠道，投资人无法了解民间金融组织的真实运行状况，只能依赖于口耳相传的小道消息与对他人行为的盲目效仿，从而极大地提高了挤兑出现的可能性。

第二，民间金融市场上无力偿付的连锁反应。与正规金融市场上的各类主体一样，民间金融市场上的各类主体也无一不被纳入相互交织的债权债务网络之中。一个主体失去债务偿付能力，可能会导致其债权人也失去偿付能力，从而导致信用风险在债权债务网络中快速传递。在正规金融市场的债权债务网络中，存款机构（如商业银行）往往占据非常重要的地位，成为风险传染的关键节点。同理，在民间金融市场的债权债务网络中，存款机构型民间金融组织也占据着重要地位，并在风险传染的过程中发挥重要作用。例如，对一家存款机构型民间金融组织而言，大量债务人（如房地产公司）失去偿付能力可能导致其自身失去偿付能力，进而导致数以万计的投资者无法得到偿付。

第四节　投资者行为分析

一、传统熟人信用难以支撑民间金融活动

有学者将中国的民间金融称为“关系金融”，认为民间金融以熟人关系作为交易和契约执行的基础。[①] 这种熟人信用、关系信用在区域性民间金融风暴中得到了鲜明的体现。在“e 租宝”案中，虽然“e 租宝”构建了互联网平台，标榜线上交易，具有向全国范围内不特定投资人集资的信息技术优势，但其实际上仍然主要依赖线下业务员的贴身推销来进行集资。这些业务员通常会先发展自己的亲戚、朋友参与集资，即使要发展陌生人参与集资，一般也会先与其搞好关系，在成为熟人并获得其信任之后再劝说其参与集资。这种展业技巧实际上与 C 投资咨询公司依靠乡村中的“排场人”充当业务员的伎俩并无二致，其展业方式均体现了对中国传统信用关系的深刻领会。

由于民间金融中信用借贷较多（因为资金需求方有限的可抵押财产很可能在先前已向商业银行抵押以申请贷款了），双方之间的信任是签订合同的基础。在现代化的征信制度还不完善的状况下，人们只有对熟人才会掌握更多的用以判断其个人信用的信息，包括人品、职业、财产数量和偿债能力等。并且，人们通常会根据人际关系的亲疏程度来判断这些信息的可信度，即以“我”为中心，按照亲疏远近，层层向外扩展形成“差序结构”[②]：家人与亲属、同事与同学、老乡与邻居、其他熟人。此外，“身份”也是个人信用重要的判断因素。在现实中，有“身份”的人通常会成为民间金融活动的核心人物。江浙地区民间融资活动往往是围绕一些知名的企业家展开的。H 省民间融资的核心人物通常为金融机构从业人员或者行政、事业单位工作人员。他们的工作“排场”、生活稳定，被公众认为掌

---

① 参见陈志武：《金融的逻辑》，国际文化出版公司 2009 年版，第 120 页。

② 参见费孝通：《乡土中国》，北京出版社 2011 年版，第 30 页。

握了“特殊资源”、“有路子”，而这些都进一步增强了人们对其的信任感。

然而，区域性民间金融风暴的发生也证明了，在当前社会，这种传统的熟人信用在提供金融信息方面是不足的。人们的投资行为往往仅依赖对熟人的信任，投资决定往往是在熟人的劝说或者示范下作出的，投资人实际上对所投资的企业与投资风险知之甚少，投资行为具有极大的盲目性和从众心理。例如，C投资咨询公司案中投入资金的农民甚至都没有看到过由业务员为其代签的投资合同，而只拿到了一张由业务员签字的收款证明。在经济转型的过程中，社会转型也在同时进行，信用模式亦在发生着转变，我国的信用模式正处于从“采邑模式”向“市场模式”的转变过程之中。当前，旧的信用模式已然日渐瓦解，新的信用模式还没有完全建立，由此产生了信任危机问题。在这种社会背景下，熟人信用所赖以存在的个人信誉、群体责任、关联交易等约束机制正在渐渐失去作用。极端情况下，熟人有可能为了自己的短期利益，故意提供不真实的信息或者放任其传播，从而增大从众行为的负面影响，加剧民间金融市场乱象。①

二、对地方政府担保的错误预期

出于社会稳定等原因，政府可能会对投资者的损失进行或明示或暗示的担保，投资者也可能会错误地认为政府会对其损失或者对资产价格维持在特定水平进行担保。米尔格龙（Milgrom）与罗伯茨（Roberts）认为，在投资者认为潜在风险存在担保者的情况下，他们将倾向于能对其个人带来更高收益，并有损于整个社会的利益的投资方式。②这种投资方式使投资者风险意识下降，投机动力增强，从而会加大泡沫的发生概率。

投资者对政府担保的预期来源于投资者对政府行为的历史观察。即使是在最崇尚市场作用的美国，根据实证研究，大部分人也认为政府会对投

① 农村合作基金会、标会等的失败已经证明了这一点。参见宋瑞敏、李燕：《地方金融风险研究：现状、对策》，中南大学出版社2011年版，第116页。

② See Paul R. Milgrom & John Roberts, *Economics*, *Organization and Management*, Englewood Cliffs, N. J.: Prentice Hall, 1992.

资者的损失进行“保险”。[①] 我国民众对国家信用的仰赖情结来源于两个方面：一是中国式“政府父爱主义”的历史传承。[②] 在家长主义的历史传统下，人们信任政府如同信任父亲一般，是超验而不需要论证的。[③] 二是计划经济的路径依赖。由于我国现行经济体制是从计划经济发展而来的，在计划经济下，政府配置各种资源，政府信用完全取代了个人信用和商业信用。

对政府信用的依赖和政府隐性担保的预期在区域性民间金融风暴中体现得淋漓尽致。在很多案例中，民间金融组织会采用某种方式使人们认为其拥有政府的支持或跟政府人员具有一定的联系。事实上，一些地方政府的行为也确实表达出其对民间金融发展曾经秉持积极态度。在民间金融发展早期，很多地方政府对民间金融组织的发展给予了诸多的政策鼓励与扶持。例如，A 集团公司及其董事长在其企业成长初期，曾多次获得政府奖励。再如，H 省 2009 年出现的担保行业“井喷”的现象与地方政府对该行业的扶持密不可分，政府工作人员为企业站台的现象屡屡出现。[④] 一些政府工作人员甚至也参与到民间金融活动中来，有的甚至是民间金融组织真正的股东。这些叠加在一起，难免使人产生了民间金融存在政府隐性担保的预期[⑤]——这也正是一些案件的受害者无法理解一些地方政府确立的“责任自负、风险自担、政府不埋单”的处置原则的原因。[⑥] 他们通过上访、围堵政府办公地点等的行为，强烈要求地方政府介入案件处理。无论是陷入哪一家民间金融组织制造的集资乱局或骗局，投资者们分享的信息几乎完全一致：他们怀疑集资活动中存在严重的腐败行为，他们要求地方政府对此进行彻查，追回其投入的本金，严惩相关的腐败人员。还有很多

---

① 参见文红星：《经济泡沫研究》，光明日报出版社 2013 年版，第 44 – 45 页。

② 参见费孝通：《乡土中国》，北京出版社 2011 年版，第 50 – 67 页。

③ 参见曾坚：《信赖保护原则研究：以法律文化和制度构建为视角》，华东政法大学 2008 年博士学位论文。

④ 参见王丽娜：《非法集资新困局：民间投融资局部坍塌》，载《财经》2016 年第 1 期。

⑤ 参见张庆宁：《政府为何屡被民间借贷“绑架”？》，载经济观察网，http：//www.eeo.com.cn/2015/0105/271038.shtml。

⑥ 参见张庆宁：《政府为何屡被民间借贷“绑架”？》，载经济观察网，http：//www.eeo.com.cn/2015/0105/271038.shtml。

投资者把追回投资的希望寄托于远在北京的中央金融管理部门。[①]

三、投资狂躁与投资者教育的匮乏

面对充满投机行为和重重骗局的民间金融市场，我国的个体投资者显示出了一种集体焦躁的状态。伴随着家庭财富的积累，居民的投资意识逐步觉醒。通胀压力和社保机制的不健全形成了摆脱贫困、对家庭财富保值增值的强大动力。早期投资者获得财富的示范效应又进一步助长了投资行为中的从众效应。在相关案例中，在泡沫膨胀期即参与其中的早期投资者往往获得了极大的收益，受其示范效果影响，后期才加入的投资者常常会产生错过早期投资机会的懊悔心态，这种心态加剧了投资者的狂躁情绪，使其更容易丧失理性判断能力。

我国投资者受教育程度极度匮乏，参与民间金融活动的投资者多是城乡普通居民，有的甚至是目不识丁的农民。他们不具备基本的获取投资信息的途径和分析相关信息的技能，从而缺乏独立进行理性判断的能力，模仿周围已经从民间金融活动中获利的人或者大多数人的行为是他们主要的投资策略。如果初期投资取得成功，缺乏金融风险意识的公众可能会开始迷信于自己的金融智慧。人们陷入过度乐观的情绪，大规模丧失理智，投资成为社会风尚。此外，还有一些具备一定投资知识的个体投资者，尽管已经认识到资产价格已经脱离了资产的基本价值，但由于投资已经成为风尚，他们预期未来会有人以更高的价格来购买他们手中的资产。这种“博傻”心理的出现一方面反映了投资者的狂躁情绪，另一方面则依然反映出这些投资者对投资的基本面分析不足，投资风险意识欠缺。[②]

---

① 参见许晔：《非法集资案后的河南村庄：有人被气死　父子断绝关系》，载凤凰资讯 2016 年 3 月 1 日，http：//news. ifeng. com/a/20160301/47640098_ 0. shtml。

② 参见陶诚等：《投资者行为研究》，载《金融纵横》2008 年第 3 期。

第五节 小 结

结合本章分析，我们可以看出，由于地方政府持放任态度，民间金融前期的繁荣发展和区域性民间金融风暴的发生正是市场机制发挥作用的结果。从市场失灵的角度出发，利用泡沫理论和金融危机理论对 H 省区域性民间金融风暴的成因进行分析，可以得出以下结论：

转型时期宏观经济结构与宏观调控政策的失衡是导致房地产泡沫膨胀和破灭的重要原因。2008 年全球金融危机之后，H 省民间金融活动的非理性繁荣并非仅仅出于满足实体企业的融资需求，更多的是基于对房地产泡沫的投机需求。转型时期我国独特的信用文化又加剧了民间金融的信息不对称，从而使市场更容易出现失灵现象。

民间金融组织内在的脆弱性是民间金融风暴发生的直接原因。这些准金融机构、普通工商企业和互联网金融平台本身的主营业务并不具有较高的金融风险。但它们后期在高额利润驱使下所从事的主营业务之外的民间金融活动——包括类似于商业银行存贷款业务的存款机构型民间金融活动，类似于企业公开发行证券的直接融资型民间金融活动，以及类似于公募基金的集合投资型民间金融活动——均具有较高的金融风险，比正规金融机构更容易出现资金链断裂的情况。需要特别注意的是，虽然很多合同以投资理财为名，但理财本身并非可以揭示投资结构的法律概念，对于名为理财的非法集资到底属于类似于商业银行存贷款业务的存款机构型民间金融活动，类似于企业公开发行债券的直接融资型民间金融活动，还是类似于公募基金的集合投资型民间金融活动，需要依照具体融资结构进行具体分析。

第四章　区域性民间金融风暴中的规制失灵分析

第一节　规制失灵理论与民间金融

一、规制与规制失灵理论

按照《新帕尔格雷夫经济学大辞典》的定义，规制是指国家以经济管理的名义进行干预。福利经济学家认为由于存在市场失灵，政府规制成为必要。[①] 法律是规制的主要手段之一。[②] 由于可供选择的可替代性法律工具是多样的，选择不同的法律工具对某一对象进行规制可能会产生不同的后果，因此，必须根据具体情况选择最佳的法律规制工具，以达到对市场失灵的最佳修正。[③] 此外，不同规制方案的成本、收益可能具有较大差别，所以，对所有可替代的规制方案进行成本收益分析也是必要的。

特别是就刑法在规制中的作用而言，大多数规制是以刑法为后盾的，这体现在大多数规制的惩罚规范之中。然而，如果对某种经济活动的规制仅仅依赖刑法可能会产生一定的问题。这是因为，作为规制制度的刑法条文所规定的经济犯罪罪名属于法定犯，这种犯罪与自然犯不同，其主观恶

---

① 参见［英］亚瑟·赛斯尔·庇古：《福利经济学》，何玉长、丁晓钦译，上海财经大学出版社 2009 年版，第 12－35 页。

② 参见王雅丽、毕乐强编著：《公共规制经济学》（第 3 版），清华大学出版社 2011 年版，第 80 页。

③ 参见李昌麒、应飞虎：《论经济法的独立性——基于对市场失灵最佳克服的视角》，载《山西大学学报（哲学社会科学版）》2001 年第 3 期。

性并非来自对人们公认的伦理道德的违背，而是来自国家出于某种社会需要对某种经济行为的禁止。这种禁止必须首先通过基础法律（经济法）的规定进行确定，而刑法只是作为一种惩罚机制来发挥作用。并且，在存在规制的领域，一般来说规制机构会发展出一套执行机制（主要依赖经济法保障实施），其中，需要诉诸法院且适用刑法条文的案件只是很少的一部分。① 因此，与经济法相比，刑法在规制中的应用理论上是有限的。

政府规制失灵是指政府为了推行一定的规制政策而实施一定的规制措施，市场失灵的现象不能得到改善或者经济效率较之于规制之前更低的现象。② 规制失灵理论主要包括规制俘获说与规制寻租说。两种学说均反对福利经济学家关于规制的目的是维护公共利益的观点，认为规制往往是以牺牲国家和社会公共利益为代价的。规制俘获说的代表人物斯蒂格勒（Stigler）认为，各方为了实现自身利益的最大化，进入某一规制行业的企业会向规制机构的工作人员支付保护性规制（如市场准入规制）的费用，而规制机构工作人员则会出卖规制权力，两者获得一种双赢。③ 规制寻租说的代表人物克鲁格（Krueger）认为，政府对市场的干预（如政府对一些行业进行准入限制而产生的许可证制度）使某些特定稀缺资源产生了一种超额利润，企业将利用各种资源为了获取这种超额利润展开竞争，即寻租行为。通常这种寻租行为给社会带来的损害大于寻租行为的收益。④ 金斯伯格（Ginsburg）则进一步提出，政治家在这个过程中的作用并非被动的，为了达成政治目标，其常常利用其可以利用的任何立法资源来从私人部门获取租金，这种榨取租金的行为显然是不效率的。⑤ 此外，还有学者

① 参见［英］安东尼·奥格斯：《规制：法律形式与经济学理论》，骆梅英译，中国人民大学出版社2008年版，第81-84页。

② 参见李郁芳：《政府规制失灵的理论分析》，载《经济学动态》2002年第6期。

③ See George J. Stigler, *The Theory of Economic Regulation*, 2 Journal of Economics and Management Science 3-21 (1971).

④ See Anne O. Krueger, *The Pilitical Economy of the Rent-Seeking Socierty*, 64 The American Economic Review 291-303 (1974).

⑤ See Douglas Ginsburg, *A New Economic Theorty of Regulation: Rent Extraction Rather than Rent Creation*, 97 Michigan Law Review 1771-1779 (1999).

提出，规制者得到的信息不完全也是规制失灵的原因之一。①

二、金融监管理论

由于金融行业的特殊性，政府对金融业进行规制的理论——金融监管理论得到了独立的发展。金融监管是指一个国家或地区的中央银行和其他金融监管主体依据法律授权对金融业实施监督管理的行为。一般认为，最早的金融监管立法可以追溯到 18 世纪英国“南海泡沫”案，以及 18 世纪法国“密西西比泡沫”事件之后英国政府为了避免投机狂潮的再次出现所颁布的 1720 年《泡沫法》（Bubble Act）。

金融监管理论从不同的角度解释了金融监管的正当性。其中，金融脆弱说认为，金融机构和金融市场具有超越普通实体机构和市场的较强的脆弱性。对金融机构而言，其独特的资产结构使其具有高度的不稳定性；金融市场的脆弱性表现为金融资产价格的波动性和金融风险的传染性。正是由于金融机构和金融市场存在特殊的脆弱性，金融监管才成为必要。② 公共利益说认为，金融市场失灵使整个社会经济资源配置效率变得低下，降低了社会福利；为了增进整个社会的福利，政府应当通过提供金融监管这种公共产品，消弭金融市场失灵所带来的消极影响。③ 信息经济学中的信息不对称理论则认为，金融体系中存在的信息不对称是对其进行监管的主要原因。金融体系中的信息不对称，既包括金融机构与资金提供者之间的信息不对称，也包含金融机构与资金需求者之间的信息不对称。④

---

① 参见［美］斯蒂格利茨：《政府为什么干预经济：政府在市场经济中的角色》，中国物资出版社 1998 年版，第 80 页。

② See Hyman P. Minsky, *The Financial Instability Hypothesis: A Restatement*, in P. Arestis & T. Skouras eds, Post Keynesian Economic Theory: A Challenge to Neoclasssical Economics, Wheatsheaf Books, 1985. James M. Cypher, Mexico: Financial Fragility or Structural Crisis?, 30 Journal of Economic Issues 451 – 460 (1996). J. A. Kregel, *Margins of Safety and Weight of the Argument in Generating Financial Fragility*, 31 Journal of Economic Inssues 543 – 548 (1997).

③ See Renee Spierings, *Reflections on the Regulation of Financial Intermediaries*, 43 Kyklos 91 – 109 (1990).

④ See Stiglits J. & Weiss A., *Credit Rationing in Markets with Imperfect Information*, 71 American Economic Review 393 – 410 (1981).

早期的金融监管重点关注对单个金融机构偿付能力的监管，即微观审慎金融监管，并且秉持机构监管①的思路，以机构牌照作为界定监管类别的标准。然而，在金融创新驱动下，金融机构提供的产品与服务范围不断变化，传统的银行、证券、保险机构之间的界限变得越发模糊，旧有的基于机构牌照来界分不同金融监管主体管辖权范围的机构监管模式面临监管重叠和监管真空频现、监管边界模糊、监管套利增多等问题。面对这些现实问题，默顿（Merton）和博迪（Bodie）于 1993 年提出了功能监管理论。功能监管理论认为，每个国家的金融市场中存在的金融机构的形式不同，而对同一个国家来说，因为市场竞争的存在，其金融市场和金融机构也会朝向更有效率的方向不断改变，特别是伴随着计算机和通信技术的发展，这种变化会越来越快，因此，金融机构会展现出前所未有的创新形式。但是，无论时间和空间如何改变，每个国家的金融体系具有的支付、融资、风险管理、资源转移、价值形成等基本功能会保持稳定。也就是说，金融功能比金融机构更具有稳定性。因此，应当将界分不同金融监管主体管辖范围的基准由已无法完全反映市场主体真实情况的机构牌照转变为金融体系所执行的六项大体稳定的经济功能。功能监管不仅可以解决机构监管下由于金融创新而时常出现的监管空白和监管套利问题，也使发挥类似功能的不同金融机构受到相同的监管，从而有利于市场公平。②

2008 年全球金融危机使人们认识到先前的金融监管框架对系统性金融风险的监测和化解存在严重的滞后性。2008 年全球金融危机后，用以解决系统性金融风险的宏观审慎监管成为讨论的焦点。宏观审慎监管与以往的微观审慎监管相对应，其不是从微观层面上针对单个金融机构的风险敞口进行审慎监管，而是从宏观层面上对整个金融体系的稳定性进行监测，以

---

① 机构监管以提供金融产品和服务的机构的不同作为划分监管权限的依据，一项金融活动被监管的前提是其行为主体被批准成为具有提供金融服务资质的某类金融机构。在机构监管模式下，容易出现金融活动因未获授权而落入监管空白之中的情况。

② See Zvi Bodie & Robert C. Merton, *Pension Benefit Guarantees in the United States: A Functional Analysis*, in R. Schmitt ed., The Future of Pensions in the United States, University of Pennsylvania Press, 1993, p. 121 – 203; Robert C. Merton & Zvi Bodie, *A Functional Perspective of Financial Intermediation*, 24 Financial Management 23 – 41 (1995).

防止系统性金融风险。[1] 危机过后，聚焦金融体系整体安全的宏观审慎监管框架日渐清晰：一是建立宏观审慎分析框架，识别系统重要性金融机构与重点行业；二是打造宏观审慎监管工具箱，包含系统重要性附加和逆周期资本附加两项专门工具，以及一些具有防范系统性风险功能的微观审慎监管工具。宏观审慎监管的目标决定了其需要多部门共同配合。当前，大部分国家已成立了多个机构共同参与的专门委员会，一般由财政部、央行牵头，而其他参与机构分别负责相关领域内的系统性风险监测和防范化解工作。

三、转型经济、规制失灵与民间金融

在转型经济体中，政府规制失灵有以下特殊情况：第一，政府规制能力不足。政府规制能力不足既包括由于转轨时期政府职能的转变落后于经济发展而带来的政府规制缺位、规制制度建设滞后，也包括规制过程中由于规制权力分配不合理、监督机制不健全、规制措施落后、地方保护主义等所带来的规制不足，还包括由于计划经济的传统导致的规制过度问题。第二，政府规制过程中各类行为主体不成熟及定位偏差问题。包括规制主体即政府在规制过程中的身份冲突问题，如国有企业参与市场竞争的公平性问题。还包括规制对象即各类企业和消费者不够成熟独立的问题，如企业和消费者过度依赖政府信用和隐性担保，不能充分表达自身利益等。[2] 具体到与民间金融相关的问题上，有以下两个方面的问题需要特别讨论。

（一）金融抑制与民间金融

金融抑制是一国在其金融领域采取控制利率水平、准入资格、信贷流向等措施对其金融资源进行严格管制及其所造成的后果。一般认为，发展中国家普遍采取的金融抑制政策是其民间金融大量存在的主要原因。这些控制手段能够帮助政府控制金融资源、防范金融风险，但同时也阻碍了金

---

① See BIS *Cycles and the Financial System*, 71 Annual Report 123 - 141 (2001).

② 参见李郁芳：《体制转轨期间政府规制失灵的理论分析》，载《暨南学报（哲学社会科学版）》2002 年第 6 期。

融系统的深化与发展。[①] 1973 年，麦金农（Mckinnon）和肖（Shaw）分别出版了《经济发展中的货币与资本》与《经济发展中的金融深化》，提出了著名的金融抑制论与金融深化论，人们将其合称为金融深化理论。金融深化理论认为，发展中国家的政府倾向于对金融进行较多的管制，特别是通过对利率的压制对其希望优先发展的部门提供超低成本的资金。金融抑制使经济系统中的其他部门很难或者无法获得金融机构贷款，只能从其他渠道获得资金。与正规金融相对应，这些通过其他渠道进行的融资活动即为非正规金融。金融抑制从整体上和长远上看，不利于一国经济的发展，因此，金融深化和利率自由化改革对加快发展中国家的经济增长至关重要。[②] 一些学者在此后进一步发展了麦金农和肖的理论：亚当斯（Adams）和活格尔（Vogel）基本上继承了麦金农和肖的观点，认为非正规金融市场存在的根源是发展中国家正规金融市场普遍存在的信贷配额制度，这种制度的存在使大量私有部门的资金需求者不能从正规金融市场获取资金，只能依赖非正规金融作为其资金来源，从而造成了非正规金融市场的繁荣。[③] 克拉宁（Krahnen）和施密特（Schmidt）也持类似的观点。[④] 贾思则又一次回归金融深化理论的核心观点，认为非正规金融市场是被正规金融市场淘汰者重新达成的契约组合，是资金需求者谋求正规金融机构贷款而不得的次优选择；正规金融与非正规金融具有可以相互替代的此消彼长的关系。[⑤]

不过，还有一些学者质疑金融抑制论，他们认为，非正规金融产生的原因并非或不仅是金融抑制政策。例如，Bester 提出，非正规金融的产生

---

① 参见杨农、匡桦：《非正规金融：根源、运行及演进》，北京师范大学出版社 2012 年版，第 23 页。

② 参见臧慧萍：《金融监管理论的文献综述》，载《经济论坛》2009 年第 7 期。

③ See Dale W. Adams & Robert C. Vogel, *Rural Financial Markets in Low – Income Countries: Recent Controverisies and Lessons*, World Development, Vol. 14: 4, p. 477 – 487 (1986).

④ Jan Pieter Krahnen & Reinhard H. Schmidt, *Development Finance as Institution Building: A New Approach to Poverty – Oriented Banking*, Journal of Development Economics, Vol. 50: 2, p. 392 – 395 (1996).

⑤ Sanjay Jain, *Symbiosis vs. Crowding – out: the Interaction of Formal and Informal Credit Markets in Developing Countries*, Journal of Development Economics, Vol. 59: 99, p. 419 – 444 (1999).

与市场上存在的追求高风险、高收益的投机型参与者有关。这类投资者的投机需求在为了保证交易安全而具有一定利率限制的正规金融市场不能完全得到满足，从而在正规金融体系之外以非正规金融的形式进行交易。也就是说，非正规金融的产生与人们追求高额收益的投机需求有关。① Kropp强调，发展中国家的正规金融市场和非正规金融市场的借款条件、利率、目标客户都不相同，不能实现资金跨市场流动，两者相互割裂、并行不悖且互为补充；因此，金融抑制对经济发展本身影响不大。②

（二）央地关系与民间金融

中国的经济转型过程（放松政府管制、建立市场机制的过程）并不存在一个先验的顶层设计，而是在复杂的内外环境约束之下，通过局部的、渐进的试错来实现的。③ 这类试错多是在地方政府而非中央政府的主导下完成的，改革往往是在地方政府的引导下试验、完善与推广的。这一方面是由于我国转型时期存在国有和民营、城市和乡村、先发展区域和后发展区域等多重、复杂的不均衡现象，地方性问题尤为显著，因此，在地方政府的引导下以地方作为新制度的试验场具有一定的针对性。另一方面，我国虽然是中央集权的单一制国家，但各个地方政府在决定某些地方事务上享有巨大的权力，④ 这为地方政府对改革的主导提供了可能。

基于以上背景，法律作为一种重要的社会行为规范，也非常具有地方志的特性，且高度依赖区域性的理解：第一，地方政府在很多与地方经济发展相关的领域内被明确授予立法权限。第二，地方政府对于没有明确被授予立法权但中央政府也没有进行立法的领域享有剩余立法权。第三，在

① H. Bester, *Screening vs. Rationing in Credit Markets with Imperfect Information*, American Economic Review, Vol. 75: 75, p. 850 – 855 (1985).

② Erhard Kropp, *Linking Self – Help Groups and Banks in Developing Countries*, Rossdorf: TZ – Verlags – gesellschaft for APRACA and GTZ.

③ 参见萧功秦：《中国的大转型：从发展政治学看中国变革》，新星出版社2008年版，第225页。

④ 参见郑永年：《中国的“行为联邦制”：中央—地方关系的变革与动力》，邱道隆译，东方出版社2013年版，第1–26页。

对中央政府所制定的法律和政策的执行方面，地方政府也存在一定的选择性执法空间。① 其中，地方政府选择性执法对我国相关制度的变迁影响巨大。在我国，法律和政策的主要执行者不是中央政府，也非地方法院，而是地方政府（特别是基层政府）。在很多情况下，出于自身利益的考量，地方政府选择不去严格执行中央政府所制定的制度而导致政令不通。多数时候，中央政府对这种情况采取了容忍的态度，甚至一些地方政府的变通做法可能获得中央政府的认可而被作为地方经验推广至全国；在另一些情况下，中央政府可能会出台相应的法律文件来纠正地方政府的不当行为。中央与地方的这种双向互动构成了中国制度变迁中的重要一环，使集权下的制度变迁具有弹性，部分化解了法律僵化与社会变革之间的矛盾：首先，地方政府的变通执行有利于制度试验的多样化，拓展了制度演变的空间；政策软约束又能确保地方行为不至于失控。其次，在中央政府出台新的法律和政策之后，地方政府的选择性执行又能缓冲新的制度安排对既有事实的冲击，避免出现过度的社会波动；对不同地区实施情况反馈的审视亦可以使中央政府明晰政策进一步改进的方向。②

地方政府的选择性执法所体现出的态度或政策导向对规制对象具有重要影响，但其一般不体现为正式制度，而是以非正式制度的形式存在。黄宗智将法社会学中的“国家—社会”框架引入中国的“中央—地方”关系的分析之中。他认为，在中国的语境下，社会可以被广义地解释为除了中央国家领导层与官僚系统的最核心部分之外所有阶层的利益集团，可以有争议地包括一系列实际上受官方认可的有组织的利益集团，诸如群众社团、社会组织甚至地方政府的部分机关。③ 这种法社会学的分析思路有助于使我们理解地方政府对经济活动所起的重要作用——即使这种作用可能不都是正式制度所确定的。对于民间金融的规制而言，应同时关注中央政

---

① 参见［德］弗里德里希·李斯特：《政治经济学的国民体系》，陈万煦译，商务印书馆1961年版，第165页。

② 参见万江：《中央经济政策的地方执行研究——以招商引资为例》，西南财经大学2010年博士学位论文。

③ See Philip C. C. Huang, “*Public Sphere*” / “*Civil Society*” *in China*?: *The Third Realm between State and Society*, 19 Modern China 216 – 240 (1993).

府的正式制度以及地方政府的非正式制度，研究二者的相互作用，从而更为准确地还原民间金融政府规制的真实状况。

第二节　我国中央—地方金融监管权限划分

现有文献对民间金融规制的研究大多局限于对中央政府所制定的正式制度进行分析，而忽视了地方政府的态度与行为所起到的作用。事实上，地方政府的态度和行为为民间金融提供了另一套更偏向于鼓励性的非正式制度。正是由于地方政府的鼓励性规制制度在央地规制博弈中占据了优势，民间金融在中央政府的抑制性规制制度下才得以迅速发展。

一、正式制度的历史沿革

我国金融监管体制近年来经历过多次调整。在本书所考察的 H 省区域性民间金融风暴发生的 2014 年至 2015 年，我国金融监管体制是中央集权为主、“一行三会”分工的分业监管模式。[①] 其中，中国人民银行作为中央银行，主要职能在于通过制定和执行国家货币政策防范和化解金融风险、维护金融稳定；原银监会、中国证券监督管理委员会（以下简称证监会）、原中国保险监督管理委员会（以下简称原保监会）分别负责对银行业与信托业、证券业与保险业金融机构及其业务活动的监督管理。“一行三会”在全国范围内设立分支机构，实行垂直管理，在各自职责范围内都有明确的风险监管与处置责任，并受到《中国人民银行法》《银行业监督管理法》《证券法》《保险法》等法律法规的规范。

上述“一行三会”的监管体系看似严密，但其覆盖范围的漏洞随着我国金融行业的发展和民间金融的大量出现而显露得越发明显。首先，“一行三会”的监管在地域上和人力资源上存在覆盖范围的漏洞，其分支机构并不能覆盖到全国各个行政区域。以 H 省为例，证监会的分支机构证监局

① 关于我国金融监管体制在此之后的发展，参见本书第七章。

只下设到省级，原银监会的基层分支机构银监分局可以到达地市，而原保监会的基层分支机构保监分局在一些特定地市才有，只有中国人民银行的基层分支机构到达了区县一级。民间金融活动主要是由地方企业从事的，有很多发生在“一行三会”分支机构所触及不到的区县甚至乡村。并且，“一行三会”的人员有限，面对在多个地区大量出现的民间金融活动，这些监管主体往往有心无力。其次，“一行三会”的监管在职权上也存在覆盖范围的漏洞。我国大体上采用的还是机构监管模式，即这些监管主体监管的是具有经营某一项金融业务资质的正规金融机构。对于非金融机构，即使其从事的业务实质上与金融业务极为类似，也并不在金融监管机构的监管范围之内，从而不必履行从事该项金融业务应当履行的监管合规义务。H 省从事民间金融活动的准金融机构、普通工商企业与互联网金融企业由于不具有金融机构的资质，“一行三会”对其不具有监管职权，即使其事实上从事了大量的类似于银行业务、证券发行业务、集合投资工具的活动，在其案发之前，也难以落入“一行三会”的视线范围。

在“一行三会”及其分支机构触及不到的领域，地方政府承担着管理和处置的职能。中央政府通过出台一系列文件，将对一些地方金融机构或准金融机构监管的权限明确下放给了地方人民政府。1996 年 8 月，国务院《关于农村金融体制改革的决定》将处理农村合作基金会债权债务关系的责任交给地方政府。2003 年 6 月，国务院颁布《深化农村信用社改革试点方案》，明确规定将农村信用社的管理权限交给地方政府。2008 年 5 月，中国人民银行与原银监会联合发布了《关于小额贷款公司试点的指导意见》，规定省级政府明确一个主管部门（金融办或相关机构）负责对小额贷款公司的监督管理。2009 年 2 月，国务院办公厅发布《关于进一步明确融资性担保业务监管职责的通知》，明确融资性担保公司实行“谁审批设立、谁负责监管”的原则。2010 年 3 月，原银监会、国家发改委、工业和信息化部（以下简称工信部）、财政部、商务部、中国人民银行、原国家工商行政管理总局（以下简称原国家工商总局）七部委联合发布《融资性担保公司管理暂行办法》，明确省（自治区、直辖市）人民政府为融资性担保公司监管的第一责任人，负责指定具体的监管主体。2017 年，中共中央和国务院颁布《关于服务实体经济防控金融风险深化金融改革的若干意见》，进一步明确小额贷款公司、融资性担保公司、区域性股权市场、典当行、融资租赁公司、商业保理公司、地方资产管理公司等七类准金融机构以及投资公司、农民专业合作社、社会众筹机构、地方各类交易所等四类地方金融组织由地方监管。

基于上述文件，地方政府在金融领域的职权逐渐扩大。从2002年开始，为了配合国家金融管理部门驻地方机构的工作，统筹、协调辖区内的金融管理工作，北京、上海、深圳等地陆续成立了金融办。2008年地方政府机构改革以后，特别是国务院将小额贷款公司、融资性担保公司等准金融机构的监管权限下放之后，各省级、地市级甚至县级地方政府纷纷设立金融办，其职能也逐渐从协调职能发展为管理职能。此外，2007年，国务院批准成立由以原银监会牵头，国家发改委、公安部、原监察部、财政部、原建设部、原农业部、商务部、中国人民银行、原国家工商总局、原国家林业局、原国务院法制办、国务院新闻办、证监会、原保监会、中宣部、最高人民法院、最高人民检察院等参加的处置非法集资部际联席会议负责非法集资的处置工作，并指导、配合省级人民政府建立处置非法集资组织协调机制。此后，各地纷纷成立打击和处置非法集资工作领导小组，负责各地非法集资处置工作，而其办公室（以下简称处非办）负责具体事宜，H省各级处非办均设立于各级金融办之中。

在本书所考察的时间段（2014年至2015年），设立金融局的省级地方政府只有北京市，其他30个省、直辖市、自治区（此处统计不含我国港、澳、台地区）设立了金融办，金融办（局）还可以在省级以下的政府设立，但隶属于省级金融办（局）（见表4－1）。地方金融办的成立对解决“一行三会”对地方金融监管的力有不逮、填补监管漏洞具有重要作用。并且，与“一行三会”注重对金融机构的合规审查、控制金融风险相比，地方金融办还发挥着发展地方金融产业、调配地方金融资源的作用。[①] 然

---

① 参见翁仕友：《地方政府金融办“实体化”改革观察》，载经济观察网，http://www.eeo.com.cn/2009/0318/132722.shtml。

而，金融办也存在很多问题制约其进一步发展和发挥其应有职能：第一，名称不统一。各地金融办的正式名称有金融服务办公室、金融工作办公室、金融协调管理办公室、金融办公室等，以前两种最为常见。名称的差异反映出其职能的差别。与金融工作办公室相比，金融服务办公室更弱化监管职能而强调协调职能。第二，行政级别和隶属关系不统一。以省级金融办为例，有的是正厅局级，有的则是副厅局级；有的是省级政府的直属机构，有的则隶属于省政府办公厅。第三，职能不明确。金融办设立伊始的职能定位为各类国家金融监管机构与金融机构之间的协调机构，而随着时间推移，其金融管理职能在不断扩张。特别是中央政府将准金融机构的监管职权下放到地方政府之后，大多数地区的金融办承担起了准金融机构的监管职能。由于各地经济发展水平不均衡，各地金融办职能定位也不尽相同。如上海金融工作办公室除了负责准金融机构和地方金融机构的监管工作之外，还对地方国资有日常监管权限；甘肃金融工作办公室则无对地方国资的监管权限。一些地方金融办的金融监管权甚至与"一行三会"分支机构发生重叠，并在实际工作中对"一行三会"分支机构的监管事务进行干涉。① 此外，由于彼时国务院尚没有与地方金融办对应的可以对其进行垂直管理或业务指导的对口机关，也严重阻碍了地方金融办的协调与科学发展。第四，人力资源不足。以H省为例，根据笔者的调研结果，截至2015年9月，H省各省辖市、省直管县和其他县市区（包括开发区、示范区、工业园区）共成立了207家金融办。其中，只有14个省辖市、2个直管县和28个县市区的金融办设置了承担处置非法集资职能的科室，56家金融办只有102名处置非法集资工作专职人员（其中省辖市30名、县市区72名），平均每两家金融办才有不到1名处置非法集资工作专职人员，远远不能适应日益繁重的处置非法集资工作。

---

① 参见周逢民：《中央与地方政府金融监管模式选择》，载《金融发展评论》2012年第5期。

表 4－1　部分省级金融办名称、行政级别与隶属关系（截至 2015 年 12 月）

省级行政单位	金融办名称	行政级别	主管单位
北京	金融工作局	正厅	市政府
天津	金融服务办公室	副厅	市政府
重庆	金融工作办公室	正厅	市政府
上海	金融服务办公室	正厅	市政府
广东	金融工作办公室	正厅	省政府
辽宁	金融工作办公室	正厅	省政府
浙江	金融工作办公室	正厅	省政府
甘肃	金融工作办公室	正厅	省政府办公厅
江苏	金融工作办公室	正厅	省政府办公厅
河北	金融工作办公室	正厅	省政府
安徽	金融工作办公室	正厅	省政府
河南	金融服务办公室	正厅	省政府
四川	金融办公室	副厅	省政府办公厅

此外，各地参与金融管理的机构除了金融办之外，还有其他一些机构，它们行使着特定的地方金融管理职能。地方金融机构与地方金融监管机构对应列表见表 4－2。

表 4－2　地方金融机构监管主体一览表

地方金融机构	地方金融监管机构
农村信用社	省信用联社
信托公司	省市级国资委
典当行	省商务厅/经贸委
小额贷款公司	省工信厅/金融办
融资性担保公司	省工信厅/金融办
非法集资	地方各级处非办（设在金融办）

二、现实央地博弈的主客观基础

金融业是高收益行业，其发展会给实体经济发展注入极大的活力；但与此同时，金融业又是高风险行业，金融风险积聚所酿成的金融危机可能给整个国民经济带来毁灭性的打击。正是由于金融业具有上述双重特性，使中央政府和地方政府对金融业（尤其是民间金融）所采取的政策导向呈现出显著差异。对于中央政府而言，出于对整体国家安全的保障，更加倾向于防控金融风险，对民间金融往往持消极态度。对于地方政府而言，出于地方经济发展、官员政绩的考量，以及在一定程度上缺乏必要的风险意识，对民间金融往往持较为积极的态度。分税制改革后，为了缓解地方财政收支压力，地方政府不得不竭力增加地方财政税收收入。[①] 民间金融无疑能够带动地方经济发展，对地方政府财政创收具有积极意义。金融业对地方经济的促进，主要体现在其可以增加地方投资。相比国有商业银行等全国性金融机构而言，民间金融主要服务于当地社区，其发展有助于将资金留在本地区，从而提高地方经济增长速度。此外，地方政府拥有批准设立融资性担保公司、小额贷款公司等准金融机构的权力和相应的日常监管权。准金融机构牌照的颁发权成为地方政府少数可自行支配的金融资源，可以产生意想不到的资金流入和聚集效果。因此，地方政府对此类机构的管理往往重发展而轻风险。事实上，民间金融在多地能发展至如此巨大的规模，也恰恰印证了上述对地方政府态度的推论。[②]

从客观上看，我国实践中形成的渐进式改革方式和地方试错机制亦为地方政府与中央政府进行博弈提供了有力支撑。我国金融领域的很多改革

---

① 参见胡勇锋：《中国经济转型中的金融分权——理论与实证研究》，西南财经大学2014年硕士学位论文。

② 关于地方政府的支持在民间金融发展中所起到的作用，参见诸葛隽：《民间金融：基于温州的探索》，中国经济出版社2007年版，第36页。又参见［美］蔡欣怡：《后街金融：中国的私营企业主》，何大明、湾志宏译，浙江人民出版社2013年版，第7-10页。事实上，正是由于不同地区的地方政府对民间金融所持的态度不同，才导致不同地区民间金融发展水平出现差异，参见［美］蔡欣怡：《后街金融：中国的私营企业主》，何大明、湾志宏译，浙江人民出版社2013年版，第42-52页。

与发展沿袭的是“先试点、后推广”的路径，也就是说，中央政府允许在这些试点地区，通过地方制度的供给，对中央制度进行一定的突破，即地方政府具有一定的制度供给自由。即使在中央政府进行统一立法的领域内，地方政府为了自身利益的需求，仍然在很多情况下通过补充、曲解、改换、截留等方式，对中央政府的强制性制度供给进行修正，从而使同样的制度在不同地区的实施情况出现一定的偏差。①

第三节　中央政府对民间金融的规制

我国中央政府对民间金融的态度在几十年间虽略有反复，但其大体趋势是从完全禁止转变为适度鼓励。但在具体的规制制度上，却仍然体现为以抑制性规制为主，主要包括对正规金融的准入限制、对未授权金融活动（非法集资）的法律规制，以及对民间借贷的利率限制。

一、对正规金融的准入限制

中华人民共和国成立以来，出于发展经济、保障国家安全的迫切需要，我国在一定时期内实行抑制性的金融政策，对金融行业实行严格管制，为正规金融设立了较高的准入门槛，并且对其实行严格的利率、信贷流向、存款准备金管制措施，以保障主要的信贷资金流向国有大中型企业，用于建立和发展国家的重要工业部门。但随着时间的推移与私有经济的发展，为了满足私有经济部门融资需求，中央对吸纳民营资本进入正规金融行业抱持越来越积极的态度，反映在以下的一些中央文件中：2003 年党的十六届三中全会通过了《中共中央关于完善社会主义市场经济体制若干问题的决定》，明确提出鼓励社会资金参与中小金融机构的重组改造。在加强监管和保持资本金充足的前提下，稳步发展各种所有制金融企业。2005 年 2 月，国务院发布了《关于鼓励支持和引导个体私营等非公有制经

① 参见卢现祥：《西方新制度经济学》，中国发展出版社 1996 年版，第 121－130 页。

济发展的若干意见》，明确提出允许非公有资本进入金融服务业。允许非公有资本进入区域性股份制银行和合作性金融机构。符合条件的非公有制企业可以发起设立金融中介服务机构。允许符合条件的非公有制企业参与银行、证券、保险等金融机构的改组改制。2010 年 5 月发布的《国务院批转发展改革委关于 2010 年深化经济体制改革重点工作意见的通知》（已失效）中指出，要修订出台《贷款通则》，积极引导民间融资健康发展，加快发展多层次信贷市场。

实际上，我国当前的正规金融准入法律制度已并未针对民间资金开办正规金融机构设置任何额外阻碍。但我国民间资金想要进入正规金融行业事实上仍然较为困难。就成立存款机构而言，依据《商业银行法》以及《中资商业银行行政许可事项实施办法》的规定，成立全国性商业银行与城市商业银行的最低注册资本要求分别为 10 亿元人民币与 1 亿元人民币。但城市商业银行大都是由城市信用社发展而来的，其主要股东为地方政府。截至 2015 年年底，我国仅有前海微众银行、天津金城银行、温州民商银行、浙江网商银行、上海华瑞银行五家资金全部来自民间的民营银行，其股东也均为大型上市公司。根据《农村中小金融机构行政许可事项实施办法》（现已失效）、《农村合作银行管理暂行规定》（现已失效）、《农村商业银行管理暂行规定》（现已失效）、《村镇银行管理暂行规定》（现已失效）等的相关规定，农村金融机构的准入门槛并非高不可及，其注册资本金要求最低仅为 10 万元（行政村级农村资金互助社），最高为 5000 万元（农村商业银行）。然而，为了确保农村金融机构的合作性质以及对“三农”的支持，农村金融机构通常要求股东必须包含农村信用社社员、农民、农村工商户、企业法人等主体，规定发起人数量下限，限制单一股东的出资比例。① 就直接融资活动而言，上市公开发行股票、公司债券一般适用于大型企业，并不适合用以满足中小企业的融资需求。深交所的创

① 例如，《农村商业银行管理暂行规定》规定农村商业银行的发起人以原农村信用社的社员为基础，并吸收农民、农村工商户、企业法人和其他经济组织参加。单个自然人股东持股比例不得超过总股本的 5‰、单个法人及其关联企业持股总和不得超过总股本的 10%，本行职工持股总额不得超过总股本的 25%。

业板市场与主板市场并无本质区别，并未有效区分资本市场层次。公司债券制度面临同样的问题，无论是传统公司债还是企业债都并不适合用以满足中小企业的融资需求。正规的集合投资工具业务的准入门槛也相对较高，在我国，只有银行、保险公司、证券公司、信托公司、基金公司等正规金融机构才能够从事集合投资工具业务（包括证券投资基金、货币市场基金、信托投资基金、投资连结保险、商业银行个人理财产品等）。

二、对未授权金融活动（非法集资）的法律规制

由于金融行业具有高风险性，其在各国均为特许经营行业。因此，不经授权从事金融业务的行为，为各国法律所禁止，且在多数国家可能构成犯罪。我国的金融法与刑法都对未授权金融活动作出了禁止性规定。

（一）金融法对未授权金融活动的规定

与认为我国对非法集资类犯罪的刑法规制缺少必要的金融法基础、违反刑事谦抑主义原则的观点不同，[①] 本书认为，我国有关非法集资的刑法规定确是建立在既有金融法规定基础之上的。这些金融法规则通过对未授权金融活动的禁止性规定，划定了经过授权的合法金融活动和未经授权的非法金融活动——非法集资之间的界限。刑法对非法集资类犯罪的规定，恰恰是违反金融法关于未授权金融活动的规定的刑事后果。

除了在《商业银行法》等金融机构组织法中规定金融机构必须经由相关金融监管部门批准和授权才能设立之外，我国的一些金融法律法规还对未经金融监管部门批准擅自从事相关金融活动的行为特别作出了禁止性规定，规定前述行为应当受到相应的行政处罚（警告、取缔、罚金）与刑事处罚：

在 1997 年《刑法》规定非法集资类犯罪之前，1995 年《商业银行法》第 79 条第 1 款就规定："未经中国人民银行批准，擅自设立商业银行，或者非法吸收公众存款、变相吸收公众存款的，依法追究刑事责任；

---

① 参见刘远：《金融欺诈犯罪立法原理与完善》，法律出版社 2010 年版，第 308 页。

并由中国人民银行予以取缔。”同一年全国人大常委会通过的《关于惩治破坏金融秩序犯罪的决定》[①] 第7条第1款规定：“非法吸收公众存款或者变相吸收公众存款，扰乱金融秩序的，处三年以下有期徒刑或者拘役，并处或者单处二万元以上二十万元以下罚金；数额巨大或者有其他严重情节的，处三年以上十年以下有期徒刑，并处五万元以上五十万元以下罚金。”

1998年《证券法》第175条规定：“未经法定的机关核准或者审批，擅自发行证券的，或者制作虚假的发行文件发行证券的，责令停止发行，退还所募资金和加算银行同期存款利息，并处以非法所募资金金额百分之一以上百分之五以下的罚款。对直接负责的主管人员和其他直接责任人员给予警告，并处以三万元以上三十万元以下的罚款。构成犯罪的，依法追究刑事责任。”不过事实上，在《证券法》颁布之前，类似规定就已经在与证券监管有关的法规和规章中出现了，如1993年国务院颁布的《股票发行与交易管理暂行条例》第70条授权证监会对股份有限公司未经批准发行或者变相发行股票的行为单处或者并处警告、责令退还非法所筹股款、没收非法所得、罚款或者停止其发行股票资格等行政处罚。同年国务院颁布的《企业债券管理条例》第26条规定：“未经批准发行或者变相发行企业债券的，以及未通过证券经营机构发行企业债券的，责令停止发行活动，冻结并责令退还非法所筹资金，处以相当于非法所筹资金金额百分之五以下的罚款。”

1997年9月8日，中国人民银行发布了《关于严禁擅自批设金融机构、非法办理金融业务的紧急通知》（已失效），规定由于一些地方和部门擅自批设金融机构和非金融机构，擅自办理金融业务，非法从事金融活动的行为严重扰乱了金融秩序，危害到社会稳定，为严肃金融纪律，维护正常的金融秩序，凡未经中国人民银行批准设立的金融机构，均属非法金融机构，必须坚决予以取缔。

1998年7月，国务院发布《非法金融机构和非法金融业务活动取缔办

① 该文件被认为是与非法集资有着密切联系的非法吸收公众存款罪和集资诈骗罪两大罪名的滥觞。

法》（已失效），规定未经中国人民银行依法批准，任何单位和个人不得擅自设立金融机构或者擅自从事金融业务活动。任何非法金融机构和非法金融业务活动，必须予以取缔。其中，非法金融机构是指未经中国人民银行批准，擅自设立从事或者主要从事吸收存款、发放贷款、办理结算、票据贴现、资金拆借、信托投资、金融租赁、融资担保、外汇买卖等金融业务活动的机构。非法金融业务活动是指未经中国人民银行批准，擅自从事的以下活动：非法吸收公众存款或者变相吸收公众存款；未经依法批准，以任何名义向社会不特定对象进行的非法集资；非法发放贷款、办理结算、票据贴现、资金拆借、信托投资、金融租赁、融资担保、外汇买卖；中国人民银行认定的其他非法金融业务活动。

上述文件关于对未授权金融活动具有执法权限的主管机关的规定几经变化，且目前仍存在一定的冲突。1993 年国务院颁布的《股票发行与交易管理暂行条例》授权证监会对股份有限公司未经批准发行或者变相发行股票的行为进行行政处罚。1995 年《商业银行法》规定，擅自设立商业银行，或者非法吸收公众存款、变相吸收公众存款的，由中国人民银行予以取缔。2003 年原银监会成立后，同年出台的《银行业监督管理法》与同年修正的《商业银行法》均规定，擅自设立银行业金融机构或者非法从事银行业金融机构的业务活动的，由银行业监督管理机构予以取缔。2005 年中央机构编制委员会办公室发布的《关于明确认定、查处、取缔非法集资部门职责分工的通知》中规定，由原银监会负责非法集资的认定、查处和取缔及相关的组织协调工作，中国人民银行、公安部、原国家工商总局、证监会、原保监会等有关部门及非法集资行为发生地的地方政府密切配合原银监会开展有关工作。涉及银行业金融机构的，由原银监会负责认定、查处、取缔；涉及证券期货、保险机构的，由原银监会会同证监会、原保监会以及有关部门认定、查处、取缔；涉及工商企业的，由原银监会会同原国家工商总局以及有关部门负责认定、查处、取缔。2007 年，国务院批准成立了由原银监会牵头，国家发改委、公安部、原监察部、财政部、原建设部、原农业部、商务部、中国人民银行、原国家工商总局、原国家林业局、原国务院法制办、国务院新闻办、证监会、原保监会、中宣部、最高人民法院、最高人民检察院等参加的处置非法集资部际联席会议负责非法集资的处置工作，并指导、配合省级人民政府建立处置非法集资组织协调机制。此后，各地陆续开始筹建打击和处置非法集资工作领导小组。2015年10月，在经历了一轮区域性民间金融风暴之后，国务院在《关于进一步做好防范和处置非法集资工作的意见》中明确，省级人民政府是防范和处置非法集资的第一责任人。

2021年1月，国务院颁布《防范和处置非法集资条例》，取代了1998年7月国务院颁布的《非法金融机构和非法金融业务活动取缔办法》，成为行政机关防范与处置非法集资的主要法律依据。该条例规定，对非法集资坚持防范为主、打早打小、综合治理、稳妥处置的原则。省、自治区、直辖市人民政府对本行政区域内防范和处置非法集资工作负总责，地方各级人民政府应当建立健全政府统一领导的防范和处置非法集资工作机制。县级以上地方人民政府应当明确防范和处置非法集资工作机制的牵头部门，有关部门以及国务院金融管理部门分支机构、派出机构等单位参加工作机制；乡镇人民政府应当明确牵头负责防范和处置非法集资工作的人员。国务院建立处置非法集资部际联席会议制度，由国务院银行保险监督管理机构牵头，有关部门参加，负责督促、指导有关部门和地方开展防范和处置非法集资工作，协调解决防范和处置非法集资工作中的重大问题。经调查认定属于非法集资的，处置非法集资牵头部门应当责令非法集资人、非法集资协助人立即停止有关非法活动；发现涉嫌犯罪的，应当按照规定及时将案件移送公安机关，并配合做好相关工作。行政机关对非法集资行为的调查认定，不是依法追究刑事责任的必经程序。对非法集资人，由处置非法集资牵头部门处集资金额20%以上1倍以下的罚款。非法集资人为单位的，还可以根据情节轻重责令停产停业，由有关机关依法吊销许可证、营业执照或者登记证书；对其法定代表人或者主要负责人、直接负责的主管人员和其他直接责任人员给予警告，处50万元以上500万元以下的罚款。构成犯罪的，依法追究刑事责任。

（二）刑法中的非法集资类犯罪

作为对《商业银行法》《关于惩治破坏金融秩序犯罪的决定》《股票发行与交易管理暂行条例》《企业债券管理条例》打击未授权金融活动的立法精神的继承和贯彻，1997 年《刑法》专门规定了集资诈骗罪[①]，非法吸收公众存款罪[②]，擅自发行股票、公司、企业债券罪[③]等罪名。这些法律条文成为我国审理非法集资类刑事案件的法律依据。

因此，我国《刑法》规定非法集资类犯罪并非从无到有地创制了一套对未授权金融活动的法律规制，而是在既有的金融法对未授权金融活动即非法集资进行的否定性评价的基础上，划清相关活动行政违法和刑事犯罪的界限，并明确构成犯罪的行为人的刑事责任。[④]

在相关刑事司法实践中，对非法集资的确切概念和认定标准，主要参照以下的司法解释和行政法规：

我国的规范性法律文件中最早出现“非法集资”一词的是最高人民法院于 1996 年 12 月发布的《关于审理诈骗案件具体应用法律的若干问题的解释》。该司法解释第 3 条第 3 款规定：“‘非法集资’是指法人、其他组织或者个人，未经有权机关批准，向社会公众募集资金的行为。”1998 年

---

① 1997 年《刑法》第 192 条规定：“以非法占有为目的，使用诈骗方法非法集资，数额较大的，处五年以下有期徒刑或者拘役，并处二万元以上二十万元以下罚金；数额巨大或者有其他严重情节的，处五年以上十年以下有期徒刑，并处五万元以上五十万元以下罚金；数额特别巨大或者有其他特别严重情节的，处十年以上有期徒刑或者无期徒刑，并处五万元以上五十万元以下罚金或者没收财产。”同时，其第 199 条规定：“犯本节第一百九十二条、第一百九十四条、第一百九十五条规定之罪，数额特别巨大并且给国家和人民利益造成特别重大损失的，处无期徒刑或者死刑，并处没收财产。”

② 1997 年《刑法》第 176 条第 1 款规定：“非法吸收公众存款或者变相吸收公众存款，扰乱金融秩序的，处三年以下有期徒刑或者拘役，并处或者单处二万元以上二十万元以下罚金；数额巨大或者有其他严重情节的，处三年以上十年以下有期徒刑，并处五万元以上五十万元以下罚金。”

③ 1997 年《刑法》第 179 条第 1 款规定：“未经国家有关主管部门批准，擅自发行股票或者公司、企业债券，数额巨大、后果严重或者有其他严重情节的，处五年以下有期徒刑或者拘役，并处或者单处非法募集资金金额百分之一以上百分之五以下罚金。”

④ 参见黄韬：《刑法完不成的任务——治理非法集资刑事司法实践的现实制度困境》，载《中国刑事法杂志》2011 年第 11 期。

7月国务院颁布了《非法金融机构和非法金融业务活动取缔办法》，其第4条又将非法集资与非法吸收公众存款或者变相吸收公众存款，非法发放贷款、办理结算、票据贴现、资金拆借、信托投资、金融租赁、融资担保、外汇买卖等并列，都纳入“非法金融业务活动”的范围之内。① 1998年，中国人民银行发布的《整顿乱集资乱批设金融机构和乱办金融业务实施方案》使用了与非法集资类似的“乱集资”“乱批设金融机构”“乱办金融业务”的“三乱”概念。②

如果说上述几个规范性法律文件对非法集资的规定比较粗陋、相互矛盾，那么1999年1月中国人民银行发布的《关于取缔非法金融机构和非法金融业务活动中有关问题的通知》对非法集资的定义就比较全面了。该通知规定，非法集资是指单位或者个人未依照法定程序经有关部门批准，以发行股票、债券、彩票、投资基金证券或其他债权凭证的方式向社会公众筹集资金，并承诺在一定期限内以货币、实物及其他方式向出资人还本付息或给予回报的行为。该通知还明确非法集资具有以下四个特点：一是未经有关部门依法批准，包括没有批准权限的部门批准的集资以及有审批权限的部门超越权限批准的集资；二是承诺在一定期限内给出资人还本付息，还本付息的形式以货币形式为主，还包括以实物形式或其他形式；

---

① 《非法金融机构和非法金融业务活动取缔办法》第4条规定：“本办法所称非法金融业务活动，是指未经中国人民银行批准，擅自从事的下列活动：（一）非法吸收公众存款或者变相吸收公众存款；（二）未经依法批准，以任何名义向社会不特定对象进行的非法集资；（三）非法发放贷款、办理结算、票据贴现、资金拆借、信托投资、金融租赁、融资担保、外汇买卖；（四）中国人民银行认定的其他非法金融业务活动。前款所称非法吸收公众存款，是指未经中国人民银行批准，向社会不特定对象吸收资金，出具凭证，承诺在一定期限内还本付息的活动；所称变相吸收公众存款，是指未经中国人民银行批准，不以吸收公众存款的名义，向社会不特定对象吸收资金，但承诺履行的义务与吸收公众存款性质相同的活动。”

② 根据该方案，“乱集资”是指“未经依法批准，以任何名义向社会不特定对象进行的集资活动”。“乱批设金融机构”是指“未经中国人民银行批准，擅自设立从事或者主要从事吸收存款、发放贷款、办理结算、票据贴现、资金拆借、信托投资、金融租赁、融资担保、外汇买卖等金融业务活动的机构”。“乱办金融业务”是指“未经中国人民银行批准，从事或者变相从事非法吸收公众存款、发放贷款、办理结算、票据贴现、资金拆借、信托投资、金融租赁、融资担保、外汇买卖等金融业务活动的行为”，以及“未经国家证券、保险监管部门批准，擅自设立从事或主要从事证券买卖、投资基金管理、商业保险等金融业务活动的机构和超越原机构业务范围从事或变相从事证券买卖、投资基金管理、商业保险等金融业务活动的行为”。

三是向社会不特定对象即社会公众筹集资金；四是以合法形式掩盖非法集资的性质。

国务院办公厅2007年7月发布的《关于依法惩处非法集资有关问题的通知》将非法集资分为债权、股权、商品营销和生产经营四大类，并将非法集资的主要特征归纳为三点：一是未经有关监管部门依法批准，违规向社会（尤其是向不特定对象）筹集资金；二是承诺在一定期限内给予出资人货币、实物、股权等形式的投资回报；三是以合法形式掩盖非法集资目的。

2010年12月最高人民法院发布的《关于审理非法集资刑事案件具体应用法律若干问题的解释》又规定非法吸收公众存款罪、变相吸收公众存款罪的客观方面必须同时满足以下四个方面的条件：一是未经有关部门依法批准或者借用合法经营的形式吸收资金；二是通过媒体、推介会、传单、手机短信等途径向社会公开宣传；三是承诺在一定期限内以货币、实物、股权等方式还本付息或者给付回报；四是向社会公众即社会不特定对象吸收资金。2022年，最高人民法院对此司法解释进行了修正，但对非法吸收公众存款罪与变相吸收公众存款罪客观方面的规定除个别用词外几无变化。

综合以上规范性法律文件的规定及其精神，可将非法集资的概念概括为“未经法定程序经有关部门批准，向社会公众吸收资金并承诺还本付息的行为”。非法集资行为必须具备四大要件：一是未经有关部门依法批准；二是向社会公众筹集资金；三是承诺在一定期限内还本付息；四是以合法形式掩盖非法目的。

就非法集资类犯罪不同罪名的差异而言，实践中的通常做法是，只要认定当事人具有非法占有目的，就以集资诈骗罪定罪；当事人不具有非法占有目的的案件，无论案涉交易的融资结构是直接融资还是间接融资，多以非法吸收公众存款罪定罪；擅自发行股票、公司、企业债券罪必须以证券、公司企业债券作为犯罪工具，符合此条件的才能以此罪名定罪。依据中国裁判文书网上的数据，在H省于2013年至2015年间一审审结的非法集资类刑事案件中，以非法吸收公众存款罪定罪的案件数量数倍于以集资诈骗罪定罪的案件数量，而这三年内没有一例案件以擅自发行股票、公司、企业债券罪定罪（见图4－1）。有学者就此问题提出批评，认为非法吸收公众存款罪所打击的应当是存款机构型民间金融活动，若行为人从事的是直接融资型民间金融活动，以非法吸收公众存款罪定罪不甚合理。[①] 要解决这一问题，则需要首先扩大《证券法》上证券的概念，使用功能性定义，将所有直接融资活动都囊括进证券的范畴。

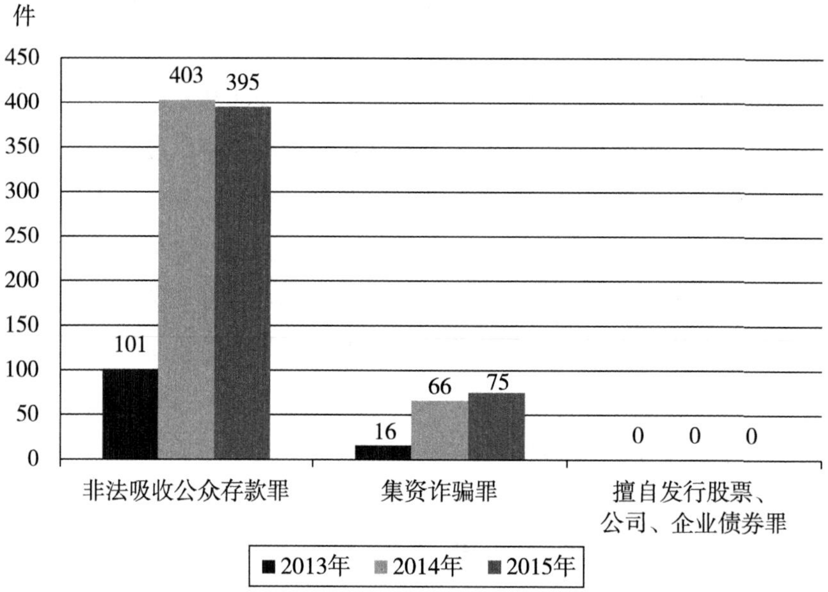

图4－1　H省2013—2015年一审审结非法集资类案件罪名统计

数据来源：中国裁判文书网。

（三）对未授权金融活动（非法集资）规制的失效

虽然我国对非法集资行为的规制既包括金融法规制，又包括刑法规制，但由于非法集资在初始阶段往往不易被发现，监管机构往往无法及时对其采取制止措施，而通常在其发展到一定程度（如出现资金链断裂）后，才会将其作为刑事案件立案侦查。因此，对于非法集资而言，刑法规

① 参见彭冰：《非法集资活动规制研究》，载《中国法学》2008年第4期。

制发挥了主要的阻吓作用。

非法集资类犯罪可以囊括的金融活动范围极大，并且刑罚也较为严厉，其中集资诈骗罪最高可被判处死刑（2015 年修改为无期徒刑）。[①] 然而，事实表明，非法集资刑法规制的效果却不如人意。自刑法规定非法集资类犯罪以来，非法集资在我国不降反增，案件数量越来越多、涉案金额越来越大，作案手段也花样百出。2011 年以来，不但案件数量激增，并且集中性暴雷引发的区域性民间金融风暴接连在全国多个省份上演，引发金融震荡，形势严峻，不容小觑。这不禁使人产生疑问，我国刑法对非法集资的规制为何达不到预期效果？刑法的威慑力在这里出了什么问题？

最佳威慑（Optimal Deterrence）理论[②]常被用以对刑事规制的威慑力进行解释。该理论认为，规制制度被完全遵守是不可能存在的，即使存在，规制制度被完全遵守的成本也必将大大超过其收益。对被规制者而言，仅在其不守法的预期成本大于所获收益的情况下，其才会遵守法律的规定。因此，被规制者遵守法律的条件可以用以下不等式来表述：

$$pD > U$$

其中，p 是指可预期的被抓获（发现）和定罪的可能性，D 是指抓获和定罪后产生的成本，U 是指违法行为产生的收益。D 又可被进一步拆分为以下三部分：F，即需要支付的罚金（或者其他相当的金钱价值制裁）；L，即违法信息披露的不利影响所带来的商业损失；M，即刑事辩护的成本。也就是说，犯罪成本与抓获概率较大而犯罪收益较小，以至于 $pD > U$ 时，则刑法具有较强的威慑力，被规制者倾向于遵守刑法；当犯罪成本与抓获概率较小而犯罪收益较大时，以至于 $pD < U$，就会出现刑法威慑不足的情况，被规制者就会丧失遵守法律的动力。

运用最佳威慑理论对非法集资类犯罪进行分析，可以解释刑法规制失效的原因：第一，非法集资类犯罪存在抓获概率偏低的问题。首先，非法

---

① 经济犯罪的死刑存废问题也是一直以来各界的争论焦点。

② See Cf. G. Becker, *Crime and Punishment: An Economic Approach*, 76 J. Pol. Econ. 169 (1968); I. Ehrlich, *The Econoimc Approach to Crime—A Preliminary Assessment*, in S. Messinger & E. Bittner, Criminology Review Yearbook, Volume I Sage Publications, 1979, p. 25 – 60.

集资类犯罪具有较强的隐蔽性。根据非法集资类犯罪的构成要件，我们可以看出，非法集资类犯罪是行为犯而非结果犯。也就是说，只要存在违反国家金融管理法律规定向社会公众吸收资金的行为，就构成该类犯罪，而无论是否已经出现了非法集资资金链断裂导致投资人资金得不到偿付的情况。然而，在现实中，进入司法程序的案件大多已出现了上述情况。由此可以推知，现实中大量未出现上述情况的非法集资活动未被发现。非法集资类犯罪的隐蔽性是造成这种偏差的重要原因。例如，在H省典型案例中，从事非法集资的企业以金条买卖、融资担保等合法行为掩饰其非法集资的目的，这些形式上合法的企业与合同形式难以落入金融监管部门的视线范围。投资人出于对高额投资回报的追求，在集资企业出现偿付危机之前，也会帮助集资企业隐藏其非法目的。到了后期，投资人无法再得到偿付时，为追回损失才会寻求政府介入。往往到此时，非法集资的真相才会浮现出来。其次，选择性执法严重。对非法集资的规制制度为国家立法机关所制定，但具体执行的部门则主要是地方金融局、处非办以及地方公安局、检察院、法院等。这些部门有的是地方政府的组成部分，有的则在财政、人事等各方面都与地方政府存在千丝万缕的联系。上文已经提到，地方政府出于发展地方经济的政策目标，通常偏向于支持本辖区内的金融创新。并且，非法集资是涉众型犯罪，其处置较为敏感，一旦对其进行刑事立案，便会对当地的稳定局面形成负面评价，引起连锁反应，甚至可能加快非法集资资金链断裂的速度。因此，地方政府倾向于延迟立案或不立案。在2007年处置非法集资部际联席会议制度确立之后，各省相继制定了处置非法集资的工作流程，根据这些工作流程，只有经过特定筛选机制层层筛选之后的案件，才能进入立案侦查与司法审判阶段（详见本章第四节第四部分）。这一筛选过程无疑存在其合理性，但其造成的选择性执法的客观后果也大大降低了非法集资类犯罪的抓获概率。

第二，非法集资类犯罪罪与非罪、此罪与彼罪的界限不清，导致犯罪成本容易被低估。首先，在非法集资案件的审判实践中，罪与非罪的界限尚存在较大争议，即使同一个法院在审理类似案件时也可能会出现前后不一的情况。随着时间的推移，垄断性金融管制备受诟病，民间金融对我国经济发展所发挥的积极作用被社会各界广泛接受，再加上舆论对一些热点案件积极关注，法庭如果定罪在一些情况下可能面临较大的舆论压力。[①]其次，非法集资此罪与彼罪的界限也存在较大争议。在非法集资类犯罪中，除集资诈骗罪的最高刑为死刑（2015 年改为无期徒刑）外，其他罪名的法定最高刑都不高。较常被使用的非法吸收公众存款罪的量刑区间为0—10 年有期徒刑，与集资诈骗罪的法定最高刑相去甚远。实践中对某一企业或个人所从事的非法集资活动是以非法吸收公众存款罪还是以集资诈骗罪来定罪量刑，尚存在不确定性。这导致一些犯罪分子怀抱侥幸心理，其可能寄希望于被以法定最高刑更低的罪名定罪量刑，从而大大低估其犯罪成本。[②]

第三，非法集资的犯罪收益极高。非法集资是违反国家对正规金融机构设置的准入制度，未经授权从事与正规金融功能类似的金融活动的行为。正规金融机构受到严格的金融监管，需要履行一系列合规义务。开展类似业务的民间金融机构却由于逸出了金融监管主体的视线范围而无须遵守各项合规义务，通过极高的杠杆率与利差赚取高额利润。守法行为承担较高成本，而非法行为却获得了高额回报，这种极度失衡的状况无疑会导致激励扭曲，使行为人产生极大的套利冲动。[③]

三、对民间借贷的利率限制

利率限制也是我国中央政府对民间金融进行规制的重要内容。1991 年最高人民法院《关于人民法院审理借贷案件的若干意见》（已失效）规定，人民法院审理借贷案件应按照自愿、互利、公平、合法的原则，保护债权人和债务人的合法权益。根据该意见，民间借贷的利率可适当高于银行利

---

① 如根据浙江省高级人民法院出台的《关于为中小企业创业创新发展提供司法保障的指导意见》，对非法集资类案件定罪量刑时，要兼顾企业的生存发展、员工生计以及社会稳定。这在一定程度上会使法院倾向于不定罪以保证上述法益得到保护。

② 参见党小学、党玉红：《非法集资，重判还是轻责》，载《检察日报》2015 年 5 月 27 日，第 5 版。

③ 参见邓宏图：《组织与制度：基于历史主义经济学的逻辑解释》，经济科学出版社 2011 年版，第 137 页。

率，但不得逾越银行同类贷款利率的四倍（包含利率本数），超出此限度的，超出部分的利息不予保护。以上规定被俗称为“四倍利率红线”。这种对借贷利率的限制适用于包括私人借贷在内的所有民间金融活动。一些学者认为，正是这种类似“一刀切”的利率规制方式助长了民间金融市场的发展。他们认为，市场中的一些资金需求者可能需要以更高的利率实现其高风险的贷款需求。人为设定利率上限，有可能阻碍这些人获取贷款，从而使这些客户不得不进入地下市场。[①] 此外，由于“四倍利率红线”并没有相应的罚则，我国刑法也未将高利放贷行为纳入犯罪当中，因此，超越“四倍利率红线”的部分仅构成民法上的自然之债，而借贷合同不必然无效，当事人也不必承担任何行政或刑事责任。这无疑使这条规定的效果大打折扣，无法对现实中的高利放贷行为产生足够的威慑力。从对 H 省的调研结果来看，民间金融活动的月利率从 2%—3% 到 4%—6% 不等，几乎所有合同的利率都越过了 1991 年意见所规定的“四倍利率红线”。

2015 年 6 月最高人民法院通过了《关于审理民间借贷案件适用法律若干问题的规定》（以下简称 2015 年司法解释），将实行了二十余年的四倍利率标准改为固定利率标准。2015 年司法解释规定，借贷双方约定的利率未超过年利率 24%，出借人请求借款人按照约定的利率支付利息的，人民法院应予支持。借贷双方约定的利率超过年利率 36%，超过部分的利息约定无效。借款人请求出借人返还已支付的超过年利率 36% 部分的利息的，人民法院应予支持。依据 2015 年司法解释，年利率低于 24% 的民间借贷合同，利率约定有效；年利率超过 36% 的民间借贷合同，超过部分的利息约定无效；而年利率介于 24% 至 36% 之间的，构成自然之债，超出 24% 的那部分利息不予保护。应该说，2015 年司法解释的规定比“四倍利率红线”的规定更加细致和便于操作。并且，直接规定年利率超过 36% 部分的利息约定无效，对实践中的高利放贷现象具有更强的威慑力。然而，2015 年司法解释依然没有规定任何罚则，从而无法杜绝实践中广泛存在的高利

---

① 参见宋洋：《中国民间借贷利率管制法律路径的检讨与重构》，西南财经大学 2011 年硕士学位论文。

放贷现象。

2020年8月，最高人民法院对2015年司法解释进行了修正，将2015年司法解释规定的固定利率标准改回了四倍利率标准：出借人请求借款人按照合同约定利率支付利息的，人民法院应予支持，但是双方约定的利率超过合同成立时一年期贷款市场报价利率四倍的除外。“一年期贷款市场报价利率”是指中国人民银行授权全国银行间同业拆借中心自2019年8月20日起每月发布的一年期贷款市场报价利率。

第四节　地方政府对民间金融的规制

一、地方“金融跃进”及其崩溃

由于存在立法滞后的问题，地方政府对民间金融的规制制度除了包括地方政府为了规范民间金融的发展所制定与实施的一系列规范性文件之外，还应包括非正式制度——公民和民间金融组织所接收到的由地方政府的实际行为所体现出来的其对民间金融所保持的积极态度。H省对民间金融的积极态度在其主导的一场融资担保行业的跃进式发展中体现得淋漓尽致。

融资性担保公司是旨在缓解中小企业融资难问题的信用增强辅助机构。我国融资担保业的建立及发展与政府的政策支持密切相关。中央政府在2008年全球金融危机后出台的一系列刺激经济发展的政策，包含了许多支持中小企业、发展融资担保的内容。例如，2008年12月，国务院常务会议确定了九项金融促进经济发展的政策措施，其中就包含了增加对信用担保公司的支持、对符合条件的中小企业信用担保机构免征营业税、建立农村信贷担保机制等多项对担保行业的鼓励措施。2010年政府工作报告也提到，发展多层次中小企业信用担保体系，落实好对符合条件的中小企业信用担保机构免征营业税、准备金提取和代偿损失在税前扣除的政策。

H省在一段时期内对融资担保行业巨大的支持力度更是带动了行业的

繁荣，使该行业一度成为H省的一张名片。[①] 2007年，H省人民政府发布《关于促进金融业持续健康发展的若干意见》，提出引导银行业金融机构扩大信贷投放，鼓励银行业金融机构服务和管理创新，积极推动担保体系建设，为中小企业信用担保体系建设提供支持资金。此外，该省还发文拟将其省会Z市建设成为区域性金融中心，而发展商业性担保机构即是将Z市建设为区域性金融中心的重要抓手。在众多利好政策的刺激下，H省融资性担保公司数量在2008年至2011年间飙升十数倍，该省担保行业呈现出井喷式发展的状况。[②] 其省会城市Z市更是一度创造出闻名全国的“不摸钱”、“一对一”和“担保代偿”的融资担保业发展模式，在业内广为流传，使Z市成为与浙江温州、内蒙古鄂尔多斯、陕西神木并列的民间金融之都。彼时，政府官员对融资担保行业进行宣传推广以及融资性担保公司的老板讲述其创业成功经验的画面经常出现在电视上，担保公司的辉煌业绩和整版广告也频现报端，H省多个城市出现了足以体现行业繁荣程度的“担保一条街”。[③] 在接收到政府明确释放的鼓励态度之后，民众也产生了对融资性担保公司存在政府背书或隐性担保的强烈预期，对参与融资性担保公司的业务怀抱积极心态。

然而，伴随着宏观经济形势的变化，缺乏监管的行业内部开始乱象丛生，H省融资性担保公司的主营业务逐渐发生异化。由于融资性担保公司所具备的一些特性——政府政策大力支持、具备正规的工商登记和营业执照、准金融机构的身份与融资性担保业务对金融知识不足的投资者而言具有一定的迷惑性——融资性担保公司成为从事存款机构型非法集资活动的理想组织类型，也由此成为H省区域性民间金融风暴中非法集资藏身的主要行业。按照法律规定，融资性担保公司被允许从事的融资担保业务是为货币资金持有者（通常是银行）和需求者提供担保的信用增级业务，而并

---

① 参见胡心洁、邹筱溪：《河南担保业“井喷”》，载《河南日报》2009年7月16日，第11版。

② 参见胡心洁、邹筱溪：《河南担保业“井喷”》，载《河南日报》2009年7月16日，第11版；梁鹏、李鹏：《10亿非法集资背后的投资担保业乱象》，载央广网河南频道，http：//hn.cnr.cn/hngbqg/201309/t20130917_ 513618057.shtml。

③ 参见尹岳：《洛阳集资崩盘始末》，载《财经》2016年第1期。

非沟通存款人与借款人的信用中介业务。然而，在实践中，涉案融资性担保公司往往以担保合同为幌子，一边向社会公众吸收存款，一边向房地产企业等资金需求者发放贷款，通过非法吸存、高息放贷获得高额利差收益——俨然是一个个不受监管的微型银行。正如本书第三章所分析的那样，这类从事存款机构型民间金融活动的组织自身极度脆弱，一旦宏观经济形势发生变化，其商业模式便难以为继，面临资金链断裂的巨大风险。

事实上，早在2011年前后，H省就曾出现融资性担保公司资金链断裂、公司负责人跑路的新闻报道。也是从这一年，中央监管层便开始采取一系列的行动，进行风险提示和行业整顿。如原银监会于2011年年初出台《关于促进银行业金融机构与融资性担保机构业务合作的通知》，要求注重对融资性担保机构资质的审查（必须持有融资性担保业务的经营许可证），严格落实担保贷款管理并及时掌握融资性担保行业动态信息。同年7月，原银监会下发了《关于银行业金融机构与融资性担保机构业务合作风险提示的通知》，对担保企业存在的常见风险进行提示。2012年，融资担保行业开始在一些地区出现集中暴雷的现象，为防范化解相关风险，融资性担保业务监管部际联席会议、财政部、工信部等出台了一系列政策法规，以规范融资性担保公司的业务。为响应中央要求，H省全省同步于2011年下半年对融资担保行业开展了取缔非法公司、提高入行门槛等行动；同时要求所有融资性担保机构进行重新申报。同年，H省人民政府以及各省辖市人民政府成立各级处非办，主导对非法集资行为的打击与处置。

二、对准金融机构的监管不力——以融资性担保公司为例

我国对融资性担保公司的监管权限经历了从中央到地方的转移过程。中国人民银行在1994年8月发布的《金融机构管理规定》（已失效）中，将信用担保公司列为金融机构的一种。根据该管理规定，中国人民银行是所有金融机构的监管机构，故中国人民银行亦是信用担保公司的监管主体。此后，其他的规范性文件对担保机构的监管主体又作出了不同的规定，并呈现多重化趋势：财政部、原国家经济贸易委员会（以下简称原国家经贸委）、原银监会均承担了对担保机构的部分监管职能，并制定了相

应的规范性文件。原国家经贸委于 1999 年 6 月和 2001 年 3 月发布了《关于建立中小企业信用担保体系试点的指导意见》与《关于建立全国中小企业信用担保体系有关问题的通知》，明确规定信用担保机构不是金融机构，由省市原经贸委会同财政、人民银行、工商行政管理及商业银行等部门组成的中小企业信用担保监管委员会进行监管，并且对中小企业信用担保试点的指导原则与体系构成，担保机构的资金来源、形式、担保对象、担保种类、职能和业务程序，风险控制与责任分担等进行了详细规定。2001 年 3 月，财政部颁布了《中小企业融资担保机构风险管理暂行办法》，对担保机构的组织结构、业务范围、担保责任金额占实收资本的比例，评估制度，反担保制度，风险控制及监督管理等加以规定，并规定各级财政部门有权会同相关部门对担保机构的业务情况进行定期检查和定期评级。2003 年 7 月，财政部又出台了《关于加强地方财政部门对中小企业信用担保机构财务管理和政策支持若干问题的通知》，规定各级财政部门有权对信用担保机构进行负债管理，建立起以负债形式筹集资金的报告制度和信息披露制度；并规定各级财政部门对政府出资的信用担保机构负有代偿损失的责任。2006 年 5 月，原银监会办公厅发布了《关于银行业金融机构与担保机构开展合作风险提示的通知》（已失效），对担保企业存在的抽逃、挪用资金和通过关联交易骗取银行贷款等现象进行了风险提示。

2009 年 2 月，国务院办公厅发布了《关于进一步明确融资性担保业务监管职责的通知》，对我国融资性担保公司的监管职权进行了厘清。中央层面，成立由原银监会牵头，国家发改委、工信部、财政部、中国人民银行、原国家工商总局、国务院法制办等部门参加的融资性担保业务监管部际联席会议（联席会议办公室设在原银监会），负责制定行业发展政策、协调重大问题、指导地方政府的日常监管和风险处置工作。地方层面，各省、自治区、直辖市政府依照“谁审批设立、谁负责监管”的原则，确立本地区融资性担保公司的设立审批、关闭、日常监管与风险防范和处置工作机制，并对从事违法违规活动的机构予以处罚。

2010 年 3 月 8 日，原银监会、国家发改委、工信部、财政部、商务部、中国人民银行和原国家工商总局等七部委共同制定发布了《融资性担保公司管理暂行办法》，标志着融资性担保公司的监管体制逐渐成形。该暂行办法明确融资性担保公司的监管主体是“省、自治区、直辖市人民政府确定的监管部门”，由其负责本辖区融资性担保公司的准入、退出、日常监管和风险处置，并向国务院建立的融资性担保业务监管部际联席会议报告工作。自此，融资性担保公司的监管职权完成了从中央到地方的转移。此外，该暂行办法还明确规定，融资性担保公司的业务范围包括贷款担保、票据承兑担保、贸易融资担保、项目融资担保、信用证担保及其他融资性担保业务；经过监管部门批准，融资性担保公司可以兼营非融资类担保业务，融资咨询、财务顾问等中介服务以及以自有资金进行投资；融资性担保公司不得从事吸收存款、发放贷款、受托发放贷款、受托投资以及监管部门规定不得从事的其他活动。

中央政策出台后，各省、自治区、直辖市也根据各自的情况纷纷采取相应措施规范融资担保行为。不同地方政府为融资性担保公司设定了不同的具体监管部门，以各地金融办与工信部门承担此项职能的居多。具体而言，各省金融办或者工信厅承担融资性担保牌照的审批工作，并根据“谁审批、谁监管”的原则承担融资性担保公司的日常监管工作。

具体到H省，在2009年之前，其并未制定有关融资性担保公司的规范性文件，也没有明确其准入审批与监管主体，实践中仅通过向H省工信厅中小企业局备案即可成立一家融资性担保公司。2009年5月，H省出台《关于建立健全中小企业信用担保体系的若干意见》（已失效）。随后，H省工信厅和原H省工商局在2009年9月联合下发《关于做好中小企业信用担保机构审批登记注册和登记备案工作的通知》，规定申请设立或变更信用担保机构时，要严格按照审批条件和程序，由省辖市政府信用担保行业主管部门审核，报省工信厅审批。之前未经国家发改委或H省工信厅审批已设立的注册资本亿元以上的信用担保机构，要在2009年年底之前补办审批手续。2011年7月，H省发改委、工信厅、财政厅、商务厅、原工商局、省政府金融办、原银监局等联合制定并发布了《H省融资性担保公司管理暂行办法》（已失效），确定省工信厅为全省融资性担保公司的监管主体，负责其设立、变更及终止的审批工作，颁发或撤销融资性担保机构经营许可证，承担对全省融资性担保行业的监督管理职能。该办法还对公司成立的注册资本等准入条件进行了详细规定，并对非现场监管、现场检查、信息披露、重大风险事件报告和应急管理等作出了规定。2015 年 3 月，在区域性民间金融风暴发生之后，H 省融资性担保机构的监管权又由 H 省工信厅中小企业局移交给了 H 省政府金融办。

从 H 省区域性民间金融风暴暴露出的情况来看，H 省对融资性担保公司的监管存在严重不足：从市场准入来看，在备案时代，由于准入门槛过低，H 省融资性担保公司的数量在 2010 年年底已达 1600 多家，占全国融资性担保公司总数量的四分之一。其中鱼龙混杂，不乏毫无资金实力的滥竽充数者。[①] 自 2011 年 7 月起，根据《H 省融资性担保公司管理暂行办法》，企业在满足其规定的注册资金等准入条件，并依法取得融资性担保机构经营许可证之后才可以入市经营；已成立的融资性担保公司也必须重新申报，并将原先的备案证换成新的融资性担保机构经营许可证。但事实证明，《H 省融资性担保公司管理暂行办法》通过提高准入要求及设置日常监管制度来增进监管的初衷收效甚微。地方政府对融资性担保公司监管失效的原因是综合性的，应该说既有主观原因，又有客观原因。从主观上说，发展地方经济的诉求使地方政府在对待准金融机构的问题上，常常会表现出“重发展、轻风险”的倾向。[②] 从客观条件来说，地方政府的金融监管经验不足，专业人才极度匮乏，[③] 导致 H 省融资性担保行业所积聚的巨大金融风险未能在风险集中爆发之前被及时缓释。

三、对其他机构从事民间金融活动的监管缺失

除准金融机构外，H 省民间金融组织还包括普通工商企业和互联网金

---

① 参见杜涛欣：《河南非法集资事件透视》，载《民主与法制时报》2013 年 5 月 13 日，A2 版。

② 参见胡鹏翔：《融资性担保公司监管法律问题探讨——华鼎担保事件引发的思考》，载《国家行政学院学报》2013 年第 1 期。

③ “当前省级融资性担保监管部门配备的监管人员平均不超过 5 人，却需要负责监管数百家融资性担保机构。监管人员难以及时发现和纠正所有的违法违规行为，个别地区违法违规案件频发。”参见陈子牧、胡萍：《融资担保业：规范整合之后必将迈向新台阶》，载《金融时报》2012 年 12 月 3 日，第 7 版。

融公司。对这些机构而言，在H省区域性金融风暴发生之时，地方政府并不具有对其进行事前监管的明确法律依据。例如，对H省的B房地产集团公司而言，其在东窗事发前被认为是一家普通的房地产企业，地方政府没有相应部门对其日常业务产生的金融风险进行监管。对在较晚时间成为非法集资风险重灾区的互联网金融公司而言，H省政府在对其监管方面也没有专门的政策和措施。实践中，数量相当大的普通工商企业取名为“投资公司”“金融公司”，开展存款机构型民间金融业务，使投资者产生其具有某种金融业务资质的错觉。由于H省融资性担保行业的繁荣景象深入人心，公众在很多时候则将这类公司与融资性担保公司混同，将所有这些民间金融组织均称为“担保公司”。但融资性担保公司尚有明确的准入审批程序和日常监管要求，而“投资公司”“金融公司”的成立则只需在工商部门进行注册登记即可。后期一些省辖市的金融办在发现此种企业名称容易使公众产生误解之后，即会商工商部门停止了此类名称的注册。

四、风险暴露后的地方行政处置机制

缺乏监管的地方“金融跃进”吹起的巨大泡沫，在宏观经济形势发生转变后顷刻化为泡影，并留下满目疮痍。面对数目巨大的待处置的民间金融组织，地方政府建立了非法集资案件分类处置机制，作为案件进入司法程序的前置程序。

根据H省2012年发布的《处置非法集资工作操作流程》，H省处置非法集资工作遵循省辖市人民政府负总责，行业主（监）管部门一线把关，领导小组负责组织、指导、协调的工作原则。各级打击和处置非法集资工作领导小组（以下简称处非领导小组）是防范和处置非法集资工作的指导、协调机构，由政府分管领导担任组长。

H省处置非法集资工作具体流程见图4－2。

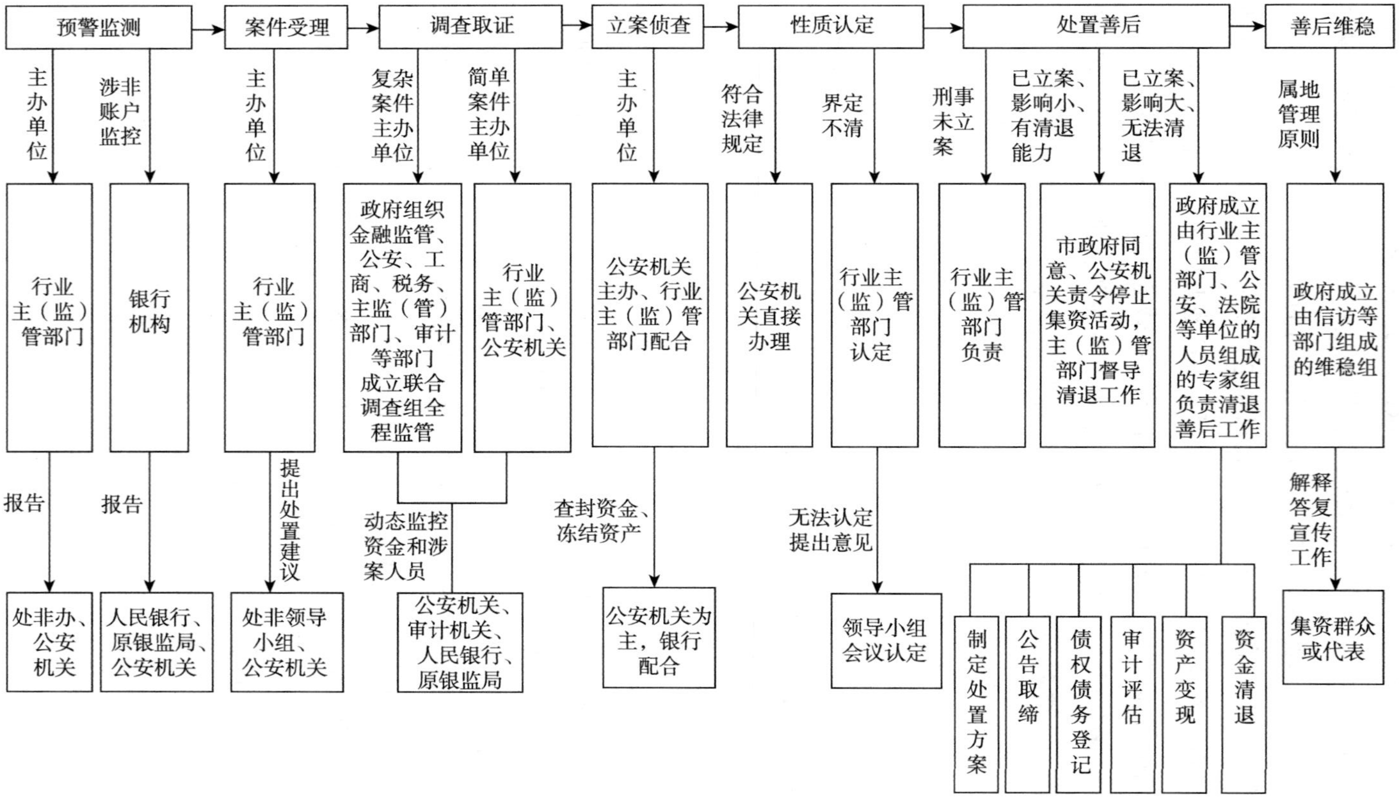

图 4–2　防范和打击处置非法集资工作流程

（行政）案件受理：行业主（监）管部门是案件受理的主办单位。对不属于非法集资的举报线索，由行业主（监）管部门作出最终结论，并向举报人回复；对管理职责明确的涉嫌非法集资活动线索，由行业主（监）管部门在职权范围内受理；案情复杂或超出部门管理权限的，由行业主（监）管部门提出意见和处置建议报本级领导小组；对涉嫌犯罪的案件线索，行业主（监）管部门直接移送当地公安机关。

（行政）调查取证：行业主（监）管部门是调查取证的主办单位。对于行业主（监）管部门在其职权范围内受理的案件，案情简单的，由公安机关、行业主（监）管部门在职权范围内直接开展调查工作；案情复杂的，经省领导小组同意，由各省辖市人民政府确定主办部门，成立联合调查组，开展联合调查取证。

（刑事）立案侦查：公安机关是立案侦查的主办单位，根据举报、报案或有关部门移送的涉嫌非法集资犯罪线索，符合立案条件的，依法立案侦查，并及时向当地政府报告。各省辖市人民政府接到公安机关对非法集资中涉嫌犯罪情况的报告后，按处置工作原则指定主办部门，负责配合公安机关侦查，并由主办部门牵头制定应急预案，做好取缔和善后工作，确保社会稳定。应急预案报省领导小组及其办公室。

（刑事）性质认定：非法集资案件行政性质认定不是法定和必需的处置工作前置条件。对于移交或受理的案件，只要性质明确、符合刑法规定，应直接依法办（审）理。对于事实清楚、证据确凿，但因现行法律法规界定不清而难以定性的案件，由行业主（监）管部门予以认定；行业主（监）管部门无法作出认定的，应基于专业角度，根据证据材料作出是否符合行业技术标准的行政认定意见，在该意见的基础上，由领导小组成员会议作出认定；本级领导小组无法作出性质认定的，报上级领导小组组织认定，直至报处置非法集资部际联席会议组织认定。

（分类）处置善后：对于公安机关未立案的案件，由行业主（监）管部门进行处置善后。对于公安机关已经立案，但影响较小、有清退能力的案件，经市政府同意，由公安机关责令停止集资活动，行业主（监）管部门督导清退工作。对公安机关已经立案，且影响较大、无法清退的案件，政府成立由行业主（监）管部门、公安机关、法院等单位的人员组成的专家组负责清退善后工作。专家组的清退善后工作包括制订处置方案、公告取缔、债权债务登记、审计评估、资产变现、资金清退等流程。此外，政府成立由信访等部门组成的维稳组，负责解释、答复和宣传工作。

在区域性民间金融风暴不断在各地发生之后，针对严峻的非法集资发案情势，国务院于2015年10月19日发布的《关于进一步做好防范和处置非法集资工作的意见》明确，省级政府为防范和处置非法集资的第一责任人。同时，该意见指出，应综合运用经济、行政、法律等措施，讲究执法策略、方式、尺度和时机，依法合理制定涉案资产的处置政策和方案，分类处置非法集资问题，防止矛盾激化，努力实现执法效果与经济效果、社会效果相统一。

据此，H省也对其分类处置措施进行了进一步完善：对于经营正常或者存在困难但尚能维持经营的涉嫌非法集资行为的企业，要加强监管，督促其停止集资行为，并清退集资款项；对于经营困难且有群众反映问题的涉嫌非法集资行为的企业，要视其情况审慎采取措施；对能够主动配合政府帮扶、积极整改的企业，要尽力帮扶，采取有效措施，帮助逐步解决问题；对有试图藏匿资产、携款潜逃等不法行为的企业，要采取强制措施，果断处置；对于资金链确已断裂、风险充分暴露、主观诈骗恶意明显、社会影响恶劣的涉嫌非法集资行为的企业，要及时依法立案查处，有效震慑犯罪。

根据以上规定，经过地方政府处置非法集资机制的分类处置，能够及时停止集资行为、清退集资款项、主动配合积极整改的企业，将不会进入刑事立案与司法程序；对资金链确已断裂、风险充分暴露、主观诈骗恶意明显、社会影响恶劣的涉嫌非法集资行为的企业，要及时依法立案查处。应当说，这种机制安排有其合理性和现实意义。因为一旦进入刑事立案与司法程序，相关财产会被扣押，工厂停产、工人停工，还可能加速资金链的断裂，导致连锁反应。调研结果表明，随着时间的推移，H省区域性民间金融风暴中的一些受害人对于案件刑事立案的态度逐渐发生变化：由最初急迫要求立案，到不希望对集资企业进行刑事立案。这是因为，刑事立案往往会使集资企业的负责人遭受人身羁押，使涉事企业无法继续经营，从而加速企业资金链的断裂，不利于企业自救与偿还债务。只要涉事企业的负责人还具有人身自由，能够维持企业正常运转或寻找途径偿还债务，债权人的债权全部实现或部分实现就还具有一定的可能性。

第五节 规制失衡与监管滞后

通过以上分析，我们可以看出，在与民间金融相关的规制制度中，存在两大失衡：第一，中央政府对民间金融的抑制性规制与地方政府的鼓励性规制发生龃龉。诚然，站在各自立场上，二者对民间金融所持的态度均有合理之处，但央地规制的不协调使与民间金融活动更为接近从而占据“地利”的地方政府在与中央政府的博弈中成为赢家，削弱了中央政府正式制度的效果，致使刑法对非法集资类犯罪的阻吓无法达到既定效果。第二，正规金融与非正规金融受到的规制严重失衡。正规金融机构“从生到死”受到来自金融监管机构的各种监管措施的严格限制，而民间金融组织在风险暴露之前逃逸出了金融监管机构的视线范围，以高风险、高回报的业务模式野蛮生长，从而形成了扭曲性激励，导致大量套利资金从正规金融部门涌入非正规金融部门。

规制失衡导致了这样一种现实——符合非法集资定义的民间金融活动在各地大量存在。并且，由于非法集资的抓获概率偏低，实践中被法院裁定构成非法集资类犯罪的案件数量远远少于这部分民间金融活动的实际数量。对于这部分野蛮生长的民间金融所累积的巨大的金融风险，无论是中央政府还是地方政府，都未对其采取有效的缓释措施。究其原因，在于我国的金融监管体制相对于金融业的实际发展已经显现出了严重的滞后性。

这种滞后性主要体现在以下几个方面：第一，金融监管目标的滞后性。对中央政府而言，其一方面对正规金融施加严格的监管措施，另一方面通过规定非法集资类犯罪对正规金融之外的其他金融活动进行抑制性规制。其金融监管的主要政策目标在某种程度上仍然是在金融抑制传统下维持国家对金融资源的垄断。对地方政府而言，正是其前期对民间金融活动的“重发展、轻风险”导向导致了民间金融风险的持续累积。两者叠加在一起，鲜活地阐释了“一管就死、一放就乱”的政策怪象。防范金融风险这一金融监管理论上的首要政策目标在这一领域被忽略了。区域性民间金融风暴不断发生的现实状况表明，对民间金融既不能扼杀，更不能放任，而必须要将金融监管的政策目标调整为及时防范化解金融风险，提高金融监管的有效性和前瞻性。

第二，机构监管模式的滞后性。现有的机构监管模式难以实现对民间金融活动的有效覆盖，从而导致出现监管空白。从事非法集资活动的主体通常并非正规金融机构，而是准金融机构、普通工商企业或互联网金融公司，这些机构并不在我国金融监管的范围之内。以存款机构型民间金融组织为例，其所提供的民间金融服务在功能上类似于银行业务，但其显然不是《商业银行法》与《银行业监督管理法》所规定和调整的银行业金融机构。虽然其从事银行业务，且具有类似于或更甚于银行业金融机构的风险，但在机构监管模式下，在这类民间金融组织的资金链断裂之前，其往往会逃逸出银行业监管主体的视线范围。对于地方政府而言，同样基于机构监管逻辑，其仅对准金融机构经过授权的融资性担保业务、典当业务等具有日常监管权限（很多时候形同虚设），对这些机构从事的非法集资活动在风险暴露前缺乏监测。

第三，中央集权监管模式的滞后性。由于各地民间金融组织数量众多，中央金融监管机构在各地市的分支机构力有不逮，亟待厘清地方政府的金融监管职权。如本书第二章所描述的那样，民间金融活动发生在各基层市域、县域，并具有从城镇向乡村转移的趋势，在发生区域性民间金融风暴的时间段（2014 年至 2015 年），我国原有“一行三会”监管架构中原银监会、原保监会的分支机构只是部分到达地市级（原银监分局、原保监分局），而证监会的分支机构只到达省一级（证监局），无法触及在很多县乡内无孔不入的民间金融活动。另外，“一行三会”分支机构人员也有限，无力应对数量巨大、种类驳杂的民间金融活动。2023 年 3 月《党和国家机构改革方案》公布后，深化地方金融监管体制改革进入新的历史阶段。目前，各地金融委员会、金融工作委员会、金融管理局正在陆续挂牌，中央与地方金融监管权限划分的具体方案仍有待进一步明确。

第四，对于金融创新的反应滞后。在守住防范金融风险底线的前提下不扼杀市场创新，对实践中新出现的互联网金融平台及其业务设置一定的观望期，不立即禁止或对其施以严格的金融监管要求，对争取我国在金融科技方面的领先地位是非常必要的。然而，这一观望期显然不宜过长，否则，在经过长时间的风险累积后，不受监管的金融创新必然会冲破金融风险的底线，酿成金融风波。与准金融机构与普通工商企业从事非法集资活动面临的监管权限归属难题类似，在机构监管模式下，互联网金融的监管权限归类问题亦是我们在一段时期内对互联网金融平台的监管裹足不前的客观阻碍之一。

第六节 小　结

综合本章的分析，我们可以看出，在对民间金融的态度上，与中央政府主要追求金融安全的政策导向不同，地方政府往往抱持“重发展、轻风险”的政策导向。双方政策导向的龃龉事实上削弱了中央政府规制制度的有效性。我国相关法律制度对非法集资规制效果不佳的原因不仅在于法律条文本身存在模糊性，更重要的原因是地方政府的鼓励性规制、选择性执法使相关法律制度难以发挥应有的作用。

与此同时，规制失衡进一步加剧了民间金融规模的扩张：一方面，在正规金融领域，存在严格的准入、贷款利率、资金流向等规制制度；另一方面，在民间金融领域，中央政府和地方政府都没有施加有效的规制措施，规制几乎为空白。信贷市场一分为二、规制制度严重失衡必然导致资本从正规金融领域向民间金融领域大量涌入，导致现实中涌现出大量容易引发系统性金融风险的涉众性民间金融活动。

面对在现实中已经大量存在的跨越安全线的涉众型民间金融活动，中央政府反应滞后，缺乏必要的顶层设计，没有及时将金融监管政策目标从维护国家对金融资源的垄断调整为防范化解金融风险，对监管能力已然捉襟见肘的机构监管模式作出必要调整，导致从事民间金融活动的准金融机构、普通工商企业以及互联网金融平台难以找到相应的监管主体，从而逃逸出金融监管的范围。事后的刑法规制模式不仅不能有效遏制非法集资的蔓延势头，也不能很好地弥补非法集资资金链断裂给投资人带来的巨额损失。地方政府缺乏监管经验与专业技能，风险意识非常薄弱，对民间金融的监管严重不足。中央和地方的监管缺位造成了民间金融组织高风险、高回报的业务模式野蛮生长。

总之，由于存在规制失衡与监管滞后的问题，对民间金融和非法集资的规制表面上严格，实际上几近空白，导致金融风险持续累积与集中爆发。为此，必须通过顶层设计与系统性、前瞻性的金融改革重新找到制度的最佳均衡，使越过安全线的民间金融活动获得与其风险水平相当的监管安排，有效保护投资者利益，实现金融市场的持续健康发展。

第五章　区域性民间金融风暴中私人执行模式失灵分析

第一节　私人执行理论与民间金融

芝加哥学派强调法院的作用，认为市场失灵的存在并不能当然地推出需要政府规制的结论，依赖完备的民商事法律和中立的法院即可以更为经济地解决问题。贝克尔（Becker）提出，只要在法律中将违法行为的定义规定清楚、将惩罚措施设计最优（确保违法成本大于违法所得），那么，理性经济人就会自动避免违反法律。在这种情况下，针对市场中偶然出现的不法行为，通过私人诉诸法院来确保法律得到执行是最具效率的方式。[①] 斯蒂格勒（Stigler）对贝克的理论进一步引申，形成了贝克 - 斯蒂格勒模型。[②] 该模型认为，在存在完备法律的前提下，通过私人诉诸法院确保法律得到执行（由法院执法）的私人执行模式比依赖监管者确保法律得到执行（由监管机构执法）的公共执行模式更具效率。由此可见，无须赋予政府规制权力，也不必制定专门的规制法律，只需依靠法院对合同和侵权案件进行审理即可解决市场失灵问题。[③] 科斯（Coase）的理论则走得更远，其认为，如果交易成本等于零，市场参与者之间通过合同便可以确定彼此

---

① See Gary S. Becker, *Crime and Punishment*: *An Economic Approach*, 76 Journal of Political Economy 169 - 217 (1968).

② 参见许成钢：《经济学、经济学家与经济学教育》，载吴敬琏主编：《比较》（第1辑），中信出版社2002年版。

③ See Gary S. Becker & George J. Stigler, *Law Enforcement*, *Malfeasance*, *and Compensation of Enforcers*, 3 Journal of Legal Studies 1 - 18 (1974).

的权利义务，这时候，只需要让法院帮助执行合同，连法律都不再需要，更不需要另外的机构（政府等）插手干预；但是，如果交易成本不为零，就需要法律这一社会契约来帮助降低交易成本。①

通过上述分析可知，芝加哥学派观点的成立必须满足以下前提——具有完备的法律以及中立且专业的法院。芝加哥学派的反对者认为，芝加哥学派认为法院能够代替监管的观点由于前提过于苛刻而无法成立。反对者认为，芝加哥学派观点的成立，需要仰赖具有极高素养与绝对中立态度的法官，并且法院应当能够经济地、可预见地、公正地解决纠纷；一旦法官的素质达不到要求或其态度不够中立，或者诉讼成本高昂、诉讼结果不可预见或显失公平，依赖法院执法就是不足的，监管就仍然是必须且有效的。从这个意义上，有效监管论者认为，有效监管与法院失灵不无关系。正如美国经济学家安德烈·施莱弗所说，“即使法官是善意的、勤奋的、公正的，案件也比较简单，司法工作依然相当复杂，其结果充满了不确定性”，因此，有效监管仍然存在广阔的市场。②

法律不完备理论（incomplete law theory）是晚近产生的对芝加哥学派的重要批判。该批判也是从私人执行模式的前提条件入手的，但与之前对芝加哥学派的批判多从质疑现实中法院的中立性和法官的能力入手不同，法律不完备理论质疑的重点在于现实中法律难以具有完备性。其主要逻辑如下：芝加哥学派关于“不是政府的事前规制而是法院的事后执法才是解决市场失灵的最优选择”的观点的成立，存在一个隐含的基本假设——存在完备的可供作为审判依据的法律。法律的完备性，是指法律对违法行为及其惩罚措施规定得足够清晰，并且能够涵盖所有可能的损害行为，以至于每一个公民、法官对某一项行为的法律评价的预期都是相同的。这种完备的法律是具有最优阻吓力的法律。然而，很显然，完备法律的基本假设在任何国家中都不可能得到满足。这是因为，相对于发展迅速的社会经济

---

① See Richard A. Posner, *Economic Analysis of the Law*, Little Brown and Company, 1973, p. 2 - 16.

② 参见许成钢：《法律、执法与金融监管——介绍“法律的不完备性”理论》，载《经济社会体制比较》2001年第5期。

和变化万端的具体案情，法律不可避免地会呈现出一定的滞后性。

芝加哥学派以私人执行取代公共执行的讨论，实质上是对执法权所进行的分配，是建立在法律完备的基础之上的。对完备法律的执法权进行分配，可能会推出法院执法的结果；在法律不完备的情况下，要解决的不仅是执法权的分配问题，更为重要的是剩余立法权应当如何分配的问题。剩余立法权实际上是在法律不完备的情况下，为适用现有法律定分止争，而对现有法律所进行的适应社会发展与具体案情的解释。法律不完备理论认为，在法律不完备的情况下，法院无法较好地行使剩余立法权，解决现实中新出现的大量具有负外部性的违法行为。这是因为，法院的中立性、公众性与稳定性决定了其进行的是被动的事后执法，无法通过不断学习以精准、全面地描述所有现实中新出现的违法行为，由此，其针对新出现的违法行为往往会出现"一刀切"的裁判结果，导致阻吓不足或者阻吓过度。政府规制或政府监管作为具有主动性的事前执法，可以对实践中存在的违法行为进行事前调查、灵活掌握，在较早时间内介入，有效避免当事人受到损害；还可以通过制定适用时间较短、适用范围较窄的规章（作为对现有法律的解释），在不完备的法律和复杂的现实之间找到折中方案，相机行事。此时，政府监管的效果优于法院执法的效果。在金融领域，金融创新的不断涌现使法律的不完备性体现得尤为明显。在这种情况下，法律高度的不完备性使依赖私人诉诸法院的事后执法模式效率低下，金融监管作为公共执行模式具有明显的效率优势。①

就本书要讨论的我国的民间金融问题而言，虽然公共执行模式比私人执行模式更具优势，但私人执行模式作为对公共执行模式的补充，对纠正民间金融的市场失灵仍然具有一定的价值。特别是，在上一章已得出对民间金融的政府规制出现失灵的结论的情况下，私人执行模式对民间金融发挥的作用理论上就显得更重要了。然而，区域性民间金融风暴的发生表明，私人执行模式在此亦出现了失灵。对私人执行模式失灵的表现及原因

---

① See Katharina Pistor & Chenggang Xu, *Incomplete Law: A Conceptual and Analytical Framework and Its Application to the Evolution of Financial Market Regulation*, 35 Ssrn Electronic Journal 931 – 1014 (2002).

进行分析，有助于我们更加全面地发掘区域性民间金融风暴发生以及民间金融法律治理失效的原因。

第二节　民间金融民事诉讼的审理依据及存在的问题

我国公民个人向法院提起的有关民间金融的诉讼，通常会被归类为民间借贷类民事案件。由于我国刑法同时规定了非法集资类犯罪，一旦民间金融活动符合非法集资类犯罪的犯罪构成，相关案件就会落入刑法的规制范围而成为刑事公诉案件，从而使私人执行模式在这一领域发挥作用出现困难。

一、民间借贷案件的审理依据

由于“非法集资”概念本身具有较大的模糊性，实践中，对某一个存在纠纷的借贷合同或投资合同，是将其视为民间借贷类民事案件进行审理，还是将其视为非法集资类刑事案件进行审理，具有较大的裁量空间。同时，在相关案件的审理过程中，民事问题与刑事问题又时常相互搅扰，造成极为复杂的法律适用难题。目前，法院审理民间借贷案件的裁判依据主要包含以下几个司法解释：

最高人民法院1991年颁布的《关于人民法院审理借贷案件的若干意见》（已失效）是有关民间借贷案件最早的司法解释。其规定，公民之间的借贷纠纷、公民与法人之间的借贷纠纷以及公民与其他组织之间的借贷纠纷，应作为借贷案件受理。民间借贷的利率可以适当高于银行的利率，各地人民法院可根据本地区的实际情况具体掌握，但最高不得超过银行同类贷款利率的四倍（包含利率本数），超出此限度的，超出部分的利息不予保护。该司法解释确立了民间借贷的“四倍利率红线”标准。

2015年司法解释对前述司法解释施行过程中出现的种种问题予以修正和明确。其将实行了二十余年的四倍利率标准改为固定利率标准。该司法解释规定，借贷双方约定的利率未超过年利率24%，出借人请求借款人按照约定的利率支付利息的，人民法院应予支持；借贷双方约定的利率超过年利率 36%，超过部分的利息约定无效；借款人请求出借人返还已支付的超过年利率 36% 部分的利息的，人民法院应予支持。

2015 年司法解释还明确了审理民间借贷类民事案件与非法集资类刑事案件的优先次序。其规定，人民法院立案后，发现民间借贷行为本身涉嫌非法集资犯罪的，应当裁定驳回起诉，并将涉嫌非法集资犯罪的线索、材料移送公安或者检察机关。公安或者检察机关不予立案，或者立案侦查后撤销案件，或者检察机关作出不起诉决定，或者经人民法院生效判决认定不构成非法集资犯罪，当事人又以同一事实向人民法院提起诉讼的，人民法院应予受理。民间借贷的基本案件事实必须以刑事案件审理结果为依据，而该刑事案件尚未审结的，人民法院应当裁定中止诉讼。借款人涉嫌犯罪或者生效判决认定其有罪，出借人起诉请求担保人承担民事责任的，人民法院应予受理。这表明，2015 年司法解释与 2014 年最高人民法院、最高人民检察院与公安部发布的《关于办理非法集资刑事案件适用法律若干问题的意见》遵循相同的刑事优先的逻辑。后者规定，对正在侦查、起诉、审理的非法集资刑事案件，有关单位或者个人就同一事实提起民事诉讼或申请执行涉案财物的，人民法院应当不予受理。

2015 年司法解释对实践中存在较大争议的涉及刑事案件的民事合同的效力问题也进行了厘清。该司法解释规定，借款人或者出借人的借贷行为涉嫌犯罪，或者已经生效的判决认定构成犯罪，当事人提起民事诉讼的，民间借贷合同并不当然无效。担保人以借款人或者出借人的借贷行为涉嫌犯罪或者被已经生效的判决认定构成犯罪为由，主张不承担民事责任的，人民法院应当依据民间借贷合同与担保合同的效力、当事人的过错程度，依法确定担保人的民事责任。

在区域性民间金融风暴在各地趋于平静之后，最高人民法院又发布了一系列规范性文件。2017 年 8 月，最高人民法院印发《关于进一步加强金融审判工作的若干意见》。该意见提出，对以金融创新为名掩盖金融风险、规避金融监管、进行制度套利的金融违规行为，要以其实际构成的法律关系确定其效力和各方的权利义务。对于以金融创新名义非法吸收公众存款或者集资诈骗，构成犯罪的，依法追究刑事责任。对名为融资租赁合同、保理合同，实为借款合同的，应当按照实际构成的借款合同关系确定各方的权利义务，防范当事人以预扣租金、保证金等方式变相抬高实体经济融资成本。

2018 年 8 月，最高人民法院发布《关于依法妥善审理民间借贷案件的通知》。该通知在肯定民间借贷在一定程度上满足了社会多元化融资需求、促进了多层次信贷市场的形成和完善的同时，针对通过“虚增债务”“伪造证据”“恶意制造违约”“收取高额费用”等方式非法侵占财物的“套路贷”诈骗等新型犯罪提出加大对借贷事实和证据的审查力度，严格区分民间借贷行为与诈骗等犯罪行为，依法严守法定利率红线，建立民间借贷纠纷防范和解决机制等四点要求。

2019 年 11 月，最高人民法院印发《全国法院民商事审判工作会议纪要》。就民间借贷利率问题，该纪要明确，由于自 2019 年 8 月 20 日起，中国人民银行已经授权全国银行间同业拆借中心于每月 20 日（遇节假日顺延）9 时 30 分公布贷款市场报价利率（LPR），中国人民银行贷款基准利率这一标准已经取消，因此，此后人民法院裁判贷款利息的基本标准应改为全国银行间同业拆借中心公布的贷款市场报价利率。对于未取得放贷资格的放贷人所从事的民间借贷行为的效力，该纪要规定，未依法取得放贷资格的以民间借贷为业的法人，以及以民间借贷为业的非法人组织或者自然人从事的民间借贷行为，应当依法认定无效。同一出借人在一定期间内多次反复从事有偿民间借贷行为的，一般可以认定为是职业放贷人。民间借贷比较活跃的地方的高级人民法院或者经其授权的中级人民法院，可以根据本地区的实际情况制定具体的认定标准。就民刑交叉的处理程序，该纪要规定，由于非法集资类犯罪属于涉众型经济犯罪，所涉人数众多、当事人分布地域广、标的额特别巨大、影响范围广，严重影响社会稳定，因此，对于受害人就同一事实提起的以犯罪嫌疑人或者刑事被告人为被告的民事诉讼，人民法院应当裁定不予受理，并将有关材料移送侦查机关、检察机关或者正在审理该刑事案件的人民法院。受害人的民事权利保护应当通过刑事追赃、退赔的方式解决。正在审理民商事案件的人民法院发现有上述涉众型经济犯罪线索的，应当及时将犯罪线索和有关材料移送侦查机关。侦查机关作出立案决定前，人民法院应当中止审理；作出立案决定后，应当裁定驳回起诉；侦查机关未及时立案的，人民法院必要时可以将案件报请党委政法委协调处理。除上述情形人民法院不予受理外，要防止通过刑事手段干预民商事审判，搞地方保护，影响营商环境。

2020 年 8 月与 12 月，最高人民法院对 2015 年司法解释进行了两次修正，两次修正之后的《关于审理民间借贷案件适用法律若干问题的规定》（以下简称 2020 年司法解释）将民间借贷的固定利率标准改回了四倍利率标准，规定双方约定的利率超过合同成立时一年期贷款市场报价利率（中国人民银行授权全国银行间同业拆借中心自 2019 年 8 月 20 日起每月发布的一年期贷款市场报价利率）四倍的，人民法院不予支持。

二、存在的问题

民事诉讼的首要目标是保护当事人的合法权益。刑事诉讼则主要聚焦于惩治犯罪、维护社会公平和稳定。就经济犯罪而言，刑事诉讼在惩治犯罪行为的同时，也应当注重保障当事人的合法权益。但根据我国当前的法律及司法解释的规定，在非法集资类刑事规制是对民间金融的主要规制手段的前提下，民事诉讼的空间被刑事诉讼挤压，刑事诉讼本身又难以对受害人的合法民事权益提供充足的保障。具体而言，现有机制主要存在以下几方面的问题。

（一）刑事与民事审理顺序的问题

在 2015 年司法解释颁布之前，在有关非法集资案件抑或其他经济纠纷案件的审理过程中应当刑事优先还是民事优先的问题曾存在较大争议，实践中各个地方法院的做法不甚统一。导致这一问题的原因是，我国之前相关司法解释内容不甚明确与统一：最高人民法院、最高人民检察院与公安部于 1985 年联合出台的《关于及时查处在经济纠纷案件中发现的经济犯罪的通知》（已失效）、于 1987 年联合出台的《关于在审理经济纠纷案件中发现经济犯罪必须及时移送的通知》（已失效）明确规定，在审理经济纠纷案件时发现经济犯罪的，应当及时移送公安或检察机关处理。1998 年最高人民法院出台的《关于在审理经济纠纷案件中涉及经济犯罪嫌疑若干问题的规定》（2020 年修正）规定，被害人因遭受经济损失另行提起民事诉讼的，有管辖权的人民法院应当受理。2005 年最高人民法院《关于银行储蓄卡密码被泄露导致存款被他人骗取引起的储蓄合同纠纷应否作为民事案件受理问题的批复》指出，此类案件的当事人依照民事合同提起民事诉讼的，人民法院应当受理。此外，2000 年最高人民法院发布的《关于刑事附带民事诉讼范围问题的规定》（已失效）与 2013 年最高人民法院出台的《关于常见犯罪的量刑指导意见》（已失效）虽未对刑民顺序作出直接规定，但都规定退赔受害人财产损失的，可作为量刑情节考虑，这又说明，存在民事判决结果影响刑事判决结果的可能性。

2015 年司法解释明确了审理民间借贷案件过程中的刑事优先原则，厘清了以上司法解释的模糊之处。然而，确立民间金融案件的刑事优先于民事原则固然有利于保障对全体非法集资受害人进行清偿的公平性，但在某种程度上也剥夺了试图通过提起民事诉讼来保障自身权益的当事人的诉讼权利。由于实践中非法集资案件的审理周期普遍较长、追回资产比例普遍偏低，通常情况是，待到非法集资刑事案件审结，当事人能够得到的补偿已经很少。

（二）刑民界限不清的问题

虽然 2015 年司法解释厘清了刑事和民事立案顺序的问题，但如第四章所述，由于非法集资类犯罪的罪与非罪、此罪与彼罪之间的界限存在较大的模糊性，面对一个尚未刑事立案、已经民事立案的民间借贷案件，要判断其是否涉嫌非法集资并不简单。在 2015 年司法解释颁布之前，刑民界限的问题与前述刑民审理顺序的问题交织在一起，情况变得更加复杂。

虽然中央层面最高人民法院发布的《关于审理非法集资刑事案件具体应用法律若干问题的解释》，还有地方层面的一些法律文件（如浙江省高级人民法院出台的《关于为中小企业创业创新发展提供司法保障的指导意见》）曾试图对非法集资的界限进行明确，但总的来说，由于相关案件具体案情的复杂性和多样性，我国各地法院在办理相关案件时并无一个较为统一的标准，依然存在较多问题。例如，公民A虚构事实，以其从事非法集资活动得到的集资款购买的房产作为抵押物，向公民B高息借款，那么，这一债权是否应当被认定为合法的民间借贷而可以通过抵押权的实现提前得到清偿呢？实践中，各地法院可能存在不同的做法。在一些案件中，法院将该笔借款认定为整个非法集资案件中非法吸收资金的一部分；在另一些案件中，法院却认定债权人为债务人提供资金是基于后者提供了抵押物，因此应被推测为善意，其提供资金的行为不应被认定为参与非法集资的行为，故而可以通过抵押权的实现在非法集资案件判决之前使债权提前得到清偿。①

（三）刑事案件财产清偿问题

一般而言，当案件进入刑事诉讼程序时，被告人或其成立的从事非法集资活动的实体已出现流动性枯竭或偿付能力危机，其财产多数情况下已经不足以偿付所有债权人的借款了。

由于案件侦查和审理周期较长，在很多情况下，公安机关扣押的资产无人接收，冻结的存款无法划转，查封的实物无法拍卖，易损耗贬值的汽车等资产长期扣押不能变现。待案件作出判决时，被告人的资产所剩无几。这导致在一些案件中，一些债权人利用其与当地政府或法院工作人员的私人关系谋求优先受偿，这显然违反了基本的公平原则。

在非法集资类刑事案件的生效判决中，会载明涉案受害人与其相应的投资本金数额以及追回的集资金额，但一般不会载明具体分配方案。实务操作中，法院一般会将解冻后的被扣押财产与被告人及其家属退赔的资金加总，在受害人之间按照投资本金的比例进行分配。也有法院鼓励受害人另行提起民事诉讼解决资金退赔分配问题。② 然而，即使在案件审结后对

---

① 参见周宏伟：《集资类犯罪案件刑民交叉处理之均衡》，载《湖南公安高等专科学校学报》2010年第6期。

② 参见林越坚等：《非法集资与民间借贷的界限与刑民处分研究》，载《西南政法大学学报》2014年第3期。

所有受害人完全按照本金比例进行偿还，仍然可能造成事实上不公平的后果。因为非法集资案件中不同受害人的利益受损情况、过错程度可能具有较大差异。一些受害人在非法集资的前期已经获得了高额收益（往往数倍于本金），甚至还充当了推销员或业务员。对于这类既是受害人而实际上又是非法集资活动参与者的人员而言，虽然并未对其定罪，但其仍存在较大过错。若不对其前期获得的高于其本金的不当得利进行追回，而仅对被告人的剩余财产按投资本金比例进行分配，将有损真正在案件中受到损失的受害人的合法利益。这部分真正的受害人往往参与集资活动较晚，但案件对其家庭经济带来的负面影响却可能很大。

（四）民事合同效力的问题

在民间金融活动涉嫌非法集资类犯罪，或已有生效的刑事判决认定其构成犯罪的情况下，相关民事合同（包括借贷合同与担保合同）是否有效也是实践中一个常见的争议点。

2015 年司法解释规定，就当事人之间的借贷合同而言，借款人或者出借人的借贷行为涉嫌犯罪，或者已经生效的判决认定构成犯罪，当事人提起民事诉讼的，民间借贷合同并不当然无效。人民法院应当根据相关规定认定民间借贷合同的效力。就担保合同而言，担保人以借款人或者出借人的借贷行为涉嫌犯罪或者已经生效的判决认定构成犯罪为由，主张不承担民事责任的，人民法院应当依据民间借贷合同与担保合同的效力、当事人的过错程度，依法确定担保人的民事责任。2020 年司法解释将 2015 年司法解释中的“合同法第五十二条”修改为《民法典》中的相关规定，但内容并无实质改变。

显然，以上规定仍具有进一步细化和澄清的空间。对于借贷合同的效力，分以下几种情况：对民事判决生效在前，认定构成非法集资类犯罪的刑事判决作出在后的情况，在刑事判决作出之后，由于该借贷合同违反了 2015 年司法解释第 14 条（2020 年司法解释第 13 条）的规定，因此，一般被认定为无效。在这种情况下，法院先前基于合同有效而作出的民事判决属于错判，可以通过再审程序予以纠正。对刑事判决生效在前，民事判决作出在后的情况，可能存在争议。这种情况常常出现于以下情形：法院已对非法集资作出生效刑事判决，并进行了刑事追缴分配，而部分被害人之后又就刑事判决中遗漏的犯罪事实提起民事诉讼。在此情况下，一种观点认为，由于生效刑事判决已经确认被告人的行为构成犯罪，基于2015年司法解释第14条（2020年司法解释第13条）的规定，该民事合同无效，因此，对该民事案件应当裁定不予受理，应当采取追诉漏罪的方式对当事人加以保障。另一种观点则认为，由于非法集资类犯罪涉及人数众多，如果出现上述情况时采用认定合同无效并追诉漏罪的方式予以解决，容易导致公共资源的极大浪费。因此，应当认定民事合同有效。

对于抵押合同的效力，则涉及具有抵押权的债权在刑事追缴中是否可以优先受偿的问题。如果认定抵押合同无效，相关债权不能优先受偿，则在抵押权人为善意时，其权利得不到应有的保障，不利于维护交易安全；如果认定抵押合同有效，有抵押权的债权可以优先受偿，那么，剩余无抵押权的债权人的利益可能会受损。实践中的一般做法是，如果确认抵押物是由非法集资款项购买的，则认定抵押合同无效，相关债权不能优先受偿；如果抵押物并非由非法集资款项购买的，则认定抵押合同有效，相关债权可以得到优先受偿。①

第三节　民间金融民事诉讼立案难的问题

通常，诉讼案件只代表社会纠纷中的极小部分。在我国民间金融的语境下，诉讼案件乃是这极小部分之中的极小部分。民间金融案件的司法可及性存在较大问题。

我国法院与政府的关系曾被多次讨论。我国的地方法院无论在财政上还是人事上，都与地方政府具有密不可分的关系。在这种情况下，法院对

---

① 参见江琳清：《非法集资类刑民交叉案件审理规则探究》，载张卫平、齐树洁主编：《司法改革论评》第19辑，厦门大学出版社2015年版。

案件的处理很难不受地方政府的影响。在区域性民间金融风暴发生之前，由于民间金融处于法律上的灰色地带，且具有一定的合理性，主动的选择性执法较为普遍。如果地方政府鼓励民间金融的发展，则该地法院在对民间金融案件进行审理时适用法律可能较为宽松；如果地方政府对民间金融的发展持不鼓励的态度，则该地法院在审理案件时往往会较为严苛。

在区域性民间金融风暴之中，多数企业资金链断裂，甚至引发众多群体性事件与极端性事件，造成极其恶劣的社会影响。暴增的案件数量、复杂的案情、巨大的社会影响使这类案件成为烫手山芋，对其处置欠妥可能会导致资金链的加速断裂，诱发更为严重的群体性事件，影响当地的社会稳定。基于社会稳定的重要性，对相关案件处置不当也很可能成为官员被问责的理由。因此，相关主体在处理这类案件时，政治考虑可能会占据主导地位。[①] 从地方法院的立场来看，其对某些涉及人数众多或涉案金额巨大的金融案件倾向于采取回避态度。[②] 从地方政府角度出发，其倾向于将民间金融案件置于直接掌控之下——具体工作机制即为各级人民政府确立的处置非法集资工作机制（详见第四章第四节的相关介绍）。其结果是，很多地方法院在立案或审理阶段发现民间借贷案件涉嫌非法集资的，不予立案或驳回起诉，将其转移给地方政府处置。[③] 地方政府再根据既定的工作流程，对相关案件进行分类处置。

以上种种原因造成了民间金融案件民事立案难的局面。立案难降低了法院的公信力，造成了不良的社会影响。同时，由于不能及时通过民事诉讼程序立案并采取一定的诉讼保全措施，债务人的可执行财产很可能在漫长的处非流程、刑事侦查诉讼阶段被转移或用于偿付其他债务。即使案件最终被认定为非法集资，由于债务人的可执行财产此时已所剩无几，案件执行阶段对刑事被害人的清偿无异于走过场，债权人的权益无法得到有效

---

① 参见黄韬：《为什么法院不那么重要——中国证券市场的一个观察》，载苏力主编：《法律和社会科学》第9卷，法律出版社2012年版。

② 参见黄韬：《中国法院受理金融争议案件的筛选机制评析》，载《法学家》2011年第1期。

③ 参见张锦娟：《论民间集资案件刑民诉讼立案冲突与程序规制》，华东政法大学2013年硕士学位论文。

保障。

为了解决民事诉讼中普遍存在的立案难问题，最高人民法院于2015年4月15日发布了《关于人民法院推行立案登记制改革的意见》，将我国民事诉讼立案审查制改为立案登记制，并于2015年5月1日起施行。此后，民事案件的立案实行形式审查，凡是符合起诉条件的案件，法院必须受理。立案登记制改革对于保障民间金融案件当事人的民事诉权无疑是重大利好。然而，同年8月，2015年司法解释的问世明确了非法集资类案件的刑事优先原则。由此，在刑事案件尚未立案，但已有部分债权人提起民事诉讼时，虽然法院按照立案登记制的要求应当受理案件，但民事立案之后发现民间借贷行为本身涉嫌非法集资类犯罪的（如一定时间内多位债权人就同一事实向同一债务人提起诉讼，且达到一定人数与金额标准），应当依据2015年司法解释裁定驳回起诉，将案件移交公安或者检察机关进行刑事立案侦查。在刑事案件审结之前的漫长时间内，当事人无法通过私人执行模式提起民事诉讼维护自身的权益。

第四节　小　　结

根据以上讨论，从我国民间金融民事司法实践来看，无论是审理依据的完备性，还是司法的中立性、可及性都存在较大问题。在此前提下，私人执行模式亦呈现出严重的失灵状态，不能有效发挥控制民间金融风险累积以及保障当事人合法权益的作用。结合第四章的相关内容，在现实中，替代民事诉讼承担事后救济功能的是地方政府的分类处置机制。应该说，在我国现阶段，这种制度安排具有一定的合理性。与法院相比，地方政府往往掌握更多的资源和信息，其可介入的时间更早，对风险的处置更为及时，其可对同一案件中的债权进行统一处理，也比相互独立的民事诉讼更具效率、更加公平。

至此，第三、四、五章分别从市场失灵、规制失灵和私人执行模式失灵这三个层面对H省区域性民间金融风暴的成因进行了归纳和分析，比较完整地展示了经济、社会、文化、法律等各种因素在区域性民间金融风暴中发挥的作用。结合第三、四、五章的分析，在市场机制出现失灵的同时，为解决市场失灵而实行的公共执行模式（政府规制）与私人执行模式（私人提起民事诉讼）也都出现了失灵。正是市场失灵、规制失灵以及私人执行模式失灵同时发生，才导致了区域性民间金融风暴的发生，以及民间金融法律治理的失效。在此情况下，可能的解决路径包括优化规制与优化私人执行模式（见图5-1）。

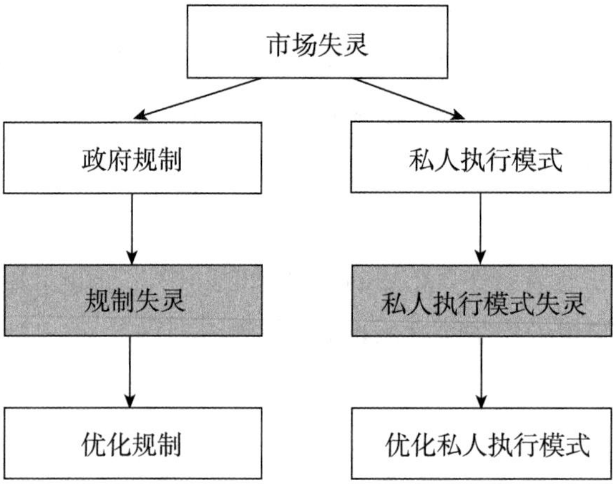

图5-1 区域性民间金融风暴的可能应对路径

基于第四章的分析，对规制进行优化的方式主要是：转变滞后的金融监管理念，以风险控制为主要政策目标对金融监管体制进行改革，厘清金融监管的内部边界和外部边界，明确中央与地方的金融监管权限分配，解决民间金融概念的内在矛盾，消除对具有系统性风险的民间金融活动的监管空白，防范化解民间金融风险。在此基础上，逐步实现金融自由化，改变信贷市场的二元分割状态。

基于本章前三节的分析，对私人执行模式进行优化，则需要对法院的不中立问题和法律的不完备问题进行矫正。就前者而言，法院在此类案件中易受地方政府态度影响的情况问题在短时间内较难得到改善。就后者而言，由于在金融领域，金融创新的不断涌现使法律的不完备几乎成为一种常态。两者叠加，导致法院被动式事后执法效果不佳的问题在短时间内难以得到有效改善。此外，由于民间金融市场并非一个完整的金融市场，而是金融市场二元分割状态下整体金融市场的一部分，在正规金融存在严格规制的情况下，放弃对民间金融的规制对其使用民商法进行调整，无疑会使更多的套利资金从正规金融涌向民间金融，加剧民间金融风险。从这个意义上说，私人执行模式发挥作用的前提是，必须有一个能够有效配置资源的统一的金融市场。也就是说，私人执行模式作用的发挥必须仰赖规制改革的先行。在政府规制严重失灵的情况下，市场失灵与私人执行模式失灵的问题都无法得到有效解决。

因此，规制失灵即现行金融监管体制的缺陷导致的治理失效是造成区域性民间金融风暴最重要的原因，其使我国的金融市场呈现二元分割状态，是造成民间金融市场失灵与私人执行模式不能有效发挥作用的内在动因。因此，只有规制失灵得到矫正，私人执行模式才能发挥应有作用，也才能有效解决市场失灵的问题。因此，解决民间金融法律治理失效的问题应当以优化规制（金融监管）为主要抓手。与对正规金融的规制目标相同，对民间金融进行法律规制的目标也应当是将现实中存在的不同种类的民间金融活动的风险都控制在可接受的限度内。要实现这一点，则必须对我国滞后的金融监管体制进行整体性的改革，比较法研究或许可以提供有益借鉴。

第六章　中美民间金融相关法律体系比较研究

第一节　中美比较研究的必要性、可行性及比较对象的确定

一、民间金融中美比较的必要性与可行性

如前文所述，区域性民间金融风暴的发生与我国现行金融监管体制的缺陷具有密切关系，优化监管是解决民间金融法律治理失效问题的主要抓手。鉴于金融监管舶来品的属性，对境外相关经验进行考察，以增强制度设计的前瞻性和均衡性十分必要。美国作为金融业和金融监管发展最为成熟的国家之一，无论是从金融监管模式（主体上依然是分业经营、分类监管）上看，还是在经济体量、人口数量以及联邦制所带来的规制竞争等方面，都与我国存在较强的相似性。因此，美国是我国金融领域法律移植最为重要的来源国之一，其金融监管经验（包括历史经验）对我国具有重要的借鉴价值。

具体到民间金融问题上，由于美国金融业市场化程度较高，金融服务业的准入门槛较低，市场主体可以从事的业务范围相对较大，其并不存在与我国类似的大规模的对正规金融具有替代作用的民间金融活动。这种差异性纵然可能给我们开展比较法研究带来一些方法论上的困难，但也恰恰表明了两国之间的对比可能具有重要价值，有助于揭示究竟是哪些因素的差异导致了两国的民间金融发展情况呈现出如此巨大的差异，为优化我国

民间金融的法律治理提供有效指引。

事实上，上述方法论困境并非不可突破，采用功能主义比较法可以有效解决上述问题。

按照比较对象的差异，比较法研究可以分为规范主义比较法和功能主义比较法。规范主义比较法是指以各国的正式法律规范（包括成文法与判例法）或制度为比较对象的比较法研究。其比较的具体内容包括正式法律规范或法律制度中的原理、概念、立法技巧、具体制度等。规范主义比较法直接比较两个国家相关法律规范或制度的异同，具有直观、明了的特点，但同时也容易流于表面，无法揭示产生制度差异深层次的原因。

为了克服规范主义比较法的不足，功能主义比较法为比较法学者们所日益推崇。最早提出功能主义比较法的是德国比较法学者拉贝尔（Rabel）。[①]他认为，比较法研究不能仅仅以纸面上的法律，即国家正式的法律制度作为研究对象。因为，不同国家的法律体系和概念分类是如此不同，以至于各国法律规范和学者用于表述类似法律事实和法律后果的法律概念大不相同，在很多情况下，对这些法律概念本身的比较是无法进行的。因此，比较法研究所比较的对象不应当是这些具有地方特色和偶然性的法律概念本身，而应当是这些法律概念和法律规范的实际用途和使用情况（功能），应当是其存在所要解决的社会现实问题。由于人类社会的相似性，不同的社会中存在的问题是具有可比性的。所以，比较法学者需要将这些表面上毫无关联、不可比较的法律概念与法律规范还原成可以进行比较的生活事实。这就是功能主义比较法的基本逻辑。依照功能主义比较法的思路，只要不同的法律制度所要解决的社会现实问题是相同的，即其功能是相同的，那么就可以进行比较。相同的功能就是比较的起点，解决的是为何要进行比较的问题。对各国的分析又要将这个共同的起点置入不同国家的具体“语境”之中。“语境”是指具体的法律规则发挥其功能的社会、经济、文化、法治背景，对不同语境的区分旨在使人们摆脱纸面上

---

① 参见［德］K. 茨威格特、H. 克茨：《比较法总论》，潘汉典等译，法律出版社 2003 年版，第 46 页。

的法律的束缚，解决如何进行比较的问题。[①] 因此，功能主义比较法本质上是一种法社会学的研究方法。[②]

功能主义比较法不以规则为中心，而以问题为中心，解决了在规范比较中容易受到本国法律概念的限制的问题，从而大大扩展了可比较的范围。为此，在实际操作中，需要对不同国家或地区的法律根据其功能（解决的实际问题）进行重新排列组合之后再进行比较。有时在用来做比较的国家或地区发挥相同功能的法律规定散见于其不同的法律文件中，这就需要将这些法律规则化零为整，组成一个法律体系；另一些时候，用来做比较的国家或地区发挥相同功能的法律规定只是某一法律制度的一部分，这时就要化整为零，分拆出发挥类似功能的法律规则。[③] 比较的具体对象即为这些化零为整或化整为零的规则所组成的针对实际问题的相关法律体系（related system）[④]。针对所要比较的现实问题，准确找到相关法律体系，是采用功能主义比较法的重要前提。

功能主义比较法对我国这样具有法律移植传统的国家具有重要意义。从清末变法开始，我国就试图通过移植西方先进的法律制度实现国家复兴。我国社会主义法治体系的建立也得益于前期大量的法律移植。形式主义法学家认为，现代西方发达国家的法律制度可以在任何文化土壤中成活，因为其代表的普适价值是所有社会的发展方向。然而，从我国法律移植的实践效果来看，一些移植而来的法律制度并没有在我国土壤之中真正地生根发芽。在一些领域中，很多移植而来的正式制度形同虚设，反而是本土资源所内生的非正式制度与所谓的潜规则发挥着更为重要的作用。[⑤]

---

① 参见朱淑丽：《挣扎在理想与现实之间 功能主义比较法 90 年回顾》，载《中外法学》2011 年第 6 期。

② 参见范愉：《集团诉讼问题研究——一个比较法社会学的分析》，载《法制与社会发展》2006 年第 1 期。

③ 参见［美］格伦顿等：《比较法律传统》，米健等译，中国政法大学出版社 1993 年版，第 35－42 页。

④ See Lynn M. LoPucki, *The Systems Approach to Law*, Cornell Law Review, Vol. 82：3, p. 279－1532（1997）.

⑤ 参见郭星华、秦红增：《从中国经验走向中国理论：法社会学（法人类学）再思考》，载《广西民族大学学报（哲学社会科学版）》2012 年第 5 期。

造成这种现象的原因可能就在于，法律移植忽略了功能主义比较法所述及的不同国家的“语境”之间存在的巨大差异。

二、比较对象和范围的划定

中国和美国的金融体系看似相去甚远：我国仍处于经济转型时期，既呈现出金融抑制与金融双轨制的特征，又存在规制失衡和监管滞后的问题；美国是世界上金融市场与金融监管制度发展最为成熟的国家之一，市场机制与规制制度处于较为均衡的状态。但是，如果我们回溯美国的金融发展史，在其金融监管体制建立早期，曾经数次出现过土地投机与证券欺诈的浪潮；[①] 即使在现在，也时常会出现对某一种金融交易的监管强度与其风险水平不相匹配，从而诱发系统性金融风险的情况。

因此，中美两国的金融监管体系都需要解决同一个现实问题——未对每一类金融交易都施加与其风险水平相匹配的金融监管，以有效控制其金融风险。就我国而言，这一问题正是我们需要解决的民间金融概念的内在矛盾。正是由于没有很好地解决这一问题，才导致民间金融的风险不断酝酿，直至爆发。优化对民间金融的法律治理，就是要解决这一现实问题。美国的金融监管体系虽然在整体上较好地解决了这一问题，不存在大规模的具有系统性风险的非正规金融活动，但也会不时出现金融交易的风险水平与其监管强度不相匹配的情况，无法杜绝与我国民间金融本质上类似的问题。

由此，根据功能主义比较法的研究范式，本书对中美两国进行比较法研究的具体对象即是，发挥“对每一类金融交易施加与其风险水平相匹配的金融监管”功能的法律规范的集合。这一集合即为中美两国各自与民间金融问题相关的法律体系，即民间金融相关法律体系。具体而言，民间金融相关法律体系应包括以下内容：

---

① 后发型法律现代化国家与先发型法律现代化国家相比，在发展周期上具有滞后性，前者当前的问题可能是后者在其发展早期曾经遇到过的问题，而后者当前的问题可能是前者在将来会遇到的问题。因此，美国对其金融发展史上曾经出现过的与我国民间金融具有相似性的问题所进行的制度回应，可能对我们具有一定的借鉴价值。

首先，民间金融的内在矛盾虽表现为金融体系局部的问题，但作为我国金融监管体制滞后性的产物，却必须经由对金融监管体制的整体性改革，对每一类金融交易施加与其风险水平相匹配的金融监管，方能真正得到解决。具体而言，要做到以下两点：第一，厘清金融活动与非金融活动之间的界限，也即研究正规金融应然的覆盖范围，研究如何将现行金融监管体系的覆盖范围扩大到能够有效防控所有金融风险的程度；第二，厘清正规金融内部各种监管类别之间的界限，以明确应纳入正规金融体系的民间金融活动具体应落入哪一种金融监管类别之中，以适配不同民间金融活动的风险水平。因此，对美国相关法律体系考察的重点应为，哪些法律制度帮助厘清了金融活动与非金融活动的界限（金融监管的外部边界），以及此类金融活动与彼类金融活动的界限（金融监管的内部界限）为何的问题。其中，由于民间金融往往与中小企业融资活动联系密切，美国为解决中小企业融资这一世界性难题对中小企业给予的特殊金融安排及其配套制度也是值得考察的对象。

其次，由于我国的民间金融活动与非法金融活动交织在一起，有必要对二者的关系进行厘清。在我国大体上仍为机构监管模式的金融监管体制下，未经金融监管部门授权的机构不属于任何合法金融机构的门类，因此，虽然具有较大的金融风险，但在暴雷之前其通常不在金融监管机构的视线范围内。美国现实中同样存在违反金融特许经营制度的非法金融活动，但由于其实行了功能监管，凡是发挥某种金融功能的金融活动（无论是否经过授权）都要受到相应功能监管主体的监管。例如，美国成文法与判例法中专门对非法银行活动、公开销售未注册证券、未注册开展投资公司业务以及非法保险业务等非法金融活动给予了否定评价，并且还明确规定了功能监管主体对这些非法金融活动所具有的执法权限。

再次，虽然美国的类型化监管发展较为成熟，监管类别设置较为合理，但由于法律对监管类别的规定不可避免地存在一定的模糊性，加之金融创新不断涌现，以及监管套利与监管竞争行为难以杜绝，其实践中也存在大量的适用法律困难的非典型性金融交易。这些非典型性金融交易一旦落入了与其风险水平不相匹配的监管类别，便也具有了非正规的意味，可能酿成严重的后果。比较典型的例子是引发2008年美国次贷危机的元凶之一——影子银行的监管错配。影子银行从事功能上类似于银行的业务，本应落入银行活动的监管框架中，但由于其表面上采用了证券业的组织形式，在危机发生前只受到证券业监管主体的监管。由此，美国几十年来所积累的非典型性金融交易识别机制也应当是我们关注的重点。影子银行与次贷危机也将作为监管强度与风险水平不匹配的典型案例在这部分进行讨论。

最后，美国20世纪80年代爆发的储贷危机的主角——储贷协会是由非正规金融机构发展而来的一种正规金融机构，在被转化为正规金融机构后，储贷协会在规制突然放松的情况下从事大量高风险业务，最终全行业发生破产狂潮。有学者认为，储贷危机是美国历史上与我国民间金融风暴最为相似的事件。① 因此，储贷危机也将作为监管强度与风险水平不匹配的第二个典型案例进行讨论。

就美国真正意义上的非正规金融，即不具有系统性风险、采用民商法调整即可的民间金融活动而言，由于其历史上曾经存在的组织化的储贷协会、信用合作社等民间金融组织当前都已实现了正规化，转化为正规金融机构，因此，真正意义上的非正规金融活动已所剩无几，多为私人借贷合同。本书的研究重点不在于此，因此，不对其进行单独讨论。

第二节　美国类型化金融监管体制及相关配套制度

一、美国金融监管制度历史沿革

在1929年经济危机之前，美国的金融业处于自由放任发展阶段，政府未对其进行外部规制。在1929年经济危机中，银行纷纷倒闭，导致了严重的后果，政府意识到在金融领域不能仅依赖亚当·斯密的“看不见的手”

---

① 参见董兢：《以史为鉴：30年前的美国储贷危机》，载财新网，http：//finance. caixin. com/2016－04－26/100936692. html。

进行调节，需要通过引入政府规制，将各类具有潜在系统性风险的金融活动纳入相应的法律监管框架，以将其风险降低到合理范围内，避免危机的再次出现。在此理念基础上，1933 年出台的《格拉斯—斯蒂格尔法》确立了银行、证券和保险等金融业子部门分业经营，并且由不同的金融监管主体分别对不同种类的金融机构实行监管的“分业经营、分业监管”体制。

随着金融业的高速发展，金融创新加速涌现，金融混业经营的趋势越发明显，导致“分业经营、分业监管”的监管格局越来越捉襟见肘，现实中各种监管重叠和监管空白问题广受诟病。此时，1929 年经济危机中银行破产所带来的惨痛记忆也已经慢慢淡去。为了顺应这一市场发展趋势，美国在 1999 年通过了放松规制的《金融服务现代化法》，改变了实行了六十多年的“分业经营、分业监管”模式，允许金融混业经营，并确立了“伞形 + 功能监管”的金融监管体制。功能监管强调按照金融业务发挥的功能（而非金融机构类型）实施监管，有助于在混业经营的环境中保证发挥某一金融功能的金融活动被相同的监管者监管，而不考虑其实施主体是谁。功能监管的主要着眼点是防范监管套利，进而实现提高市场效率、促进公平竞争等目标。然而，普遍认为，这次改革并没有建立一个纯粹的功能监管体制，而是建立了一种基于机构的功能监管体制。[①] 根据《金融服务现代化法》的规定，联邦储蓄理事会执行对金融控股公司的全面监管，成为伞状监管者。金融控股公司之下的银行类、证券类与保险类子公司则分别由银行业的功能监管主体［包括货币监理署（OCC）与各州银行监管局］、证券期货业的功能监管主体［证券交易委员会（SEC）、商品期货交易委员会（CFTC）］和保险业的功能监管主体（主要为各州保险监管局）进行监管。因此，功能监管框架仍是建立在之前机构监管框架基础之上的，没有完全按照业务来设置监管主体。实际上，完全意义上的功能监管是不可

---

① U. S. Department of the Treasury, Blueprint for a Modernized Financial Regulatory Structure, March 31, 2008.

能也不经济的。①

随着金融业的进一步发展，《金融服务现代化法》所确立的“伞形 + 功能监管”的金融监管体制亦开始越发显露出不足之处。在 2008 年全球金融危机爆发之前，新的金融改革就已经在酝酿过程中。美国财政部在 2008 年 3 月发布的《金融监管体系现代化蓝图》中就曾明确提出，金融改革的长期目标应当是顺应近十几年来国际上金融监管改革的趋势，向目标导向的监管体制转变，将所有监管机构整合成为负责宏观审慎监管、微观审慎监管与行为监管的三个监管当局。其中，微观审慎监管主体统合之前所有的功能监管机构，成为一个统一的监管主体。几个月后，肇始于美国的 2008 年全球金融危机的爆发，显露了金融监管过于宽松产生的种种问题。美国于 2010 年通过了《多德—弗兰克华尔街改革与消费者保护法》（以下简称《多德—弗兰克法》），又重新将金融业带回了强监管时代。

《多德—弗兰克法》在 1999 年《金融服务现代化法》所确立的“伞形 + 功能监管”的基础上，针对美国存在的监管体系权力分散、系统性风险监管不足、信息共享机制低效、无法保障金融消费者权益等问题进行了大刀阔斧的改革。改革之后，新设立的金融稳定监督委员会（FSOC）负责认定系统重要性金融机构，识别威胁金融稳定的风险，向相关监管主体提出监管建议，协调监管措施，并在必要时批准美联储分拆严重威胁金融稳定的金融机构。联邦储备理事会负责监管系统重要性金融机构和系统重要性金融市场基础设施。新设立的消费者金融保护委员会（CFPB）作为行为监管主体，负责行为监管与金融消费者保护。就微观审慎监管而言，在联邦层面新设联邦保险办公室（FIO），监管之前由各州保险监管局监管的保险业的各个方面，并发挥信息协调和咨商功能。此外，依照功能监管

① 对两种功能上等同、风险类似、社会价值相似的金融产品施加完全相同的金融监管，可能会遇到很多现实困难。从监管成本上考虑，有时如果某种金融机构仅从事少量其他类别的金融活动，可能不值得使它必须承担额外的监管要求。另外，某些监管措施不能轻易被其他监管类别所引进。《金融服务现代化法》认识到了这个现实，允许金融机构通过设立分公司和子公司来进行其他金融领域内的业务。

的逻辑，将银行从事的证券业务也纳入其证券业功能监管主体——证券交易委员会的监管范围。

由以上历史回顾可以看出，虽然随着时间的推移，美国金融业经营模式由分业经营模式逐渐向混业经营模式过渡，但其金融监管体制却依然建立在1933年确立的分业监管格局的基础之上。虽然2010年《多德—弗兰克法》新设了金融稳定监督委员会与消费者金融保护委员会从总体上管控系统性金融风险及保护金融消费者合法权益，但就微观审慎金融监管而言，其依然建立在银行、保险、证券、期货等监管分类的基础之上，涵盖联邦与州层面数十个监管主体，与财政部改革蓝图中统合所有微观审慎监管机构的长期目标相去甚远。事实上，即使在英国、日本等已经实行统一监管的国家，微观审慎监管职能实际上也是由统一监管机构内部的不同部门分别完成的，而这些部门仍然是基于金融交易的分类进行组建的。① 其差异在于，在美国模式下，金融监管权由相互独立的不同金融监管主体分享；在英国或日本模式下，金融监管权先由统一监管机构独享，进而在其内设部门之间进行分配。②

二、美国类型化金融监管体制与非典型性金融交易的识别

（一）差异化的金融活动

金融服务业是美国国民经济的重要支柱，包含多个交易结构差异显著的交易类别，为实体经济提供品类繁多、功能迥异的金融产品与服务，以满足不同金融服务接受者的需求。依照交易结构及风险特征，美国现实中存在的金融活动大体上可以分为私人合约、证券活动、期货活动、集合投

---

① 例如，对于日本的统一监管机构金融厅，在其内部执行具体微观审慎监管职能的仍是建立在类型化监管基础之上的银行第一科、银行第二科、保险科与证券科。参见日本金融厅网，http：//www. fsa. go. jp/common/about/sosiki/index. html，最后访问日期：2024年7月14日。

② 参见黎四奇：《金融监管法律问题研究——以银行法为中心的分析》，法律出版社2007年版，第251－252页。

资计划、银行活动与保险活动几大类。①

1. 私人合约

以一对一私人协商订立合约形式出现的金融交易（如私人之间的借贷）是最简单的金融活动。对私人合约来说，除了要遵守规制合同、高利贷以及破产的一般民商事法律对民商事行为的一般性规范之外，当事方拥有广泛的缔约自由，不受到额外的政府监管。

2. 证券活动

证券发行是发行人面向多个不特定投资人发起的一对多的直接融资活动，在法律关系上由多个标准化合同组成。证券交易是已发行的证券在证券市场上买卖的活动。证券活动的交易结构使其容易出现以下风险：投资者由于人数众多而存在集体行动困难，没有能力也没有激励去获取足够信息以有效实施监督，从而资金的使用者可能不以资金提供者的利益行事而自肥。针对这一风险，美国法律对证券发行与交易活动施加了若干强制性的要求以提供法律保障，包括证券法中的信息披露义务②、反欺诈要求、信义义务，以及公司法规定的相关义务。与资本要求、准入审核等适用于更为复杂的金融活动的监管措施相比，以信息披露为主的证券监管措施对金融交易本身的入侵程度与干预力度要低得多，在降低由信息不对称所带来的道德风险的同时，可以最大限度地保障投资者的投资偏好不受干扰。

由于与私人合约相比，证券活动应履行的监管义务明显增多，如何界定证券便成为一个非常重要的问题。证券的定义将决定一项交易是受自由放任的合同法管辖，还是落入相较之下更为严厉的证券监管法律框架之中。在过去的数十年间，美国法院曾多次面临证券定义的界定问题。其中，联邦最高法院在著名的 1946 年 “SEC 诉 Howey 案” 中发展出的 Howey 测试标准成为判定某一类金融交易是否属于美国证券法规定的证券

---

① 本部分参考了美国哈佛大学豪威尔·杰克逊教授的观点。See Howell E. Jackson, *Regulation in a Multi – Sectored Financial Services Industry: An Exploratory Essay*, Ssrn Electronic Journal, Vol. 77: 2, p. 319 – 397 (1999).

② 包括对证券发行人、证券经纪人、拥有重大非公开信息的内部人员的重要信息的披露要求。

的权威依据。①

3. 期货活动

期货合同的本质是期限拉长、远期交割的标准化合同。从期货合同订立至商品交割，通常要经历较长时间，因此，在无外部监管的情况下，会产生较大的交易对手信用风险。此外，期货活动中也可能因信息不对称而出现欺诈、内幕交易和操纵行为。有鉴于此，对期货活动的监管逻辑，主要是通过场内交易、保证金制度、每日无负债交易制度、强制平仓制度等安排提供必要的履约保障，以及通过对交易所及期货经纪人的信息披露要求，减少信息不对称带来的道德风险。在美国，期货活动的主要监管者是商品期货交易委员会。

4. 集合投资计划

集合投资计划是以集合投资工具为中介的市场性间接金融活动。在美国，最重要的集合投资工具是开放性的投资公司［共同基金（mutual fund)］，此外，还有信托基金、可变动年金、房地产投资信托基金（REIT)，以及资产证券化的集合投资工具。在一项集合投资计划中，投资人先将资金汇入集合投资工具，再由后者进行投资，嗣后投资人按比例获得投资收益。借助此种交易结构，单个投资人可以参与其力所不及的大额与多元化投资，并获得专业化管理。作为中介机构的集合投资工具，实际上兼具了证券发行人与投资人双重身份。

集合投资工具也符合证券发行者的定义，但其与发行证券的一般公司的区别在于，集合投资工具不从事商业活动，而从事投资和证券交易。由于后者的风险更大，故而集合投资工具要承担比一般证券发行人更多的监管义务——既要承担证券发行人的信息披露义务，又要求其对后续投资行为的相关信息（包含详细投资政策、风险与实时收益情况等）进行披露，此外还可能要求其满足一定的资本条件，以减少开放式基金的流动性风险，同时控制投资的复杂性，减少投机行为，便于投资者进行监督。也正

① Howey 测试标准的主要内容是：如果某种金融商品将金钱投资于一个共同企业，并具有通过发起人或第三方的努力获得收益的合理预期，落入了证券法下的极其宽泛的“投资合同”的定义之内，进而属于证券法所规定的“证券”。See SEC v. Howey Co.，328 U. S. 293（1946）.

因如此，在一些案件中，常会出现被诉机构辩称自己仅为一般公司而并非集合投资工具的情形。

5. 以固定收益中介机构为中介的金融活动

固定收益中介机构即存款机构（depository institutions），包括商业银行（commercial banks）、储蓄银行（thrifts）以及信用合作社（credit unions）等。其与集合投资工具的区别在于：首先，在负债端，集合投资工具的投资者回报率是由该机构的业绩所决定的，而存款机构的回报率是约定的固定值。其次，在资产端，集合投资工具的资产是流动性的，而存款机构虽可以仅投资流动性资产，但绝大多数有一部分非流动性资产（最常见的是各种商业贷款和消费借贷）。①

存款机构的资产负债结构具有负债经营、期限错配的特点：负债端主要为固定收益的短期负债（如活期存款）；资产端很大比例为流动性较差的资产（如各种中长期商业贷款）。通过将短期、小额的存款整合为长期、大额的贷款，存款机构发挥了信用转换、流动性转换及期限转换的信用中介职能，却使自身陷入巨大的流动性与偿债能力风险中。此外，基于存款机构在金融网络中的重要地位，一家存款机构倒闭或可能倒闭时所引发的挤兑和恐慌，将可能快速波及其他机构甚至整个金融体系。

有鉴于此，各国均对存款机构的运营施加全流程、入侵式的监管，以严格防范相关风险：事前建立筛选机制和准入限制，对审查对象的规模、资本金、管理水平等进行考察，确保准入实体具有市场竞争力与承担风险能力；事中开展信息报送与业务检查，依据明确的资本要求、活动限制、贷款限制和关联交易规则，确保审慎经营；事后设置专门的纠正与风险处置机制，必要时由政府接管及提供财政支持，倒闭时由存款保险保护。

6. 以或有收益中介机构为中介的金融活动

或有收益中介机构即保险公司，是最为复杂的金融中介机构。其资产负债表的两端均不透明：资产端很大比例为非流动性资产；在负债端，与

---

① 在某种程度上，将流动性负债转化成非流动性资产就是银行最典型的特征。当然，也存在极端的例外情况，例如，有一部分不透明资产的集合投资工具，如房地产投资信托基金；又如，全部资产为流动性资产的固定收益中介机构，如货币市场共同基金（MMMF）。

固定收益中介机构和集合投资工具不同，其或有负债是否发生取决于未来某一不相关事件（保险事件）是否发生，而非中介机构的业绩或者投资合同的条款本身。因此，保险公司的资产和负债都较难估值，保险公司面临较之银行更为复杂的流动性与偿付能力问题。此外，保险活动还面临因保险合同的复杂性所导致的信息不对称问题。

因此，对保险公司的监管，除了采用类似于对存款机构的事前、事中、事后的审慎监管措施之外，还包含对保险合同形式和内容的审查，以充分保护消费者利益，并确保保险公司不过度承担风险。正因如此，在很多案例中，相关当事方对一些提供类似保险业务的公司是否属于保险公司争执不下。①

（二）多目标的金融监管

美国金融监管主体对各种金融交易进行监管，其背后的政策考量大致有以下三点：

第一，控制风险。毫无疑问，无论在金融业的任何领域，风险都是金融监管的核心和首要考量因素。风险是金融监管的核心概念，在很长的时间里，金融监管几乎与对单体金融机构的审慎监管画等号。面对复杂的金融活动，公众投资者保护自身的能力和动力有限，既难以获取和理解相关信息，亦难以有效实施后续监督。一些金融风险还具有强烈的负外部性，导致公共财政为其埋单。基于保护投资者、减少负外部性、控制公共成本等考虑，由政府出面限制中介机构的冒险行为是必要的。

但需要注意的是，风险并非一个完全的负面概念。大量理论与实践表明，风险与回报之间存在权衡关系。因此，经济学家一般认为，在自愿和信息对称的前提下，让投资者自由选择其投资的风险程度是控制风险的最优选择。证券领域的监管逻辑是对投资者自治导向的最好诠释。证券法旨

---

① 一些情况下，一些商业企业为客户提供的担保可能会被认为是保险业务，如 State ex Re. Duffy v. Western Auto Supply Co.，134 Ohio St. 163（Ohio 1938）；另一些情况下，其他金融机构也会提供功能上类似于保险的产品，从而引发其是否应受保险监管的争议，如 First National Bank of Eastern Arkansas v. Taylor，917 F. 2d 775（8th Cir.），cert. denied，498 U. S. 972（1990）。

在确保充分、正确的信息披露，以帮助投资者获悉公众公司财务状况，进而根据自身情况理性决策。在银行与保险领域，消费者的风险承受能力相对更低，其更希望其签署的金融合同能够按照条款得到兑现，不希望接受任何程度的投资回报变化，故而风险监管的作用是通过精心设计的实质性规则（包括开放性规则、资本要求以及建立各类保障基金等）进行直接干预，提供完全或近乎完全的交易安全保障。① 因此，控制金融风险并不是要消灭金融风险，而是要将不同金融活动产生并转嫁给公众的风险控制在合理范围之内。

此外，2008 年全球金融危机的爆发使人们认识到先前的金融监管框架对系统性金融风险的监测和化解存在严重的滞后性。危机过后，聚焦金融体系整体安全的宏观审慎监管框架日渐清晰：一是建立宏观审慎分析框架，识别系统重要性金融机构与重点行业；二是打造宏观审慎监管工具箱，包含系统重要性附加和逆周期资本附加两项专门工具，以及一些具有防范系统性风险功能的微观审慎监管工具。

第二，维护社会公平。公平性政策的目的并非确保金融机构的偿付能力，而是增进社会公平。例如，在保险领域，保险公司被禁止基于某种不公平的、具有歧视性的分类来收取具有差别的保险费。在存款机构领域，《社区再投资法》（*Community Reinvestment Act*）规定一些存款机构负有向其所在社区中的中低收入者贷款的义务。为了维护社会公平而采取的监管措施干预性通常较强，并且在不同金融领域效果差异显著，这也在一定程度上增加了金融机构监管套利的动力。

第三，政治经济学考量。美国当前金融监管领域多种异质化的法律监管框架并悬、多个监管主体并存的局面是美国在政治上奉行分权主义与长期政治博弈的结果。每一个监管主体的监管管辖权范围又都具有一定的政治弹性，这种政治上的折中主义增加了金融监管的复杂性。此外，一些子部门的竞争规则也体现了独特的政治经济学考量，例如，由于民众对银行

---

① 事实上，在这些领域，资产往往缺乏流动性，难以估值；而负债通常由广泛的信息获取与理解能力较低的小型公众投资者持有，因此，信息披露的有效性被严重削弱。

领域资源集中的反感最为严重，银行尤其注重市场公平与反垄断规则。

（三）异质的监管框架和“割据”的监管管辖权

如前文所述，由于金融业子部门的交易结构、风险特征、服务对象差异显著，美国法律构建了多个异质的微观审慎监管框架——规制证券活动的法律监管框架、规制期货活动的法律监管框架、规制集合投资工具的法律监管框架、规制存款机构业务的法律监管框架以及规制保险活动的法律监管框架——以有效控制各类金融活动的风险。每个微观审慎监管框架都设有专门的监管主体，以及一套与该类金融活动的风险特征相匹配的监管政策工具箱（见表6－1）。不同金融监管主体的监管管辖权彼此独立、相互“割据”，从而使管辖权冲突的发生成为可能。

表6－1 美国各个监管领域采用的监管措施类型

监管措施类别 / 监管领域	私人安排	反欺诈	强制披露	开放性规则	资本结构规则	担保
私人合约（合同法）	√	√				
证券（证券法）		√	√		√	
期货（期货法）		√	√			√
集合投资工具（投资公司法、证券法）		√	√	√	√	
存款机构（银行法）			√	√	√	√
保险公司（保险法）			√	√	√	√

伴随着宏观审慎、反垄断等更多监管目标的纳入，金融监管主体的数量进一步增加，金融监管主体之间的关系更加错综复杂，发生金融监管管辖权冲突的可能性进一步增加。需要特别指出的是，功能监管的引入也并未改变上述局面。这是因为，功能监管仅是对微观审慎监管分类标准的改良，其并未改变多头监管的基本格局，美国联邦、州两个层面的金融监管主体的总数达数十个（见图6－1）。

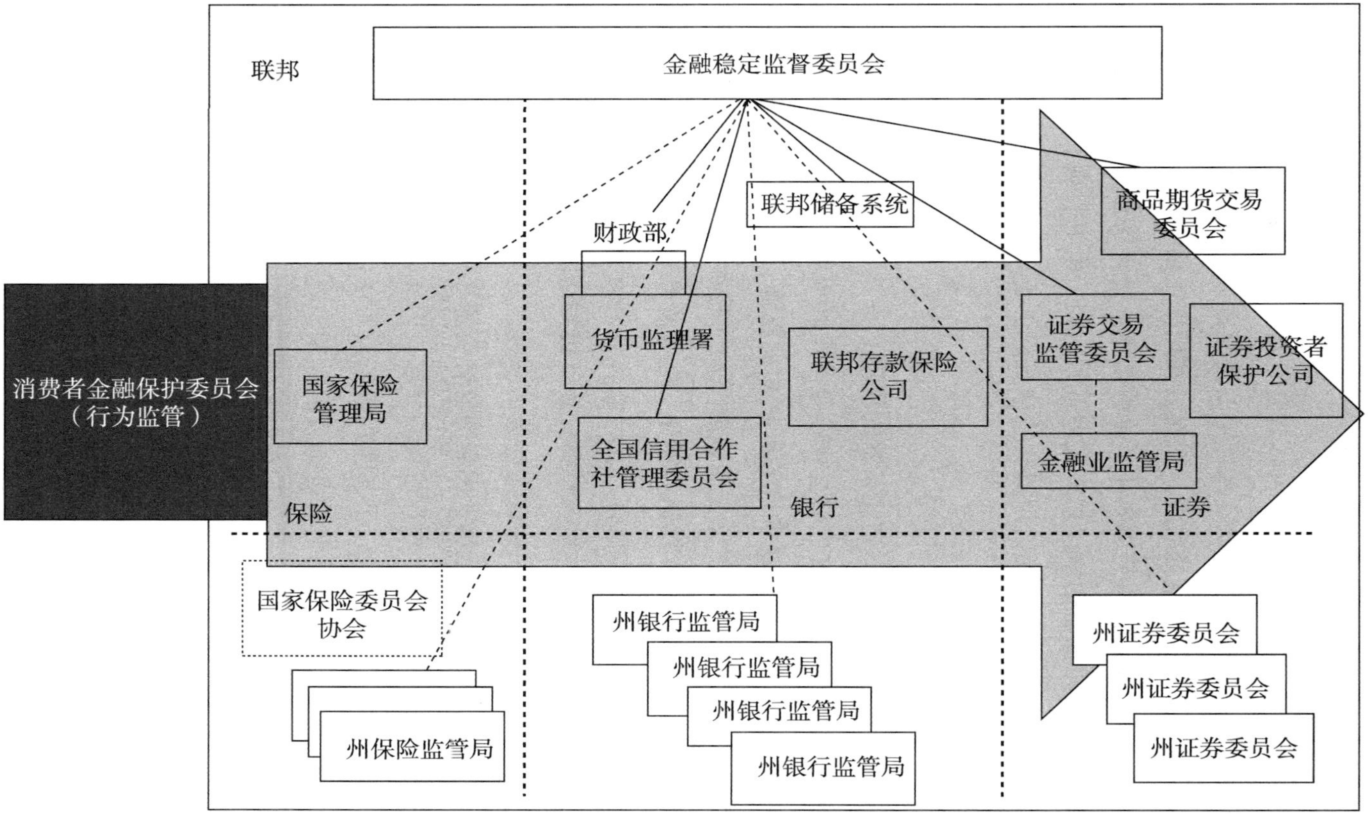

图6–1　美国双线多头金融监管体制

（四）非典型性金融交易的产生

理想状态下，不同金融监管主体监管管辖权的界限十分清晰，应受监管的金融活动能够毫无争议地落入特定的监管框架内，进而被施以适配其交易结构与风险特征的监管措施。然而，在现实生活中，基于各种主客观原因，各监管主体管辖权的边界并不足够清晰，有关特定活动是否应接受金融监管、应受谁监管的争议在现实中不时出现。本书将现实中出现的由于难以识别交易类别而引发适用监管法律难题的金融交易称为非典型性金融交易。[①]

1. 客观因素

（1）立法技术限制——定义条款的缺陷

金融监管管辖权冲突首先与法律本身的清晰程度密切相关。如前文所述，金融领域存在多个微观审慎监管框架的根源，在于金融活动的差异化。微观审慎监管框架及主体，与金融活动的基本类别一一对应。因此，金融监管法对金融活动基本类别的界分，是厘清微观审慎监管主体监管管辖权边界的关键所在。具体而言，发挥监管分类与识别功能的，正是金融法对证券活动、期货活动、集合投资计划、银行活动、保险活动等金融活动基本类别所下的定义。一种定义创造出一种监管类别，任何被识别为符合这一定义的活动，就自然落入相应的监管类别之中，需要符合该监管类别的法律框架下的准入要求和其他监管要求。因此，正是定义条款对管辖对象内涵和外延的界定，决定了各微观审慎监管主体监管管辖权的具体范围。不同微观审慎监管主体监管管辖权的界限，是区分此类金融活动与彼类金融活动的界限，亦可以被称为金融监管的内部边界；所有微观审慎监管主体监管管辖权集合之边界是区分金融活动与非金融活动的界限，亦是金融监管的外部边界。

---

① 不同国家非典型性金融交易产生的原因有所不同。美国非典型性金融交易产生的主要原因为后文所述的监管套利、监管竞争、金融创新等；我国非典型性金融交易产生的主要原因还包括金融抑制导致金融监管体系覆盖范围过于狭小。本书着重讨论的我国准金融机构、互联网金融机构、普通工商企业从事的民间金融活动都属于非典型性金融交易。

理想状态下，一国金融监管法对各类金融活动所下的定义，应当能够完全涵盖该国现实中所有应受监管的金融活动，并且相互之间不存在交叉，使监管分类和识别对于金融从业者、消费者以及监管主体而言都简单易行，能够达成共识。然而，在现实生活中，对金融活动的科学定义极不容易达成一致。

美国法律对金融活动的定义方式分为形式定义（formal definition）和功能性定义（functional definition）两类，二者均存在一定的问题。形式定义由确定性表述组成，不依赖先例和类比逻辑。形式定义首先可用于对政府特许某种商业特权的主体进行界定。例如，《联邦存款保险法》（*Federal Deposit Insurance Act*）将适用联邦存款保险的存款机构定义为“任何全国性银行、州银行与地区银行及其联邦分行和被保险的分行，包括前身为储蓄协会的机构”[①]。其次，形式定义也可用于给符合定义的金融机构施加法定义务。例如，一个机构若被称为“已在联邦存款保险公司（FDIC）投保的存款机构”，则必须遵守 1913 年《联邦储备法》（*Federal Reserve Act*）规定的储备要求[②]与《社区再投资法》所规定的义务。[③] 形式定义的突出问题是会引发高度的操作倾向，当事人可以轻易地通过对发挥类似功能的实体或产品冠以不同的名称来规避相关监管义务，导致监管漏洞。形式定义被成功规避的典例案例是：1987 年修订之前的《银行控股公司法》给符合如下定义的银行规定了一系列义务：①任何接受活期存款的实体；②从事发放商业贷款业务。[④] 为了规避该法为银行设定的义务，出现了很多既不接受活期存款也不发放商业贷款的“不是银行的银行”。[⑤]

与形式定义不同，功能性定义并不给出结论性的定义，而仅给出所描绘事物的关键特征，更加灵活也更加复杂。功能性定义可以有效解决形式定义容易被人为规避的问题，使监管管辖权的分配更符合政策目标；但其

---

① 12 U. S. C. §1813（a）（1）（2006）.

② See 12 U. S. C. § 461（b）（1）（A）（1998）.

③ See 12 U. S. C. § 2902（2）（1998）.

④ See 12 U. S. C. § 1841（c）（repealed 1987）.

⑤ See Board of Governors v. Dimension Financial Corp. , 474 U. S. 361（1986）.

又会带来过度包含与过于模糊的问题，从而诱发管辖权的积极冲突。最为著名的功能性定义，就是美国联邦最高法院在1946年“SEC诉Howey案”中对其证券法所规定的证券定义中的投资合同所作出的定义——任何涉及向共同事业进行投资，期望完全通过他人的努力获取利润的安排。然而，这一定义太过宽泛，使很多不应或不宜被纳入证券监管范围的活动落入证券交易委员会的管辖范围。为此，美国1933年《证券法》规定了一系列的豁免证券与豁免交易，包括对银行、信托基金等已落入其他监管框架的机构所发行证券的注册义务的豁免，以及著名的小额发行豁免、私募发行交易豁免等。但这些豁免亦存在被滥用的可能。① 此外，功能性定义的另一弱点——模糊性可能导致当事各方对一项活动到底属于何种监管类别争执不下，美国法院数十年来多次面对此类纠纷。②

（2）规制对象改变——金融创新的涌现

作为政府对金融业进行外部规制的法律，金融法的准确性与完善程度除了受到立法技术的限制之外，还面临其规制对象——金融业本身的不断变化所带来的挑战。一直以来，金融服务的内容、形式、手段、载体都处于不间断的更新迭代之中。面对金融创新，各国大体遵循功能监管的思路，采取“同样活动同样监管”的原则，依照业务实质将其归入已有的监管类别之中③。若金融创新导致原有监管分类标准已不再符合市场需求，则经过一段时期的观察与探索后，最终可能通过修改法律对监管分类标准进行优化更新。因此，相对于金融创新，金融法必然存在某种程度的滞后性。这种滞后性既是金融创新与金融监管动态博弈的客观规律所决定的，④ 在一定程度上也符合立法稳定性与执法经济性的要求。

然而，近年来，金融科技的飞速发展使金融创新的速度和影响范围均呈现指数级增长，极大地加剧了金融法的滞后性与金融监管界限的模糊

---

① 例如，将一次本应注册的发行分拆为多次小额发行。作为应对，证券交易监管委员会确立了整合原则，规定符合一定条件的多项发行将被视为一次发行。

② See First National Bank of East Arkansas v. Taylor, 907 F. 2d 775 (8th Cir. 1990).

③ BCBS, Implications of Fintech Developments for Banks and Bank Supervisors (2018).

④ Kane E. , *Accelerating Inflation, Technological Innovation, and the Decreasing Effectiveness of Banking Regulation*, The Journal of Finance, Vol. 36: 2, p. 355 -367 (1981).

性，使过去通过不定期修订法律的方式来缓解金融法的滞后性的效果变得捉襟见肘，亟待通过制度创新创造性地解决这一问题。不断横空出世的金融创新业态，有时可能会兼具多个金融监管类别的风险特征，对原有监管分类造成挑战；有时又可能与现有监管类别均存在较大差异，是否应当对其进行监管、如何监管、由谁监管，都有待进一步观察与评估。特别是，大量金融科技公司的加入，以及行业中高附加值活动向少数大型科技公司的集中，使金融科技公司与大型科技公司的监管问题变得越发重要。然而，应当如何调整现有监管框架，以平衡金融风险与金融创新，并实现新型市场主体与传统金融机构的公平竞争，至今还远未清晰。①

2. 主观因素

（1）监管套利

基于不同金融活动风险特征与监管目标的显著差异，不同微观审慎监管框架为各个金融监管主体提供的监管工具箱迥然不同。一般而言，交易结构越复杂，中介机构资产负债表越不透明，风险控制要求就越高，监管措施就越严厉、越具有入侵性。其结果是，按照证券活动、期货活动、集合投资计划、银行活动、保险活动的顺序，交易主体所承担的监管成本不断升高，且相去甚远。不同交易类别监管成本的显著差异，会使追求利益的交易主体产生极高的套利冲动，试图通过对交易结构进行重新安排或利用相关法律漏洞，将自身所从事的金融活动从监管成本较高的监管类别向监管成本较低的监管类别或不受监管的领域腾挪。

货币市场共同基金（MMMF）这一影子银行重要组成部分的出现，即为此类型监管套利的典型案例。20 世纪 70 年代初，美国对大额存款与小额存款利率规定的差异，以及对短期国债最低投资限额的调高等偏惠于大投资者的监管政策，为货币市场共同基金的出现提供了契机。② 在资产端，货币市场共同基金专门投资于国债、商业票据以及大额存单；在负债端，货币市场共同基金通过将证券投资账户、货币基金与银行账户进行结合，

---

① FSB, Finanicial Stablity Implictions from Fintech (2017).

② 参见刘燕：《余额宝：改革三重奏》，载北京大学金融法研究中心编：《金融法苑》总第 89 辑，中国金融出版社 2014 年版。

具备了与银行支票账户同样的流动性和支付功能，出现了类现金的特征：单位份额净值维持在1美元，收益每日结转，赎回实施T+0交易，且可以通过支票来实现。从功能上，货币市场共同基金业务与银行活动的交易结构、风险特征非常相似，理应落入银行活动的监管框架；从形式上，由于其采用了投资公司的形式而落入了集合投资计划的监管框架，而这一监管框架并没有提供足够的保护措施来防范货币市场共同基金内生的挤兑或其他系统性问题。一般认为，对货币市场共同基金的监管不足是2008年全球金融危机爆发的原因之一。

（2）监管竞争

金融监管主体有时也会通过扩大自身管辖权范围的方式，参与到监管分类之争中来。证券交易委员会主席在20世纪90年代就曾多次建议，证券交易委员会应当获得判定某一特定活动属于证券活动还是银行活动的权力；[①] 类似地，一些州保险监管局也主张其应当具有判定某一活动属于保险活动还是银行活动的权力。[②] 在诉诸法院的金融监管权争议案件中，案涉微观审慎监管机构也往往会主张自身对案涉金融活动具有监管权，双方各执一词。[③] 一个持续数十年的监管竞争的经典案例是，美国商品期货交易委员会与证券交易委员会围绕证券衍生品管辖权的监管竞争。自1974年修改后的《商品交易法》授权商品期货交易委员会成立，并授予其对期货活动的专属管辖权之时起，证券衍生品的管辖权归属便成为悬案。此后，商品期货交易委员会与证券交易委员会在数十年间针对一系列证券衍生品的管辖权，展开了激烈争夺与相互指责。其间，芝加哥期货交易所（CBOT）针对证券交易委员会于1978年批准芝加哥期权交易所（CBOE）交易的GNMA期权合约以及于1988年授权芝加哥期权交易所与一些证券交易所交易的一种指数参与合约两种证券衍生品，以证券交易委员会的授

---

① See Testimony of Athur Levitt, Chairman, Securities and Exchange Commission, Before the House Committee on Banking and Financial Services (May 22, 1997).

② See Testimony of George Nichols Ⅲ, Kentucky Commissioner of Insurance, Before the Senate Committee on Banking, Housing, and Urban Affairs (June 25, 1998).

③ See Gary Plastic Packaging Corporation v. Merrill, Lynch, Pierce, Fenner & Smith, Inc., 903 F2d. 176 (1990), cert. denied, 498 U.S. 1025 (1991).

权行为违反商品期货交易委员会对期货市场的专属管辖权为由，两次向第七巡回法院申请禁令，并均获成功。二者针对场外衍生品管辖权的争斗尤为复杂。由于《商品交易法》中的商品是否包含场外衍生品不甚明确，场外衍生品的合法性在很长的时间里处于不确定状态。1997 年 12 月，证券交易委员会出台了一系列对场外衍生品交易商放松监管的规则，商品期货交易委员会旋即宣布将重新审查对场外衍生品的监管政策，考虑将互换交易认定为非法的期货合约，引发了诸多反对之声。1999 年，美联储、证券交易委员会等向国会提交关于场外市场的联合报告，建议永久性地不准商品期货交易委员会监管多数互换交易。2000 年，国会通过《商品期货交易现代化法》，宣布豁免对场外衍生品交易的监管，但这种去监管状态又埋下了场外金融衍生品交易野蛮生长的隐患，成为导致 2008 年全球金融危机的原因之一。危机后，《多德—弗兰克法》恢复了对绝大部分场外衍生品交易的监管，并将管辖权在商品期货交易委员会与证券交易委员会之间进行了分配，商品期货交易委员会与证券交易委员会在这一领域的监管竞争方才告一段落。[①]

监管主体有动力参与监管竞争是可以理解的。当其监管的机构请求被允许开展既能增加行业盈利又能满足消费者需求的新业务时，如果没有明确证据表明新的业务活动会威胁机构的偿付能力，监管主体往往没有理由抵制该项提议。从这个角度上说，监管主体往往具有扩大其自身监管管辖权范围的倾向。一些支持性观点认为，监管竞争有助于使监管结构保持活力，提高监管效率，为消费者提供新产品，并刺激行业间竞争。[②] 但监管竞争的缺点更是显而易见的：一是专业性的限制。一种监管类别的监管主体不总是熟悉其他监管类别的监管措施和监管政策，即使当其试图复制其他监管类别的监管结构时，其是否具有相同的专业知识和执法激励也不甚明确，从而可能削弱风险监管和其他监管政策目标。二是对市场公平的破

---

① 参见黄小平：《美国场外衍生品市场发展监管的演变与启示》，载《中国证券期货》2018 年第 1 期。

② See Coffee J. , *Competition Versus Consolidation: The Significance of Organizational Structure in Financial and Securities Regulation*, The Business Lawyer, Vol. 50: 2, p. 447 – 484 (1995).

坏。监管主体支持扩大其监管管辖权的产品创新，可能使发挥类似功能的传统供应商处于竞争劣势，导致发挥类似功能的金融活动无法受到实质上等同的监管。三是对市场创新的阻碍。正如商品期货交易委员会与证券交易委员会的监管竞争所展示的那样，恶性的监管竞争可能会引发监管主体报复性地阻挠对方授权新的产品，从而阻碍而非促进金融产品的创新。

（五）非典型性金融交易的识别与应对经验

基于以上分析，非典型性金融交易的产生具有一定的必然性。经过几十年的实践探索，美国发展出了一系列措施，以增强对金融交易的识别，减轻非典型性金融交易的出现造成的不良后果。

第一，持续完善基础概念的定义条款。法律规定是廓清金融监管管辖权边界的基本依据。美国法律（包括成文法与判例法）对银行活动、证券活动、期货活动、集合投资计划、保险活动等基础概念的规定均向功能性定义过渡，以减少因形式定义过于僵化而导致的显而易见的监管漏洞。为了减少功能性定义过度包含与过于模糊的问题，这些功能性定义需要明确基础概念的核心要素，同时辅之以必要的豁免规定。此外，这些定义还需要随时间推移而动态调整更新，以匹配持续不断的金融创新。具体而言，美国判例法对银行活动的定义是，从事银行经营行为中的核心业务（通常指吸收存款和发放商业贷款、兑现支票）的活动。① 就集合投资计划的定义而言，1940 年《投资公司法》将投资公司界定为所有将其资产的 40% 以上投资于证券的公司、合伙、社团、信托、基金或任何其他组织形式的实体；同时又规定了一系列豁免与排除，包括对私募投资公司的豁免，以及对银行、保险公司等已被纳入其他监管类别的金融机构的排除。保险活动的功能性定义规定于州法之中，如阿肯色州法律规定，保险是一方（保险人）有义务根据偶然事件的发生状况将金钱价值利益授予另一方（被保险人或受益人）的任何交易，后者在此类事件发生时将受到不利影响；根

① See State ex rel. Taylor v. Currency Services, Inc. , 358 Mo. 983, 218 S. W. 2d 600 (Mo. 1949); See also Tex Atty. Gen. Op. DM - 239, 1995 WL 145055 (Tex. A. G. Mar. 9, 1995).

据判例法，具体判定是否属于保险活动时，须遵循实质重于形式的原则，根据交易的目的、影响、内容、来源进行判断。①

第二，增加监管主体之间的沟通交流。金融监管主体是由人组成的。美国商品期货交易委员会与证券交易委员会之间激烈的监管竞争，折射出相关机构负责人为维护本机构利益而不顾大局、缺乏协作的负面形象。为了避免监管主体因人性固有的弱点而陷入“恶性而无效的地盘之争”，《多德—弗兰克法》授权成立金融稳定监督委员会，由财政部部长担任主席，并由总统任命一名美联储董事会成员作为副主席，其他成员包括美联储、联邦存款保险公司、联邦住房金融局、全国信用合作社管理委员会和金融消费者保护局的负责人，以及不具有投票权的金融研究办公室、国家保险管理局、州银行监管局、州保险监管局和州证券监管局的代表。

第三，指定金融监管管辖权冲突建议裁决机构。美国《多德—弗兰克法》明确授予金融稳定监督委员会对其成员机构金融监管管辖权归属争议的建议权与对系统重要性金融市场设施管辖权归属争议的决定权。就前者而言，根据《多德—弗兰克法》第 119 条的规定，若金融稳定监督委员会的成员机构之间产生管辖权归属争议，并在已作出可证实的诚意努力后仍无法解决，则卷入争议的任一成员机构在向所有其他争议方发出预先通知书 14 日后，可向金融稳定监督委员会请求提供解决争议的建议。金融稳定监督委员会应在收到请求后的合理时间内综合考虑各机构提供的信息，出具经三分之二以上有表决权的成员同意的附理由的书面建议，但该建议不具有法律约束力。此外，《多德—弗兰克法》第 803 条第 8 款 B 项还规定，若证券交易委员会、商品期货交易委员会、联邦银行业监管机构、联邦储备理事会之中的两个或两个以上对某一系统重要性金融市场设施同时具有管辖权，则这些监管机构应就其中一个机构负责行使监管职能达成共识；若无法达成共识，则金融稳定监督委员会有权决定一家机构作为该系统重要性金融市场设施的监管主体。

第四，提供行政申诉与司法救济渠道。鉴于金融监管管辖权是从属于

---

① 参见刘子平:《美国的“非法集资”及其规制经验》，载《新金融》2019 年第 10 期。

金融监管权的一种行政权力，其冲突可能会给行政相对人带来不利影响，出于保护行政相对人的目的，为因金融监管管辖权冲突而受到不利影响的行政相对人提供适当的行政申诉途径具有一定的合理性。《多德—弗兰克法》第1025条规定，总资产超过100亿美元的参保存款机构与信用合作社及其关联方，可就其审慎监管主体与行为监管主体——金融消费者保护局（CFPB）所作出的相互冲突的监管决定请求监管主体相互协调；后者须在接到请求之日起30日内就协调后拟开展的监管行动发表联合声明。如果上述监管主体未能消除冲突或发表联合声明，或争议之中的一个监管主体未经另一监管主体同意采取或试图采取任何需联合声明的监管行动，则上述申请人可在发出联合声明的期限届满后30日内，向为本次申诉专门成立的三人审查小组提出申诉。为金融监管管辖权冲突提供司法救济渠道，是司法最终裁决原则与现代法治理念的内在要求。在美国，不仅交易主体或利害关系人可作为原告向监管主体提起行政诉讼；金融监管主体也可以通过提起禁止令诉讼等方式将交易主体诉至法院，请求法院就监管管辖权争议进行审查；[①] 交易主体还可以在与交易对手的违约之诉中，请求法院对监管管辖权争议进行审查。[②] 就法院审查的依据与裁决发挥的作用而言，法院不仅可以以现有法律规定作为审查依据，在法律规定存在模糊的情况下，还可以结合案情通过自由裁量对金融活动基础概念的核心要素作出更为精准的解释，形成新的判例法，为嗣后发生的类似争议提供裁判依据。

三、中小企业融资的特殊安排

中小企业融资难的问题并不是发展中国家的特有问题，美国同样存在中小企业融资难的问题，资金不足是中小企业倒闭的重要原因。从19世纪末开始，美国制定了多部法律以缓解中小企业融资难的问题。19世纪90年代美国制定的《谢尔曼反托拉斯法》（*Sherman Antitrust Act*）以及之后

---

① See SEC v. VALIC, 359 U. S. 65 (1959).

② See John Hancock Mutual Life Insurance Company v. Harris Trust & Savings Bank, 114 S. Ct. 517 (1993).

的多部反垄断法律都将保护中小企业的利益作为主要政策目标之一。[①] 1953 年美国通过了专门保护中小企业的《小企业法》（*The Small Business Act*），直接对中小企业规定了一系列的帮扶措施，将通过反垄断规则为中小企业提供公平竞争环境的间接保护模式转变为直接保护模式。从 20 世纪 70 年代开始，美国对促进中小企业发展越发重视，陆续制定了一系列便利其融资、保证其公平参与市场竞争的法律，包括 1974 年《公平信贷机会法》（*Equal Credit Opportunity Act*）、1977 年《社区再投资法》、1979 年《小企业经济政策法》（*Small Business Economic Policy Act*）、1980 年《小企业投资促进法》（*Small Business Investment Incentive Act*）、1980 年《监管弹性法》（*Regulatory Flexibility Act*）、1982 年《小企业创新发展法》（*Small Business Innovation Development Act*）、1995 年《小企业借贷促进法》（*Small Business Lending Enhancement Act*）、1996 年《小企业工作岗位保护法》（*Small Business Job Protection Act*）、2001 年《小企业出口扩大法》（*Small Business Export Enhancement Act*）等。这些法律解决中小企业融资难问题的思路主要是充分发挥市场的作用，一方面降低金融业准入门槛，大力发展中小金融机构，降低中小企业获得间接融资的难度；另一方面通过发展私募融资制度、风险投资制度、多层次资产市场提供直接融资。同时，在市场型金融安排的基础之上，辅以一定的政策性安排。

（一）市场型金融安排

第一，发展社区银行（community bank）向中小企业提供间接融资。社区银行并非一个明确的法律概念，而是西方发达国家对众多地方性中小银行业金融机构的一种习惯上的统称。社区银行是美国中小企业最重要的信贷来源。[②] 判断某一个地方性金融机构是否属于社区银行，尚不存在统一标准，一般认为，资产规模低于 10 亿美元的小型商业银行、储蓄银行、互助储蓄银行（mutual saving bank）等存款类金融机构都属于社区银行。

---

① 参见张少华：《反垄断法视野下的中小企业保护》，河北经贸大学 2011 年硕士学位论文。

② 参见王计昕：《美国中小企业融资问题研究》，吉林大学 2006 年博士学位论文；阮铮：《美国中小企业金融支持研究》，中国金融出版社 2008 年版，第 85 页。

目前，美国大概有4750多家社区银行，占其全国银行业金融机构总数的92%。①

与全国性大型商业银行相比，社区银行有其特点和优势。全国性大型商业银行往往更倾向于向大公司提供资金，而社区银行则更加关注当地家庭、企业和农村的金融需求；并且，它们用以放贷的资金也大多来自当地居民的存款。因此，社区银行实际上成为沟通社区内部资金盈余者与资金需求者的桥梁，发挥着促进当地经济繁荣的重要作用。社区银行的工作人员往往也是当地居民，对所在社区怀有感情，同时也与潜在客户较为熟悉，对临近社区的潜在借款人的家族历史及构成、性格特点、消费习惯等较为了解。因此，与大银行在贷款审批过程中通常仅关注企业的财务报表与第三方出具的信用报告等纸面材料不同，社区银行的工作人员在审查过程中还会考虑上述纸面材料之外的与借款人信用有关的具体情况，其对借款人信用的判断可能会更加准确，其作出贷款决定也会更加迅速。此外，由于社区银行本身也是小企业，它们理解小企业的融资需求，会更倾向于贷款给存在融资困难的中小企业。②

第二，发展私募融资制度、风险投资制度、多层次资本市场为中小企业提供直接融资。私募融资也是美国中小企业融资的重要渠道。证券交易委员会于1982年根据1933年《证券法》与1980年《小企业投资促进法》的有关内容制定的《D条例》（*Regulation D*）是其私募融资制度的法律依据。根据其中的“504条款”，小规模的发行行为（融资规模不超过100万美元）可以享受相关证券活动义务的豁免，包括无固定信息披露标准、豁免宣传和再融资限制、不要求经审计的财务报表等。

美国的风险投资始于20世纪初。最初，一些富人雇佣专业经纪人为其寻找具有潜力的科技创新企业在其初创期进行投资，在承担极高风险的同时，希冀嗣后获得高额回报。到20世纪70年代末，技术创新和金融创新互相融合，现代意义上的风险资本市场在美国获得快速发展。尽管全美风

---

① FDIC, Community Banking Study (2020).

② 参见张洁：《美国社区银行如何助力小微企业融资》，载《中国中小企业》2021年第7期。

险投资融资仅占中小企业融资的很小比例，但其作用是显著的，到了 20 世纪 90 年代,美国所有上市的公司中有约 30% 曾经得到过风险基金的支持。①

美国多层次资本市场体系也为解决中小企业的融资难问题发挥了一定的作用。其资本市场从上到下分为若干个层次：全国性证券交易所（纽约证券交易所、纳斯达克全球精选市场、纳斯达克全球市场、美国证券交易所、纳斯达克小型资本市场）、地方性证券交易所（波士顿股权交易所、芝加哥股权交易所等）、上市股票的场外交易市场［OTCBB 市场、粉红单市场（pink sheet market）］等。这些资本市场的上市条件依次降低，以满足不同发展阶段的企业的融资需求。中小企业可以先在较低层次的资本市场发行证券上市［在最底层的粉红单市场（pink sheet market），上市甚至几乎不需要满足任何实质性的条件］，在业绩达到一定水平之后，可以利用转板制度升至更高层次的资本市场，以获得更为广泛的融资。据统计，在美国中小企业通过在资本市场公开发行股票或债券募集到的资金约占其融资总额的 4% 。②

（二）政策性金融安排

美国小企业管理局（SBA）是国会依据 1953 年《小企业法》设立的专门服务于美国广大中小企业的联邦政府机构。其主要任务是为美国广大中小企业提供政策性信贷支持，此外，还可提供包括政策咨询、技术援助、紧急救助等各方面的专业服务。③ 小企业管理局对美国中小企业提供的政策性信贷支持包括直接提供政策性贷款、为商业贷款提供担保以及提供风险投资三大类。

第一，直接提供政策性贷款。小企业管理局提供的直接贷款项目主要包括以下五种：（1）7（a）贷款项目。该项目是小企业管理局提供的最基

---

① 参见戴志敏：《九十年代美国风险投资的特点与启示》，载《外国经济与管理》1999 年第 4 期。

② 参见中国人民银行研究局、日本国际协力机构：《中国中小企业金融制度报告》，中信出版社 2005 年版，第 23 页。

③ 参见美国小企业管理局网，www. sba. gov，最后访问时间：2024 年 7 月 15 日。

本的贷款项目，可提供的最高贷款金额为500万美元。7（a）贷款项目还包含对一些涉及北美自由贸易协定（NAFTA）、员工持股计划和污染治理的小企业提供的特殊7（a）贷款，包括出口贷款项目、高级贷款项目、农村企业贷款项目等。（2）微贷项目。微贷项目为小企业和非营利儿童保育中心提供不多于5万美元的启动和发展资金。微贷项目为中小企业所提供的贷款可以用于补充运营资本、增加原料或开支、购置机械或设备，而不能用于偿付未清偿债务和购买房地产。（3）CDC/504贷款项目。该项目为认证开发公司（Certified Development Company）的固定资产融资提供贷款。有资格接受该贷款的认证开发公司的有形资本净值应低于1500万美元，两年内税后平均收益净额应低于500万美元。CDC/504贷款只能用于与房地产开发有关的固定资产融资，而不能用于补充运营资本或购买原料、偿债等。（4）灾难援助贷款项目。该项目为中小企业提供低息的灾祸贷款，用于修复和替换在灾祸中受到破坏和毁损的房地产、私人财产、机器设备与库存等。（5）出口贷款项目。包括出口快捷贷款（高达50万美元）、出口运营资本贷款（高达500万美元）与国际贸易贷款（高达500万美元）。

第二，为商业贷款提供担保。小企业管理局为无法通过商业途径获取担保的中小企业提供担保。为低于10万美元的合同，以及弱势小企业、退伍军人拥有的小企业与历史上未充分利用的商业区项目涉及的小企业等签订的合同提供合同金额90%的担保；为高于10万美元、低于650万美元（经联邦合同管理人员批准最高可不超过1000万美元）的合同提供合同金额80%的担保。

第三，提供风险投资。主要有以下三种项目：（1）中小企业投资公司，为中小企业提供股票、债券融资和风险投资。（2）“一站式资本店”，为特别不发达地区的中小企业提供一站式融资服务。（3）社区投资项目，帮助与北美自由贸易协定相关的社区发展中小企业、提高就业水平。①

除了小企业管理局之外，美国联邦政府于1934年2月成立的美国进出

① 参见美国小企业管理局网，www. sba. gov，最后访问时间：2024年7月14日。

口银行（EXIM）也在一定程度上承担着对美国中小企业提供政策性信贷支持的职能。美国进出口银行为出口企业提供优惠的出口信贷保险、贷款担保、直接贷款与融资租赁担保等服务，同时还可以为外国买方提供中长期美元贷款。根据美国进出口银行官方网站上的信息，其在2015年针对小企业出口提供的信贷总额占其为所有出口企业提供的信贷总额的90%。美国进出口银行通过提供信贷优惠，为私人出口企业（尤其是中小出口企业）以及为其提供信贷支持的商业性金融机构分担其无力或不愿承担的风险，以达到增强美国商品竞争力、促进出口贸易与增加就业的目标。①

四、中小企业融资的配套制度——利率市场化与征信现代化

（一）利率市场化——市场决定实际利率

在美国，是否应当对贷款利率设定上限一向是具有争议的问题。美国金融消费者委员会在1972年发布的一份报告中指出，人为设定贷款利率上限不仅会阻碍消费者以更高的利率来实现其较高风险的贷款需求，还可能会使这些客户不得不进入地下市场。② 美国的利率规制总体上呈现出由严格到放松的趋势。其历史上一度规定存款利率的最高限制，现已完全放开；目前尚存的是贷款利率限制。目前，美国的贷款利率上限由各州法律规定。少数州（如缅因州、内华达州）不存在最高利率上限；一些州的法律对达到一定条件的贷款不设置利率上限；③ 余下州存在或浮动，或固定的法定利率上限。④

实际上，在美国，真正对贷款利率起决定作用的并非州法规定的贷款利率上限，而是各州之间的市场竞争以及规制竞争。⑤ 1978年之前，美国

---

① 参见美国进出口银行网，https：//www. exim. gov/，最后访问时间：2024年7月14日。

② 参见宋洋：《中国民间借贷利率管制法律路径的检讨与重构》，西南财经大学2011年硕士学位论文。

③ 例如，北卡罗来纳州法律规定，超过2. 5万美元的借贷或超过1万美元的抵押贷款无利率上限；亚利桑那州和新墨西哥州对有书面借贷合同的贷款的利率不设限制。

④ 例如，加利福尼亚州利率上限为10%；纽约州为16%（超过25%将触犯刑法）。

⑤ 参见刘萍等：《有关美国非吸收存款类放贷人（NDTL）的考察报告》，载《西部金融》2008年第9期。

全国性银行在其开展业务的各个州内都需要遵守当地的贷款利率规定；美国联邦最高法院1978年的一项裁定改变了这种情况，其裁定美国的全国性银行在其开展业务的任何一个州内都可以采用与其注册地所在州相同的利率。这就意味着，如果其注册地所在州无利率限制，那么其在全国各地都可以自由决定贷款利率。这之后，为吸引更多银行来本州注册，各州纷纷修改法律进行利率改革，确定弹性利率制或放开限制。①

需要注意的是，这场规制竞争并未当然地使所有地区的贷款利率都升至很高的程度，而是给予了贷款机构更大的自由空间，在这个空间内，贷款利率由市场决定。正因如此，即使没有法律的硬性规定，美国的一般性贷款利率也维持在一定范围之内（在市场均衡价格附近上下波动）。在风险较高的贷款领域，如为信用记录有缺陷的个人、信用评分不高的企业提供贷款，风险投资，信用卡借款等，年利率超过30%的情况大量存在。相比为大企业提供贷款，为中小企业提供贷款风险更大，因此利率也更高。利率市场化下对较高贷款利率的允许反而使中小企业的融资变得更加容易。②

（二）征用现代化——建立征信法律制度

在本书第三、四、五章对H省区域性民间金融风暴的分析中，可以发现，无论是市场失灵、监管失灵还是私人执行模式失灵的发生，都与信息不对称密切相关。信息不对称会增加市场交易的成本与风险，并带来道德风险和逆向选择问题。与我国传统上依赖熟人信用和政府信用解决信息不对称问题不同，建立现代化的征信法律制度是西方国家解决信息不对称问题的主要方式。正式的征信制度与现代化的市场经济相适应，在提高市场资源配置效率方面发挥着重要作用。现代化的征信制度以征信业的发展为基础。征信是指专业化的、独立的征信机构（Credit Bureau）为个人和企

---

① See Efraim Benmelech, Tobias J. Moskowitz, *The Political Economy of Financial Regulation: Evidence from U. S. State Usury Laws in the 18th and 19th Century*, 65 The Journal of Finance 1029 - 1073 (2010).

② 参见《张化桥：美国为什么没有高利贷?》，载《商》2011年第1期。

业建立信用档案，依照法律规定收集、记录个人和企业的信用信息，形成信用报告，并在法律允许的范围内向外提供这些信用报告的活动。征信机构的核心业务包括提供信用报告、信用评级，此外，还提供信用咨询、信用管理、商账追收等增值服务。

美国自 20 世纪 60 年代以来，建立了以 1970 年《公平信用报告法》（*Fair Credit Reporting Act*）为核心的征信法律框架。《公平信用报告法》是征信行业的基本法，提供了征信机构和征信报告的使用者的基本行为准则。此外，美国的征信法律制度还包括 1975 年《平等信用机会法》（*Equal Credit Opportunity Act*）、1974 年《隐私法》（*Privacy Act*）、1967 年《信息自由法》（*Freedom of Information Act*）、1976 年《阳光下的政府法》（*Government in the Sunshine Act*）等涉及行业管理、隐私保护、信息公开等的法律。①

在这些法律的基础上，市场化、私营化的征信机构为市场主体提供所需要的征信服务，有效缓解了金融市场中的信息不对称问题。通常情况下，提供个人信用信息的征信机构（个人信用征信机构）和提供企业信用信息的征信机构（商业信用征信机构）分别成立，并以两种征信核心业务（信用报告、信用评级）之一作为本征信机构的主营业务，同时兼营商账追收、信用咨询、信用管理等征信增值业务。对中小企业融资而言，征信机构可为贷款人和投资者提供准确的企业信用信息，有效减少道德风险和逆向选择的可能，降低流动性枯竭与偿付能力危机出现的概率。②

第三节　美国法律对非法集资的规定

为了维护金融特许制的权威，防止“无照驾驶”带来的巨大风险，与我国对非法集资的禁止性规定相似，美国法律亦对未授权金融活动严格禁

---

① 参见丁邦开、何俊坤：《社会信用法律制度》，东南大学出版社 2006 年版，第 72 页。

② 参见叶世清：《征信的法理研究》，西南政法大学 2008 年博士学位论文。

止。若一项金融交易落入某一功能监管主体的管辖范围，却并未取得相应的准入许可，即构成未授权金融活动（非法集资），相关功能监管当局便可以迅速采取相关执法行动及提起民事诉讼，为受害人提供有效救济。此外，所有的未授权金融活动均可构成犯罪，从而形成有效震慑。

具体而言，美国相关立法与判例中所出现的非法集资活动主要包括非法银行业务、公开销售未注册证券、未注册开展投资公司业务以及非法保险业务等。

一、非法银行业务

各州州法禁止任何个人或实体从事银行业务，除非其依据适当的州法或联邦法律获得了银行牌照。[①] 这项法令的逻辑在于，由于银行业务具有高风险性与强外部性，开展银行业务的特权独属于依法取得了银行牌照、受到了全面的金融监管且履行了相应社会责任的实体。

就非法银行业务中的银行业务这一功能性概念的认定而言，应从整体上对某一当事人或某一实体的业务进行考察，不能仅因其从事了某些银行业务就认定其从事了银行业务；也不必在其从事了所有银行业务时才认定其从事了银行业务。[②] 法院在这个领域发展出了核心业务标准，即未获授权而从事了银行经营行为中的核心业务（通常是指吸收存款和发放商业贷款、兑现支票）的，应被认定从事了非法银行业务。[③]这种认定方式实际上是微量豁免的一种表现形式。

就功能监管机构可采取的措施而言，当其发现涉嫌非法银行业务的行为时，州银行监管局可对当事人或相关组织展开调查，签发传票，签发制止令（cease and desist order）并责令返还非法所得，对其进行罚款等；其

---

① 例如，田纳西州法律规定：除法律另有规定外，除被授权在本州内开展业务的存款机构之外的任何机构和个人不得在本州内从事银行业务或向公众表示其正在从事银行业务。See TX FIN § 31.004.

② See State ex rel. Taylor v. Currency Services, Inc., 358 Mo. 983, 218 S. W. 2d 600 (Mo. 1949); See also Tex Atty. Gen. Op. DM - 239, 1995 WL 145055 (Tex. A. G. Mar. 9, 1995).

③ See Community Bankers Ass'n of Indiana, Inc. v. Clarke, 766 F. Supp. 1519 (S. D. Ind. 1990).

还可向法院提起诉讼，申请禁止令（injunction）并为被告指定管理人，对其进行罚款或责令其返还非法所得或进行损害赔偿。[①] 为确保执法行动及时、有效，嫌疑人拒绝配合调查或拒绝提供账户、账簿和文件即可能构成初步违法；[②] 一些州法甚至规定，为此事由所签发的制止令即时生效，而不必事先通知相对人或举行听证。[③] 联邦法律并未赋予货币监理署针对非法银行业务的执法权限。后者在其官方网站发布通告（Alert）对相关活动进行警示，并鼓励公众对开展非法银行业务的行为进行举报。

从事非法银行业务在很多州都构成犯罪。[④] 如根据弗吉尼亚州法律，未经授权以银行名义进行交易或者开展银行业务构成六级重罪。[⑤] 此类犯罪由各州总检察长依据刑事诉讼程序进行起诉。此外，未授权银行业务涉及的合同无效，但向从事非法银行业务的组织借款的当事人不能通过主张合同无效而规避还款义务。[⑥]

应该说，美国法对非法银行业务的规定与我国刑法中的非法吸收公众存款罪具有一定的相似性，但两者适用过程中对核心概念银行或存款的解释方式存在重要区别。美国司法实践发展出的核心业务标准实际上是其判例法对银行业务所作出的功能性定义，体现了监管措施、惩治方式与风险水平相匹配的功能监管逻辑。普遍认为，我国相关司法实践对存款存在扩大解释的问题：由于我国司法实践对擅自发行股票、公司、企业债券罪中的股票与公司、企业债券的解释采取字面解释的方法，仅利用股票或者公司、企业债券等金融工具进行的非法集资才能构成此罪，导致实践中很多不以股票或债券作为集资工具的直接融资型非法集资活动只能以非法吸收公众存款罪定罪，使该罪名适用范围过大，成为非法集资的“口袋罪”，

---

① See TX FIN § 35.201.

② See VA ST § 6.2 –938.

③ See CA FIN § 567.

④ 货币监理署官方网站也将非法银行业务放置于金融犯罪栏目下，并成为消费者欺诈的形式之一。

⑤ See VA ST § 6.2 –938.

⑥ Koven v. Kline, 245 A. D. 307, 280 N. Y. S. 814 (1st Dep't 1935).

同时违背了监管措施、惩治方式与风险水平相匹配的原则。[①]

二、公开销售未注册证券

美国联邦法律和州蓝天法都规定，除一些可豁免的情况外，禁止公开销售未经注册的证券。如 1933 年《证券法》第 5 条规定，禁止利用直接或间接利用邮寄或州际贸易的任何手段或工具公开要约或销售未经注册的证券。

为给予消费者最大的保护与最全面的救济，美国证券法中的证券包罗万象。[②] 为使证券法的管辖范围能够涵盖实践中不断出现的各种新颖的、不常见的投资方式，证券的定义中包含投资合同（investment contract）这一相对模糊的兜底概念。联邦最高法院在"SEC 诉 Howey 案"中针对投资合同创制了著名的 Howey 测试标准——若一项金融商品满足钱财投资、共同事业、利润预期、完全依赖他人努力四个要素，即可被认定为投资合同，进而归入证券的范围。[③] 在如此宽泛的定义下，比特币、首次发行代币（ICO）都被界定为证券，从而其发行者曾被证券交易委员会调查，并罚以巨款。为了尽量减少过度包含的问题，法律规定了一系列可免于注册的证券类型（包括政府、非营利组织、银行、信托基金发行的证券，保险单和年金合同等）与可以豁免的交易类型（包括针对小额发行、私募发行的豁免，针对交易商、经纪人的交易豁免，以及针对众筹的豁免等），将不必纳入证券法保护范围的证券发行予以排除。此外，1933 年《证券法》第 28 条还赋予了证券交易委员会一般豁免权——在证券交易委员会认为对保护公共利益和投资者权益必要或适当的时候，可以有条件或无条件地豁免任何一个或任何一类的人、证券、交易在证券法任何一条规定下的义务。

就证券交易委员会的执法措施而言，其在充分利用各种渠道（如市场监督、投资专业人士建议、投资者的投诉以及媒体刊物等）发现违法线索

---

① 参见彭冰：《非法集资活动规制研究》，载《中国法学》2008 年第 4 期。

② 15 U. S. C. A. § § 77b（a）（1）.

③ See SEC v. W. J. Howey Co. , 328 U. S. 293（1946）.

后，可对相关行为展开调查、签发制止令、进行罚款，或向法院提起诉讼申请禁止令和附带救济（罚款、返还非法所得、资产冻结等）。如有必要，还可以将犯罪证据移送司法部，由后者提起刑事诉讼。追究刑事责任不影响证券交易委员会对当事人基于同样事由进行行政处罚。此外，证券交易委员会还鼓励从事创新业务（特别是数字资产交易）的实体预先与证券交易委员会员工进行沟通，以确认其是否需要进行注册。

1933 年《证券法》第 27 条还为当事人提供了私人诉权，未注册发行的证券的购买者有权向法院提起侵权性质的民事诉讼，请求返还其所支付的对价及利息。但在未造成损失的情况下，当事人的诉讼请求可能不被法院支持。[①] 法院对此类侵权诉讼采取严格责任的归责原则，即受害人无须证明发行人存在主观过错。此外，该发行行为所涉及的民事合同并不当然无效，无过错方可决定是否对其进行追认。

在故意（willfully）为之的情况下，公开销售未注册证券也可能被追究刑事责任，被处以 1 万美元以下的罚款或 5 年以下的监禁。[②] 由于信息不透明，公开销售未注册证券在很多情况下与证券欺诈相伴而生。[③] 与一般欺诈相比，证券欺诈的认定更为简单：无须存在实际诈骗行为或诈骗意图，而只需证明行为人明知其陈述为虚假即可。[④]

美国法对公开销售未注册证券的规定与我国刑法规定的擅自发行股票、公司、企业债券罪具有一定的相似性，但两者又存在明显的差异：首先，美国司法实践对证券的功能性定义非常宽泛。我国司法实践对擅自发行股票、公司、企业债券罪中股票与公司、企业债券的解释采取字面解释的方法，仅利用股票或者公司、企业债券等金融工具进行的非法集资才能构成此罪，难以涵盖现实中存在的多种直接融资型非法集资活动。其次，在不具有主观故意的情况下，在美国公开销售未注册证券的行为一般只需

---

① Barnett v. Anaconda Co. , 238 F. Supp. 766 (S. D. N. Y. 1965).

② 15 U. S. C. A. § 77x.

③ 如根据证券交易委员会官方网站对庞氏骗局的介绍，相关证券未经注册是前者的典型特征之一。

④ 参见储槐植：《美国刑法》（第 3 版），北京大学出版社 2005 年版，第 228 页。

承担民事责任和行政责任，并不承担刑事责任。我国的擅自发行股票、公司、企业债券罪则属于经济犯罪，构成该类犯罪须承担刑事责任。

三、未注册开展投资公司业务

美国1940年《投资公司法》第7条规定，投资公司必须依法注册。第3（a）条则给出了投资公司的功能性定义：投资公司是指主要从事投资、再投资或证券交易，或者声称自己主要从事这些交易，或者打算主要从事这些交易；正在从事、打算从事或已经开始从事发行分期付款面额证券的业务；投资或打算投资超过其总资产的40%在投资证券上的公司。该法所指的公司包括公司、合伙、社团、信托、基金或任何组织形式的实体。以上定义可能导致如下结果：一家公司可能并没有以投资业务作为其主要业务的主观意图，而只是在特定时刻偶然进行资产重组后，发现投资业务已成为其主营业务，自身成为一家“偶然的投资公司”。要确定一家公司是否主要从事投资业务，必须将该公司所有种类的业务都纳入考量范围，而不能仅着眼于个别的、孤立的交易活动。

1940年《投资公司法》第3条与第6条规定了一系列豁免与排除，包括针对受益持有人数目不超过100个的私募投资公司的豁免，针对承销商与经纪人的豁免，以及针对银行和保险公司等金融机构、慈善机构、单独或集合养老基金、机会计划、金融附属机构、机构融资计划、小额账户计划、投资俱乐部以及清算中的公司的排除等。此外，1940年《投资公司法》第6条还赋予了证券交易委员会一般豁免权——在证券交易委员会认为对保护公共利益和投资者权益必要或适当的时候，可以有条件或无条件地豁免任何一个或任何一类的人、证券、交易在投资公司法任何一条规定下的义务。

证券交易委员会对未注册开展投资公司业务可采取的执法措施与公开销售未注册证券相似。一般认为，1940年《投资公司法》的规定中隐含了私人诉权。① 就所涉及民事合同的效力而言，合同双方均可不对其进行执

① 79A C. J. S. Securities Regulation § 458.

行，除非法院判定在不违反立法目的的前提下，执行比不执行的结果更加公平。[①] 在故意（willfully）为之的情况下，未注册开展投资公司业务也可能被追究刑事责任，被处以1万美元以下的罚款或5年以下的监禁。[②]

四、非法保险业务

美国州法禁止任何尚未得到正式批准的个人或实体在其辖区内开展保险业务。州法一般包含对保险业务的功能性定义。如阿肯色州法律规定，保险是一方（保险人）有义务根据偶然事件的发生状况将金钱价值利益授予另一方（被保险人或受益人）的任何协议、合同或其他交易，被保险人或受益人在此类事件发生时已经产生或预期会产生的重大利益将因此类事件的发生而受到不利影响。[③] 判断一项金融交易是否包含需要监管的保险业务时，须遵循实质重于形式的原则，根据交易的目的、影响、内容、来源进行判断。由于保险业务涵盖范围的广泛性，对于一些合同［如标准合同中的明示担保（warranties）[④] 和银行提供的债务取消合同（debt cancellation contracts）[⑤]］是否属于保险范畴，监管当局和司法机关尚存不同意见。

州保险委员会有权对涉嫌从事非法保险业务者进行调查、签发制止令、责令返还非法所得、罚款等，或对其提起民事诉讼、申请禁止令、责令其返还非法所得、为其指定管理人、罚款或责令其进行损害赔偿。[⑥] 佛罗里达州法律规定，在州保险监管局认为必要时，其可以不事先通知相对人或为其提供听证机会即签发紧急制止令。[⑦]

一些州法为因未授权保险产品而受到损害的当事人提供了向保险人索

---

① 15 U. S. C. A. § 80a－46.

② 15 U. S. C. A. § 80a－48.

③ AR ST § 23－60－102.

④ See Douglass v. Dynamic Enterprises, Inc. , 869 S. W. 2d 14 (Ark. 1994). See also State ex rel. Duffy v. Western Auto Supply Co. , 134 Ohio St. 163 (Ohio 1938).

⑤ First National Bank of East Arkansas v. Taylor, 907 F. 2d 775 (8th Cir. 1990).

⑥ NV ST 685B. 035.

⑦ Robin Hood Group, Inc. v. Florida Office of Ins. Regulation, 885 So. 2d 393 (Fla. 4th DCA 2004).

赔的私人诉权。[①] 从事非法保险业务在很多的州都构成重罪。例如，在内华达州，从事非法保险业务的保险人构成B级重罪，将被处以1年以上20年以下的监禁。[②]

第四节　影子银行的中美对比

影子银行（Shadow Banking）的概念是由美国太平洋投资管理公司执行董事保罗·麦卡利（Paul McCulley）在2007年美联储年度会议上首次提出的，指代从事类似于银行业务，却游离于正规银行监管体系之外的非银行机构。[③] 影子银行行使与商业银行类似的职能，却不似商业银行那样受到严格监管。在美国，影子银行的外延包括投资银行、货币市场共同基金、对冲基金、特殊目的公司、结构性投资工具等非银行金融机构。虽然这些机构本身大部分属于正规金融，受到一定程度的金融监管，但其所受到监管的强度却远远弱于与其功能类似的商业银行。从这个角度看，影子银行也存在与我国民间金融类似的应然情况与实然情况之间的矛盾，从而也带有一定的非正规性。

影子银行的概念近年来也常被用于对中国民间金融的相关问题进行描述。根据一些国际组织和国内外学者的观点，我国的民间金融在很多时候也被认为是中国式影子银行的组成部分。一般认为，我国的影子银行活动包括以下三大类金融活动：一是银行理财、银信合作与银行委托贷款等通过将银行表内业务转向表外而规避银行监管的金融活动；二是信托公司、基金公司等受政府监管程度低于银行的非银行类金融机构所从事的与银行活动类似的金融活动；三是担保公司、典当行、小额信贷公司、网络借贷

① FL ST § 624.155.

② NV ST 685B.087.

③ Paul McCulley, *Teton Reflections*, PIMCO Global Central Bank Focus (2007).

平台等从事的民间金融活动。[1] 从中国式影子银行活动与民间金融的关系来看，显然，并非所有的影子银行活动都属于民间金融。同时，也并非所有的民间金融都属于影子银行活动，只有功能类似于商业银行的存款机构型民间金融组织才应当被认定为影子银行；直接融资型与集合投资型民间金融组织从事的并非类似于银行业务的活动，因此并不属于影子银行。由此，中国式影子银行活动与民间金融存在交叉关系，而两者相互重合的部分即是民间金融之中发挥类似银行功能的那一部分。根据 H 省的情况，存款机构型民间金融活动在所有民间金融活动中占比最高。因此，以下拟对我国存款机构型民间金融活动与美国的影子银行活动进行比较。

一、相似之处

第一，美国影子银行体系的最初形成也与在一定历史时期的严监管政策密切相关。美国在 1929—1933 年发生大萧条之后，对银行经营逐渐确立起三方面的严格限制：混业经营限制、跨州设立分行限制与存款利率管制。在严格的行业限制所带来的金融抑制下，政府和市场分别开始逐渐谋求金融创新。首先，政府主导在银行系统之外建立了一个与银行功能相似的平行系统——政府资助企业（GSE），专门收购由联邦提供担保的房屋贷款，以提高房贷流动性、增加房贷供给。其次，由于银行业房贷资金出现短缺，政府又创新性地将资本市场资金引入房贷机构，创立了信贷“发放—分销”模式，联通了资本市场与信贷市场，成为之后各类影子银行所赖以存在的基础业务模式。在市场创新层面，由于银行存款利率上限管制使存款实际利率为负，居民资产增值要求难以由银行存款满足，非银行机构趁机通过发行货币市场共同基金以高利率竞争银行资金，同时发行商业票据、公司债券等以更优惠的条件竞争银行贷款业务。[2]

第二，美国影子银行的急速扩张也与房地产泡沫和次级贷款有关。

---

① 参见罗建华：黄玲：《中小企业非正规金融内生成长分析——基于社会资本视角》，载《经济与管理》2011 年第 1 期。

② 参见陆晓明：《中美影子银行系统比较分析和启示》，载《国际金融研究》2014 年第 1 期。

2001—2005 年，受到宽松货币政策的推动，美国民众购房热情急剧上升。提供贷款的金融机构在利润驱使下，对客户资源进行激烈竞争。在优质客源被争夺殆尽之后，一些金融机构丧失必要的风险防范意识，将目标瞄向了收入和信用状况较差的客户，向后者大量推销其无力负担的次级抵押贷款。据国际货币基金组织统计，美国次级抵押贷款的规模在 2006 年年底达到了 1.5 万亿美元。这些次级贷款中的大部分被转换成衍生品后，又不断被再次打包和出售，[①] 房地产市场的泡沫不断膨胀。2006 年，房地产价格在达到高峰之后开始大幅下跌。房地产业的急转直下使次贷衍生品销路下降，市场难以为次贷借款人提供源源不断的资金支持，再加上之前发放的次级抵押贷款进入了利率重新设定期，大量借款人难以及时还款出现违约现象，最终引发了 2008 年的次贷危机。[②]

第三，美国影子银行受到的监管也与其风险程度不相匹配。美国影子银行发挥类似商业银行的功能，其具有类似于商业银行的金融风险，却不受银行业监管法律制度的规制，而只受到监管强度较弱的《投资公司法》与《证券法》的规制。

二、区别之处

第一，产生的原因不同。对中国而言，中小企业无法顺利从正规渠道获得其生产经营所需资金，是民间金融产生的主要原因。因此，提供高利贷、突破银行信贷额度是中国影子银行产生的主要动因。同时，2008 年全球金融危机之后的刺激政策所带来的泡沫增长也为民间金融的繁荣发展提供了驱动力。因此，中国的影子银行兼具合理和不合理的双重属性：一方面，影子银行为实体经济（特别是中小企业）的发展提供必不可少的资金支持；另一方面，影子银行又具有投机性，集中于存在泡沫与产能过剩的行业。美国影子银行则主要是金融创新和监管套利的产物。

第二，经营的模式不同。在美国模式中，影子银行体系的存在仍然需

---

① See IMF, Global Financial Stability Report (2007), p. 23 – 24.

② 参见乔翔：《美国次贷危机成因与我国住房和金融市场发展》，天津财经大学 2008 年硕士学位论文。

要依赖正规银行发放贷款的功能，其目的是通过将银行贷款进行证券化以从其发达的资本市场上募集更多资金，影子银行的功能是对银行功能的延展和补充。因此，从融资结构上看，其虽然功能类似于银行，但并非简单的间接融资，而是融合了直接融资与间接融资的创新模式。中国的民间金融并不旨在对银行贷款进行证券化，而是以提供信贷业务为主导，对银行业务具有替代作用。从融资结构上看，中国民间金融的业务结构大多较为简单，不包含较为复杂的金融衍生产品。

第三，政府与立法所起到的作用不同。美国影子银行的出现和发展是立法先行的。从 20 世纪 30 年代开始，美国完成了银行法、金融控股公司法、非银行金融工具法、证券法等一系列立法，为影子银行的法律地位、功能和运行提供了较为透明和规范的指引。在法律所划定的自由范围内，美国活跃的资本市场不断进行产品创新。因此，美国的影子银行虽然在微观产品创新方面是市场领先于监管的，但在金融体系、机构形式的构建等宏观筹划方面，基本上还是立法领先于市场的。我国的影子银行并非在政府划定的范围内所进行的产品创新，而是在监管滞后的前提下，市场由下而上地对现有失衡的正式制度所进行的自发性纠偏。

第四，累积金融风险的原因不同。证券化本身具有分散风险的功效，但以下因素的出现使美国的影子银行在 2008 年全球金融危机爆发前累积了大量的金融风险：其一，随着金融混业经营趋势的加剧，美国分业监管模式的效果捉襟见肘，留下了诸多的监管空白和灰色地带。其二，金融机构追逐高利润的冲动使次级抵押贷款激增，资产证券化为这些质量较差的资产提供复杂的信用增级，使风险不断加倍。其三，影子银行的许多中长期资产依靠货币市场短期工具融资，具有类似于银行的较高的期限错配风险，且负债率极高（如“两房”的杠杆率最高达 62.5∶1），理应受到类似于银行的资产结构规则的规制，实际上却并无此类规则。[①] 中国的影子银行自始便具有极高的金融风险：其一，从资金流向来说，我国影子银行的

① 参见陆晓明：《中美影子银行系统比较分析和启示》，载《国际金融研究》2014 年第 1 期。

资金大多流入了房地产业和地方政府融资平台，透明度较低。投资者不关注其投资行业、企业的发展前景，而仅被高利率所吸引。高利率一方面来自高风险投资项目带来的高额回报，另一方面则来自融资企业不断借新还旧，具有较高的流动性风险和财务风险。其二，从资金来源上看，短期资金占比高，期限错配和流动性风险显著。其三，从资本结构上看，由于不受监管，杠杆率较高，损失吸收能力较弱，同时不受存款保险保护，更容易引发挤兑。

第五节 美国20世纪80年代储贷危机介绍

储蓄与贷款协会（Saving and Loan Association，以下简称储贷协会）在其诞生之时，是专门从事储蓄业务与住房抵押贷款的非营利性机构。会员将小额存款存入储贷协会，汇聚的资金为参与储蓄的会员提供住房按揭贷款。因此，彼时的储贷协会是典型的合作式民间金融机构。1929年经济危机之后，美国开始推行“居者有其屋”的住房政策，大力发展住房抵押贷款，储贷协会成为落实此项政策的主要机构。美国于20世纪30年代初期开始立法对储贷协会进行规制，由联邦住宅贷款银行（FHLBB）承担监管职能，联邦储蓄贷款保险公司（FSLIC）为储贷协会的存款提供保险。[①]自此，储贷协会从合作式民间金融机构转化成为正规金融机构。

储贷协会虽被转为正规金融机构，但其经营范围仍被限定为保守的住房按揭贷款业务，存款利率也被限制在一定范围内，以保障其资金来源的廉价性。20世纪70年代末，美国金融市场发生巨大变化，储贷协会大量亏损，美国政府为了挽救储贷业而采取了一系列放松管制的措施：在资产端，允许储贷协会经营风险较高的商业银行业务，如消费贷款、商业贷款、企业贷款、工商业贷款、非住宅房地产投资等，甚至可以买卖垃圾债券；在负债端，取消了存款利率限制，同时增加了存款保险额度，将联邦

---

① 参见何艳：《从美国解决储贷危机中得到的经验教训》，载《南方经济》2000年第4期。

储蓄贷款保险公司对单笔存款的最高保险金额从 4 万美元提升至 10 万美元；此外，联邦住宅贷款银行将资本金占总负债的比率从 5% 降至 3%，还降低了储贷协会的准入门槛，取消了单一储贷协会要有至少 400 名股东、每名股东持有股份不得超过 25% 的规定，使单一股东可以拥有并经营储贷协会。①

放松管制之后，储贷行业的资产规模从 1982 年至 1985 年增长了 56%，远高于同时期商业银行资产规模的增长率（24%）。其主要投资方向亦转变为各种高风险房地产开发项目、股票、垃圾债券以及其他高收益金融工具。然而，由于储贷协会长期以来只从事简单业务，既缺乏专业人才，又不具备商业银行的内部管理和风控体系，政策的骤然放松很快带来了大量的坏账、投资亏损与欺诈行为。到 20 世纪 80 年代中期，由于油价下跌导致西南部经济普遍衰退，美国房地产价格出现大幅下跌，储贷协会的投资无法回收，联邦储蓄贷款保险公司的保险基金于 1987 年耗尽，储贷危机全面爆发并蔓延至商业银行，导致数千家金融机构倒闭。②

储贷危机与我国区域性民间金融风暴的相似之处包括：第一，两者都存在业务的风险水平与政府的监管强度不相匹配的问题；第二，两者都存在对政府担保的预期；第三，两者都投资于高风险行业，并出现信贷过度扩张的问题；第四，两类金融组织都具有原生性特点，内部管理、风控体系存在不规范的问题。两者的不同之处则主要在于，储贷协会在 20 世纪 30 年代之后已转化为正规金融机构，处于金融监管的范围之内，但其所受到的监管强度相比其后期业务的风险水平存在明显的不足。

第六节　小　　结

综上所述，美国的金融监管体制是建立在较为完善的类型化监管基础

---

① 参见郑庆寰：《美国储贷危机和次贷危机的对比分析——从道德风险视角的考察》，载《经济问题探索》2008 年第 6 期。

② 参见何艳：《从美国解决储贷危机中得到的经验教训》，载《南方经济》2000 年第 4 期。

之上的，其核心目标是控制风险。由于每一类金融交易的交易结构与风险特征差异显著，类型化的监管逻辑就是首先通过合理界定各类金融活动的功能性定义，设置多个并列的监管类别，在此基础上，依据上述功能性定义，将现实中的金融交易纳入不同的法律监管框架，以接受有针对性的风险管控，从而使所有金融交易的风险均控制在合理范围之内（金融机构和投资者都能承担）。针对非典型性金融交易难以进行监管分类的问题，通过持续完善基础概念、增加监管主体之间的沟通交流、指定金融监管管辖权冲突建议裁决机构、提供行政申诉与司法救济渠道来进行缓解。针对中小企业融资难这一普遍性难题，在利率自由化的前提下，充分发挥市场的资源配置作用，并辅以政策性金融制度的支持，提高中小企业获得间接融资与直接融资的可能性。此外，现代化的征信法律制度能够有效缓解中小企业融资过程中的信息不对称问题，缓解金融机构与金融市场的风险脆弱性。

对未授权金融活动，即非法集资，美国法律同样严格禁止，并且该行为在很多情况下可能构成刑事犯罪。但由于不存在金融抑制，正规金融的准入要求并不高，美国对未授权金融活动进行否定性评价的目的不在于垄断金融资源，而在于促使未授权金融活动通过完成审批或注册程序获得授权，从而转变成合法金融活动。由于引入了功能监管理念，美国的非法金融活动具有明确的监管主体——该类金融活动的功能监管主体，并且这些功能监管主体具有法律规定的针对非法金融活动的多种执法权限。

在上述机制安排的基础之上，金融活动的风险水平与监管强度不相匹配并带来严重后果的情况在美国也时有发生，影子银行的监管失当导致次贷危机的爆发以及储贷协会的监管失当导致储贷危机的爆发即是典型案例。然而，无论是影子银行的产生，还是储贷协会的规制放松，均是政府立法先行后，市场作出相关反应的结果。无论是影子银行还是储贷协会，均属于正规金融机构，处于金融监管范围之内，只是其实际的监管强度低于应当受到的监管强度。这有别于我国民间金融完全是市场自发行为，游离于现有金融监管框架之外的特性。

总之，美国的金融监管力求不破坏市场机制对于价格、供求、竞争的作用，在市场准入、利率、信贷流向等方面较少进行规制，而在类型化监管、分类管控金融活动风险方面力求精准。在此基础上，根据市场发展状况，在顶层设计和法律先行的前提下进行金融监管改革，鼓励市场创新，以适应市场变化，增强其金融业的国际竞争力。

第七章　结　　论

第一节　区域性民间金融风暴的成因

通过对H省区域性民间金融风暴成因的多角度分析，以及对中美两国与民间金融相关的法律规则的系统性比较，本书认为，H省区域性民间金融风暴的成因可以归纳如下。

第一，市场失灵。H省民间金融市场自2008年全球金融危机之后呈现出的“非理性繁荣”，并非仅仅基于实体企业的融资需求，更多的是基于对资产泡沫的投机需求。在民间金融的支持下，资产泡沫加速膨胀与破裂。在这场投机盛宴中，大量民间金融组织采取风险极高的高负债资本结构（后期沦为庞氏型融资机构）是导致金融风险持续累积与骤然爆发的直接原因。现代信用制度的不完善、对地方政府担保的错误预期以及投资者教育的缺失进一步鼓励了欺诈与投机行为。

第二，规制失灵。相比于中央政府的抑制性导向的正式制度，地方政府对民间金融默许和鼓励的态度对民间金融的发展发挥了更为重要的作用，从而削弱了中央政府正式制度的有效性。非法集资屡禁不止的原因不仅在于法律条文本身存在缺陷，更在于地方政府对非法集资案件选择性执法现象严重，对民间金融的法律规制名义上严格，实际上宽松。其结果是，正规金融活动与非正规金融活动所承担的监管成本差异显著，形成激励扭曲，导致大量资金从正规金融部门涌向非正规金融部门。由于金融监管目标、监管模式的滞后性以及应对金融创新的反应过于迟缓，无论是中央政府还是地方政府，都未对具有潜在系统性风险的民间金融活动施以必要的监管，从而使这部分夹在应然和实然裂缝之间的民间金融的风险不断累积，最终酿成了此起彼伏的区域性民间金融风暴。

第三，私人执行模式失灵。从我国涉嫌非法集资的民间借贷司法实践来看，无论是审理依据的完备性，还是法院的中立性与司法的可及性都存在较大问题，导致私人执行理论设定的理论假设难以达成，从而使私人执行模式难以发挥理论上的效用。民间金融投资人无法通过提起民事诉讼这一事后救济机制来有效保障自身的合法权益。

在这三大失灵之中，规制失灵是酿成区域性民间金融风暴的最为关键的原因。这是因为，市场机制与私人执行模式的失灵在一定程度上都与规制失灵密切相关：规制失衡是导致民间金融市场异常繁荣，进而催生投机与欺诈行为的重要因素；地方政府前期对民间金融活动的鼓励以及后期对相关案件处置的把控是导致民间融资案件司法可及性差的重要原因。同时，监管滞后更是直接导致了民间金融风险的持续累积与骤然爆发。鉴于此，进一步完善金融监管应是优化民间金融法律治理的主要方式。只有规制失灵得到矫正，私人执行模式才能发挥应有作用，也才能有效解决市场失灵的问题。

一段时期内我国民间金融活动的异常繁荣以及区域性民间金融风暴的不时发生，突出反映了我国金融监管体制存在一定的滞后性。为此，中央政府不能漠视相关问题，也不能将相关的监管职责简单转移给地方政府；应当肩负起顶层设计的责任，改善滞后的监管理念，对金融监管的内外界限问题以及中央与地方的监管权限划分问题作出整体设计，使金融监管回归均衡状态，避免类似事件再次发生。

第二节 民间金融法律治理的优化路径

一、短期：以控制风险为核心的功能监管改革

优化对民间金融的法律治理，关键是要解决民间金融概念中应然和实

然之间的矛盾，明确对哪些民间金融活动应当进行规制以及如何对其规制的问题。民间金融与正规金融本就是一体两面的一对概念，研究应对哪些民间金融活动进行规制，也就是研究正规金融体系覆盖范围的修正问题，研究如何将现行金融监管体系的覆盖范围扩大到能够有效防控金融风险的程度。

本书想要强调的是，扩大金融监管体系的覆盖范围不能仅依赖在现有机构监管的框架内增设某些新的金融机构门类，或者缩小非法集资行为的外延，以使某些非法金融活动合法化；而应当从根本上转变金融监管理念——从机构监管转向功能监管，以将所有具有潜在系统性风险的金融活动（无论合法与否）都纳入金融监管的范围内。这是由于，基于存在金融抑制这一前提，无论我们增加了怎样的一些中小金融机构门类，或者将非法金融活动限缩到多么“合理”的程度，现实中大量无法得到满足的金融需求依然会催生大量逸出监管边界、进入监管真空的民间金融活动。只有功能监管才能有效杜绝出现监管空白的问题。因此，应当进一步深化功能监管的理念，通过实现由机构监管向功能监管的转型，将所有需要进行规范和监管的金融活动都纳入金融监管的范围内，而无论其实施主体是正规金融机构、普通工商企业还是非法集资组织，也无论金融活动本身是已经获得准入许可的正规金融活动，还是未获得准入许可的民间金融活动。只要一种金融活动具有潜在的系统性金融风险，就应当受到金融监管，就应当将其从民商法的调整范围划归到金融法的调整范围内，以保障各种金融业务经营的安全、秩序和效率。此外，由于民间金融活动的交易结构多种多样，不同种类民间金融活动的风险特征与风险水平差异显著，因此，在将具有潜在系统性金融风险的民间金融活动纳入金融监管范围内后，其具体应落入哪一监管类别当中，由哪一个监管主体进行监管，也是需要考虑的问题。这又涉及金融监管体系内部不同法律监管框架之间的边界问题，涉及正规金融的类型化监管问题。

要实现上述目标，可从以下几个方面着力：首先，在后续对《商业银行法》《证券法》《证券投资基金法》《保险法》等基础性金融法律进行修订时，引入各类金融活动的功能性定义，使任何符合功能性定义的金融活动（无论其实施主体是何种实体）都自动落入上述法律的适用范围，从而需要履行相关准入义务与监管要求，并受到相应监管主体的监管。若相关主体未履行法定准入义务，未获得授权便开展相关金融业务，则应承担非法开展金融业务的法律责任，但其依然处于相关金融法与金融监管主体的管辖范围之内。在我国前期修订《证券法》的过程中，2015 年 4 月提交全国人大常委会审议的《证券法（修订草案）》曾尝试采用功能性定义，将证券定义为“代表特定财产权益，可均分且可转让或者交易的凭证或者投资性合同”，并辅之以一系列列举。有反对意见认为，股票、公司债券以外的其他相关金融产品，性质上是否属于证券，还有不同认识；同时，这个问题涉及监管体制的调整，应进一步深入研究。故 2019 年修订的《证券法》未采纳上述草案对证券的功能性定义。[①] 在未来的金融法修订之中，应继续坚持功能监管改革理念，完善银行活动、证券活动、期货活动、集合投资计划、保险活动等基础概念的功能性定义，合理设置监管类别，构建类型化监管的制度基础。

其次，应明确系统性风险的具体判断标准，厘清金融活动与非金融活动的界限。美国法对系统性风险具体判断标准的规定体现在与功能性定义相配套的豁免制度上，大体上包括最低水平豁免与合格投资者豁免两类。一是最低水平豁免。例如，在银行领域，判例法明确，只有从事核心银行业务（吸收存款、发放贷款、兑换支票）才会被认定为从事银行业务，而从事非核心银行业务的实体则可以被豁免履行相关的银行监管要求。[②] 又如，美国 1940 年《投资公司法》对 100 个以下投资者参与的集合投资工具给予豁免。[③] 未达到最低限度的金融活动被认为不具有潜在系统性金融风险，因此无须纳入金融监管范围。二是合格投资者豁免。典型的例子是美国 1933 年《证券法》、《条例 D》（*Regulatin D*）和《规则 144A》（*Rule*

① 参见《全国人民代表大会法律委员会关于〈中华人民共和国证券法（修订草案）〉修改情况的汇报》，载中国人大网 2020 年 1 月 3 日，http：//www. npc. gov. cn/npc/c2/c30834/202001/t20200102_ 304437. html。

② 9 Corpus Juris Secondum Banks and Banking § 2 at 52（1996）.

③ See 12 U. S. C. § 80a – 3（c）（1）（1998）.

144A）下的私人配售豁免，以及 1940 年《投资公司法》中针对财富或者专业技能达到一定标准的合格投资者的豁免。合格投资者被认为具备较强的风险承受能力与投资技能，无须对其进行额外保护。就我国情况而言，2015 年 4 月提交全国人大常委会审议的上述《证券法（修订草案）》纳入了合格投资者豁免的内容，规定向符合条件的机构与个人合格投资者公开发行证券可以豁免注册或核准。但遗憾的是，2019 年修订的《证券法》未采纳草案的上述规定。在未来的金融法修订中，在完善银行活动、证券活动、期货活动、集合投资计划、保险活动等基础概念的功能性定义的同时，也应通过规定配套豁免制度，准确界定系统性风险的具体判断标准。

再次，应合理分配金融监管主体之间的监管管辖权，厘清此类金融活动与彼类金融活动的界限。由于金融业是一个具有多个子部门的行业，不同种类金融活动的交易结构与风险水平是如此的不同，以至于必须针对每一种金融活动制定不同的金融单行法律，在不同的法律监管框架下，为不同的监管主体配备不同的监管措施工具箱，以将各类金融活动的风险分别控制到适当水平。将金融监管的外部边界即金融法的适用范围扩大到其应有范围之后，还会面临某一特定金融交易应当落入何种监管类别、由哪个金融监管主体进行监管的问题，即如何厘清金融监管内部边界的问题。为此，应当对银行活动、证券活动、期货活动、集合投资计划、保险活动等基础概念的功能性定义进行更加精密的界定和区分。这里可能需要使用“机构排除”，即对一个已经受到监管的金融机构施加另一监管安排的豁免。例如，美国 1940 年《投资公司法》排除了对保险公司、存款机构和养老金计划的管辖。①同时，还应当建立监管权属争议解决机制，指定特定监管主体作为实践中不可避免的监管管辖争议的裁决者。此外，还可针对日益涌现的金融科技创新建立“监管沙盒”② 等创新管理机制，解决创新

---

① See Sections 3（c）（3）and 3（c）（11）of the Investment Company Act of 1940, 15 U. S. C. § 80a－3（c）（3）&3（c）（11）.

② 监管沙盒（Regulatory Sandbox）是英国金融监管局于 2015 年率先提出的一种创新管理机制。监管沙盒机制允许受到批准的测试对象在一个受监督的安全测试区开展金融创新活动，有助于减少创新理念进入市场的时间与潜在成本，并降低监管的不确定性。

金融业务的监管归属难题。

最后，应明确中央与地方之间金融监管权限的划分。绝大部分民间金融组织开展业务的范围限于特定省市，导致中央金融监管机构对其监管力有不逮。中共中央和国务院2017年颁布的《关于服务实体经济防控金融风险深化金融改革的若干意见》明确将小额贷款公司、融资性担保公司、区域性股权市场、典当行、融资租赁公司、商业保理公司、地方资产管理公司等七类金融机构和辖区内投资公司、农民专业合作社、社会众筹机构、地方各类交易所等四类“地方金融组织”的监管权下放给地方。2023年3月《党和国家机构改革方案》公布，在中央层面，成立中央金融委员会与国家金融监督管理总局，前者作为党中央决策议事协调机构承担统筹协调职能，后者统一负责除证券业之外的金融业监管，强化机构监管、行为监管、功能监管、穿透式监管、持续监管，统筹负责金融消费者权益保护，加强风险管理和防范处置，依法查处违法违规行为。自此，“一委、一行、一局、一会”金融监管格局形成。在地方层面，提出深化地方金融监管体制改革，建立以中央金融管理部门地方派出机构为主的地方金融监管体制，统筹优化中央金融管理部门地方派出机构设置和力量配备。2024年4月8日，国家金融监督管理总局县域监管支局统一挂牌，实现了国家金融监督管理总局系统“四级垂管”架构。同时，自2024年年初起，地方金融委、地方金融工委也在紧锣密鼓地组建，地方金融管理局也纷纷挂牌成立。由此可见，央地协同金融监管新格局正在形成过程中。仅从目前的情况来看，就对民间金融活动的监管而言，中央金融管理部门地方派出机构与地方金融管理局之间的权限仍有待进一步划分。

二、中长期：以扩大准入为基础的金融市场化改革

解决我国民间金融问题的根本途径和我国金融监管体制的中长期改革目标还应当是改变金融抑制的现状，开放民间资本进入金融行业，大力发展地方性银行等中小金融机构，发展多层次资本市场，以真正发挥市场优化资源配置的功能，满足中小企业的资金需求。只有这样才能从根本上消除民间资本逾越法律界限进入监管真空地带的强大动力，杜绝区域性民间

金融风暴的再次发生。目前，我国的利率市场化改革已经基本完成，金融业准入门槛仍然需要进一步降低。

首先，在间接融资方面，积极发展类似于美国社区银行的中小银行业机构。可以采取的方式包括放开民营资本设立更多的民营银行。此外，可以借助《放贷人条例》的制定发展非吸收存款类放贷组织（包括信用卡公司、贷款公司、汽车金融公司等），以满足市场上不同的融资需求，但须谨防此类放贷人吸收公众资金而再次沦为非法集资的重灾区。

其次，在直接融资方面，发展多层次资本市场，包括区域性股权市场与场外市场。由于我国在之前较长时期内实施信贷配给，故更为仰赖银行主导的间接融资模式；直接融资模式的市场性更强，在政策上引导投资方向较为困难，因此对其一直采取较高的准入门槛和审批制度。但随着利率市场化的推进以及信贷配给政策目标的不断减弱，直接融资对于市场价值的发现功能越发凸显。直接融资能以更为市场化的资金回报率使参与投资的民间资金获得回报，反映出实际资金成本，有利于鼓励民间资金投资中小企业，缓解中小企业融资难的问题。

再次，鼓励金融脱媒和借贷关系去中介化。在传统市场条件下，只有通过信用中介机构才能够实现资金的集聚和资本的集合。伴随着信息技术的发展，P2P 网贷和政府主导的民间融资信息机构的诞生为简单借贷创造了更为简便的交易环境。通过借贷双方信息的收集和公示，再通过互联网提供的快捷搜索功能，借贷双方均可以通过简单借贷的方式满足一定的借贷需求（尤其是小额借贷需求）。并且，由于市场的公开性，在互联网平台上进行的 P2P 交易能够方便地记录借款期限、利率水平、抵押品等关键信息，为明确借贷交易的信用基础提供了便利，为纠纷解决也创造了条件。因此，借贷交易的 P2P 化能够为市场提供合法、便捷的融资渠道，有助于小额资金供求关系的平衡。但借贷交易的 P2P 化仍然要严防结构性风险的产生，任何信息平台创造资金池，任意以小额短期资金对接贷款，或者是将贷款、借款分包、分散出让等行为均会扭曲 P2P 交易的交易结构，从而形成金融中介意义上的间接融资（包括以存款机构与集合投资工具为中介的融资）。因此，对于民间 P2P 网贷交易与政府主导的信息平台企业的规制，必须从严防金融中介与间接融资出发，杜绝交易关系发生异化。

最后，要充分发挥市场作用，还必须辅之以信用制度的完善。由于我国是转型国家，金融信用模式正处于由传统的“采邑”信用模式向“市场”信用模式艰难转型的过程中。现阶段，能够支撑现代商业的现代信用模式远远没有建立起来，而原先支持人格化交易的熟人信用体系已逐渐解体。旧制已破、新制未立，从而出现了转型时期的信用缺失现象。在民间金融危机中出现的信任问题即是现阶段信任真空问题的表现之一。① 为解决这一问题，既要发展与现代金融相匹配的商业信用，建立现代征信制度，同时也不能忽视传统信用的积极作用。事实上，熟人信用并非不能被用于正规金融之中，美国社区银行的例子就很好地证明了这一点。熟人之间获取信息的优势与个人信誉、群体责任、关联交易等合同保障措施，可以弥补发展中国家正规金融市场中的金融信息匮乏。一味强调商业信用，忽视传统信用，是造成现阶段社会道德低下、信用危机的原因之一。作为一种无法律明文规定甚至没有成文记载的非正式制度，传统信用的传播与良性发展需要依托家庭教育，以及发挥学校、行业协会等中间组织的积极作用。

第三节 余论：转型时期的失衡与规制

在对区域性民间金融风暴的研究中，笔者观察到了在一定时期内我国社会中存在的种种失衡：中央与地方之间、地方与地方之间、国企与民企之间、规制与放任之间、安全与效率之间都呈现出某种程度的失衡。这种失衡广泛体现了我国转型时期经济社会运行中所表现出的一种极不寻常的复杂性。② 我国由计划经济向市场经济、由农村社会向城市社会的转变仍然远未完成，传统的、现代的、计划的、市场的各种成分混杂在一起，妥

---

① 参见艾茜：《个人征信法律制度研究》，中国政法大学2006年博士学位论文。

② 参见［美］巴里·诺顿：《中国经济：转型与增长》，安佳译，上海人民出版社2010年版，第3~4页。

善处理这些不同成分之间的关系并非易事。

在与经济制度制定相关的问题中，这种失衡状态往往是制定有关制度时不考虑全体而只考虑部分所造成的。民间金融法律治理的失效即是这种规制失衡状态的一个缩影。从局部看，地方政府对民间金融发展的放任与鼓励似乎通过对金融抑制政策自下而上的“纠偏”，发挥了推动“金融自由化”的积极意义；然而，民间金融的“自由化”是在金融市场的另一部分——正规金融依然受到严厉管制的情况下进行的，不仅无法帮助恢复金融市场的资源配置作用、促进真正的金融自由化，反而导致金融市场人为割裂，加剧了民间金融市场的失灵。这也带有在我国经济与社会改革过程中常常呈现的“一管就死、一放就乱”的意味。

为建设金融强国而构建完善的金融监管法律体系是一项长期性、多维度的系统工程，需要宏观层面与微观层面的多项体制、机制及制度创新。注重顶层设计，制定具有体系性、前瞻性的全局规划，进而允许市场在顶层设计与全局规划所划定的范围内进行微观创新，应该是解决问题的正确思路。

主要参考文献

一、中文类

（一）著作类

［1］储槐植：《美国刑法》（第3版），北京大学出版社2005年版。

［2］陈蓉：《“三农”可持续发展的融资拓展：民间金融的法制化与监管框架的构建》，法律出版社2010年版。

［3］中国人民银行货币政策分析小组编：《2014年中国区域金融运行报告》，中国金融出版社2015年版。

［4］［美］蔡欣怡：《后街金融：中国的私营企业主》，何大明、湾志宏译，浙江人民出版社2013年版。

［5］［美］巴里·诺顿：《中国经济：转型与增长》，安佳译，上海人民出版社2010年版。

［6］姜旭朝：《中国民间金融研究》，山东人民出版社1996年版。

［7］王琦、赵志强、曲士英：《民间融资中的金融伦理》，浙江大学出版社2008年版。

［8］高晋康、唐清利等：《我国民间金融规范化的法律规制》，法律出版社2012年版。

［9］［美］罗纳德·麦金农：《麦金农经济学文集》（第1卷），李瑶、卢力平译，中国金融出版社2006年版。

［10］世界银行《东亚复苏之路》编写组编：《东亚复苏之路》，中国财政经济出版社1999年版。

［11］诸葛隽：《民间金融：基于温州的探索》，中国经济出版社2007年版。

［12］郑永年：《中国的“行为联邦制”：中央—地方关系的变革与动力》，邱道隆译，东方出版社2013年版。

［13］戴立宁口述，郭建龙、谷重庆撰写：《一以贯之：戴立宁的经历和坚持》，中信出版社2014年版。

[14] 马云泽：《规制经济学》，经济管理出版社 2008 年版。
[15] [英] 亚瑟·赛斯尔·庇古：《福利经济学》，何玉长、丁晓钦译，上海财经大学出版社 2009 年版。
[16] [美] 斯蒂格利茨：《政府为什么干预经济：政府在市场经济中的角色》，郑秉文译，中国物资出版社 1998 年版。
[17] [英] 约翰·伊特韦尔、默里·米尔盖特、彼得·纽曼编：《新帕尔格雷夫经济学大辞典》，经济科学出版社 1996 年版。
[18] 徐滇庆、于宗先、王金利：《泡沫经济与金融危机》，中国人民大学出版社 2000 年版。
[19] 石俊志：《金融危机生成机理与防范》，中国金融出版社 2001 年版。
[20] 文红星：《经济泡沫研究》，光明日报出版社 2013 年版。
[21] 谢经荣、朱勇、曲波、周健、朱海洪、丰雷：《地产泡沫与金融危机——国际经验及其借鉴》，经济管理出版社 2002 年版。
[22] 孙震：《台湾经济自由化的历程》，台北，三民书局股份有限公司 2003 年版。
[23] 张孟起：《鸿源风暴档案——79 年台湾地下吸金怪兽鸿源的生与死》，台北，时报文化出版企业股份有限公司 1995 年版。
[24] 时家贤：《转轨、全球化与中国政府规制改革》，经济科学出版社 2007 年版。
[25] 罗培新主编：《温州金融实践与危机调研报告》，法律出版社 2013 年版。
[26] 陈志武：《金融的逻辑》，国际文化出版公司 2009 年版。
[27] 费孝通：《乡土中国》，北京出版社 2011 年版。
[28] 宋瑞敏、李燕：《地方金融风险研究：现状、对策》，中南大学出版社 2011 年版。
[29] 王雅丽、毕乐强编著：《公共规制经济学》（第 3 版），清华大学出版社 2011 年版。
[30] [英] 安东尼·奥格斯：《规制：法律形式与经济学理论》，骆梅英译，中国人民大学出版社 2008 年版。
[31] 郭田勇主编：《金融监管学》，中国金融出版社 2014 年版。
[32] 刘仁伍编著：《宏观审慎管理：框架、机制与政策》，社会科学文献出版社 2012 年版。
[33] 杨农、匡桦：《非正规金融：根源、运行及演进》，北京师范大学出版社 2012 年版。
[34] 萧功秦：《中国的大转型：从发展政治学看中国变革》，新星出版社 2008 年版。

［35］［德］弗里德里希·李斯特：《政治经济学的国民体系》，陈万煦译，商务印书馆 1961 年版。
［36］卢现祥：《西方新制度经济学》，中国发展出版社 1996 年版。
［37］刘远：《金融欺诈犯罪立法原理与完善》，法律出版社 2010 年版。
［38］邓宏图：《组织与制度：基于历史主义经济学的逻辑解释》，经济科学出版社 2011 年版。
［39］朱文生：《完善上海地方政府金融管理体制研究》，上海大学出版社 2013 年版。
［40］李建军、［美］徐赛兰、田光宁主编：《中国影子金融体系研究报告》，知识产权出版社 2012 年版。
［41］柴松霞、张路：《庞氏骗局的法律分析——基于信用博弈的视角》，法律出版社 2013 年版。
［42］陈宝森、郑伟民、薛敬孝、蔡述理：《美国经济周期研究》，商务印书馆 1993 年版。
［43］［德］K. 茨威格特、H. 克茨：《比较法总论》，潘汉典、米健、高鸿钧等译，法律出版社 2003 年版。
［44］［美］格伦顿、戈登、奥萨魁：《比较法律传统》，米健、高鸿钧等译，中国政法大学出版社 1993 年版。
［45］孟咸美：《金融监管法律制度研究》，经济日报出版社 2014 年版。
［46］黎四奇：《金融监管法律问题研究——以银行法为中心的分析》，法律出版社 2007 年版。
［47］邓学衷：《经济转型期中小企业融资：比较制度分析的视角》，中国言实出版社 2007 年版。
［48］阮铮：《美国中小企业金融支持研究》，中国金融出版社 2008 年版。
［49］中国人民银行研究局、日本国际协力机构：《中国中小企业金融制度报告》，中信出版社 2005 年版。
［50］丁邦开、何俊坤等：《社会信用法律制度》，东南大学出版社 2006 年版。
［51］郭雳：《美国证券私募发行法律问题研究》，北京大学出版社 2004 年版。
（二）文章类
［1］黄小平：《美国场外衍生品市场发展监管的演变与启示》，载《中国证券期货》2018 年第 1 期。
［2］刘燕：《余额宝：革命三重奏》，载北京大学金融法研究中心编：《金融法苑》总

第89辑，中国金融出版社2014年版。
[3] 刘子平：《美国的“非法集资”及其规制经验》，载《新金融》2019年第10期。
[4] 魏倩：《中国金融管制的历史与变革》，复旦大学2007年博士学位论文。
[5] 李静：《关于农村合作基金会的研究综述》，载《中国农村观察》2002年第6期。
[6] 刘燕：《发现金融监管的制度逻辑——对孙大午案件的一个点评》，载《法学家》2004年第3期。
[7] 姚东：《向非法集资说不》，载《中国金融家》2015年第6期。
[8] 林毅夫、蔡昉、李周：《论中国经济改革的渐进式道路》，载《经济研究》1993年第9期。
[9] 卢现祥：《论我国的体制性非正式金融》，载《财贸经济》1997年第5期。
[10] 李建军：《中国未观测信贷规模的变化：1978～2008年》，载《金融研究》2010年第4期。
[11] 朱海滨：《房地产的宏观风险》，载《首席财务官》2014年第6期。
[12] 陶广峰、谭正航：《我国农村金融组织法律制度：反思与创新》，载岳彩申主编：《中国农村金融法制创新研究》，群众出版社2011年版。
[13] 李丹红：《农村民间金融发展现状与重点改革政策》，载《金融研究》2000年第5期。
[14] 姜旭朝、丁昌锋：《民间金融理论分析：范畴、比较与制度变迁》，载《金融研究》2004年第8期。
[15] 左柏云：《民间金融问题研究》，载《金融理论与实践》2001年第5期。
[16] 陈蓉：《论我国民间金融管制的重构》，西南政法大学2008年博士学位论文。
[17] 易秋霖、郭慧：《非正式金融探析》，载《金融理论与实践》2003年第3期。
[18] 汪丽丽：《非正式金融法律规制研究》，华东政法大学2013年博士学位论文。
[19] 卢现祥：《论我国的非正式金融与金融管制》，载《中南财经大学学报》1995年第1期。
[20] 李有星、范俊浩：《非法集资中的不特定对象标准探析——证券私募视角的全新解读》，载《浙江大学学报（人文社会科学版）》2011年第5期。
[21] 彭冰：《非法集资活动的刑法规制》，载《清华法学》2009年第3期。
[22] 彭冰：《非法集资活动规制研究》，载《中国法学》2008年第4期。
[23] 黄韬：《刑法完不成的任务——治理非法集资刑事司法实践的现实制度困境》，载《中国刑事法杂志》2011年第11期。

[24] 王毅:《中国区域金融结构差异性分析》,辽宁大学 2011 年博士学位论文。
[25] 何星:《我国中央与地方金融博弈问题研究》,中共中央党校 2015 年硕士学位论文。
[26] 陈伟、张凯:《中日传销经济犯罪比较与思考》,载《日本研究》2010 年第 4 期。
[27] 朱娟:《20 世纪 60 - 80 年代台湾民间金融的发展及启示》,吉林大学 2007 年硕士学位论文。
[28] 章和杰、曹彬:《台湾民间金融规范化的历史、现状及对大陆的启示》,载《台湾研究》2013 年第 6 期。
[29] 刘少军:《准金融"机构与业务"监管的法理研究》,载王卫国主编:《金融法学家》(第 5 辑),中国政法大学出版社 2014 年版。
[30] 王兴运:《庞氏骗局、资产泡沫与次贷危机》,"全球金融危机、中国的经济增长与宏观稳定"2009 年全国博士生学术会议论文,2009 年 10 月于厦门。
[31] 王改霞:《河南民间金融发展之探析》,载《中国市场》2013 年第 22 期。
[32] 张晓蓉:《投机泡沫与市场失灵——基于行为金融理论的解释》,载《浙江金融》2007 年第 4 期。
[33] 戴志敏:《九十年代美国风险投资的特点与启示》,载《外国经济与管理》1999 年第 4 期。
[34] [美] J. K. 加尔布雷斯:《"泡沫"的故事——金融投机历史回顾(三)》,万安培、白大丰、王寿安译,载《改革》1994 年第 6 期。
[35] 孙祁祥、王曙光:《区域金融危机与民间借贷风险防范》,载《中国金融》2011 年第 23 期。
[36] 石涛:《转型期政府规制改革的路径选择》,载《中共浙江省委党校学报》2010 年第 1 期。
[37] 姜春海:《中国房地产市场投机泡沫实证分析》,载《管理世界》2005 年第 12 期。
[38] 单捷:《中国的房地产泡沫研究——以政府宏观调控为视角》,复旦大学 2009 年硕士学位论文。
[39] 陈龙:《中国房地产泡沫的历史及现状》,载《经济体制改革》2005 年第 2 期。
[40] 陈书明:《中国房地产泡沫的形成机理研究》,载《经济论坛》2008 年第 11 期。
[41] 马光远:《全面检讨房地产公共政策》,载《董事会》2010 年第 2 期。
[42] 骆学韧、江燕:《我国房地产调控失灵的体制性障碍——从市场和政府"双失

灵”的角度分析》，载《中南财经政法大学学报》2011 年第 6 期。
[43] 辜胜阻：《谨防实体经济“空心化”》，载《中国人大》2014 年第 15 期。
[44] Hunter Monroe 等：《何谓庞氏骗局?》，载《金融博览》2011 年第 1 期。
[45] 瞿苇、潘淑娟：《从行为金融学的角度分析非法集资产生的原因》，载《特区经济》2008 年第 3 期。
[46] 曾坚：《信赖保护原则研究：以法律文化和制度构建为视角》，华东政法大学 2008 年博士学位论文。
[47] 黄东黎、凌忠果：《中国开放式基金的法律设计——美国共同基金发展经验的启示》，载《法律与生活》2002 年第 1 期。
[48] 陶诚等：《投资者行为研究》，载《金融纵横》2008 年第 3 期。
[49] 李爱平：《金融监管理论综述》，载《合作经济与科技》2010 年第 8 期。
[50] 臧慧萍：《金融监管理论的文献综述》，载《经济论坛》2009 年第 7 期。
[51] 李昌麒、应飞虎：《论经济法的独立性——基于对市场失灵最佳克服的视角》，载《山西大学学报（哲学社会科学版）》2001 年第 3 期。
[52] 李郁芳：《政府规制失灵的理论分析》，载《经济学动态》2002 年第 6 期。
[53] 李郁芳：《体制转轨期间政府规制失灵的理论分析》，载《暨南学报（哲学社会科学版）》2002 年第 6 期。
[54] 万江：《中央经济政策的地方执行研究——以招商引资为例》，西南财经大学 2010 年博士学位论文。
[55] 付莎莎：《我国民间金融风险的法律控制研究》，河南师范大学 2015 年硕士学位论文。
[56] 谢瑞芬：《完善地方政府金融管理体制探讨》，载《河北金融》2012 年第 12 期。
[57] 周逢民：《中央与地方政府金融监管模式选择》，载《金融发展评论》2012 年第 5 期。
[58] 胡勇锋：《中国经济转型中的金融分权——理论与实证研究》，西南财经大学 2014 年硕士学位论文。
[59] 汪丽丽：《债权类民间融资演化为犯罪的制度动因及其防范》，载《法学论坛》2012 年第 3 期。
[60] 刘伟、王汝芳：《中国资本市场效率实证分析——直接融资与间接融资效率比较》，载《金融研究》2006 年第 1 期。
[61] 董安生：《中国资本市场改革法律问题研究》，载《甘肃社会科学》2008 年第

5 期。

［62］周宏伟：《集资类犯罪案件刑民交叉处理之均衡》，载《湖南公安高等专科学校学报》2010 年第 6 期。

［63］李伟：《融资性担保公司风险控制机制的构建》，载《法制与经济（下旬）》2010 年第 4 期。

［64］胡鹏翔：《融资性担保公司监管法律问题探讨——华鼎担保事件引发的思考》，载《国家行政学院学报》2013 年第 1 期。

［65］许成钢：《经济学、经济学家与经济学教育》，载吴敬琏主编：《比较》（第 1 辑），中信出版社 2002 年版。

［66］许成钢：《法律、执法与金融监管——介绍“法律的不完备性”理论》，载《经济社会体制比较》2001 年第 5 期。

［67］卡塔琳娜·皮斯托、许成刚：《不完备法律——一种概念性分析框架及其在金融市场监管发展中的应用》（上、下），载吴敬琏主编：《比较》（第 3－4 辑），中信出版社 2002 年版。

［68］江琳清：《非法集资类刑民交叉案件审理规则探究》，载张卫平、齐树洁主编：《司法改革论评》第 19 辑，厦门大学出版社 2015 年版。

［69］林越坚、黄通荣、李俊：《非法集资与民间借贷的界限与刑民处分研究》，载《西南政法大学学报》2014 年第 3 期。

［70］黄韬：《“存款”还是“证券”？——刑事司法实践的金融法制难题》，载黄红元、徐明主编：《证券法苑》第 9 卷，法律出版社 2013 年版。

［71］黄韬：《为什么法院不那么重要——中国证券市场的一个观察》，载苏力主编：《法律和社会科学》第 9 卷，法律出版社 2012 年版。

［72］黄韬：《中国法院受理金融争议案件的筛选机制评析》，载《法学家》2011 年第 1 期。

［73］张锦娟：《论民间集资案件刑民诉讼立案冲突与程序规制》，华东政法大学 2013 年硕士学位论文。

［74］张建伟：《法律、民间金融与麦克米伦“融资缺口”治理——中国经验及其法律与金融含义》，载《北京大学学报（哲学社会科学版）》2013 年第 1 期。

［75］范愉：《集团诉讼问题研究——一个比较法社会学的分析》，载《法制与社会发展》2006 年第 1 期。

［76］朱淑丽：《挣扎在理想与现实之间　功能主义比较法 90 年回顾》，载《中外法

学》2011 年第 6 期。
[77] 郭星华、秦红增：《从中国经验走向中国理论：法社会学（法人类学）再思考》，载《广西民族大学学报（哲学社会科学版）》2012 年第 5 期。
[78] 贾佳：《浅谈比较研究方法》，载《法制与经济（中旬）》2012 年第 2 期。
[79] 马莎莎：《美国金融监管改革对中国金融监管的启示》，财政部财政科学研究所 2011 年硕士学位论文。
[80] 杨惠：《机构监管与功能监管的交错：美国 GLB 法案的经验》，载《财经科学》2007 年第 5 期。
[81] 王计昕：《美国中小企业融资问题研究》，吉林大学 2006 年博士学位论文。
[82] 宋洋：《中国民间借贷利率管制法律路径的检讨与重构》，西南财经大学 2011 年硕士学位论文。
[83] 刘萍等：《有关美国非吸收存款类放贷人（NDTL）的考察报告》，载《西部金融》2008 年第 9 期。
[84]《张化桥：美国为什么没有高利贷?》，载《商》2011 年第 1 期。
[85] 叶世清：《征信的法理研究》，西南政法大学 2008 年博士学位论文。
[86] 罗建华、黄玲：《中小企业非正规金融内生成长分析——基于社会资本视角》，载《经济与管理》2011 年第 1 期。
[87] 陆晓明：《中美影子银行系统比较分析和启示》，载《国际金融研究》2014 年第 1 期。
[88] 乔翔：《美国次贷危机成因与我国住房和金融市场发展》，天津财经大学 2008 年硕士学位论文。
[89] 朱伟一：《非法集资的中、美法律比较》，载《国际融资》2013 年第 11 期。
[90] 李晓强：《集资型犯罪研究》，山东大学 2012 年博士学位论文。
[91] 张少华：《反垄断法视野下的中小企业保护》，河北经贸大学 2011 年硕士学位论文。
[92] 李富有、匡桦：《基于声誉约束的民间金融组织风险及其防范》，载《华南农业大学学报（社会科学版）》2010 年第 1 期。
[93] 何艳：《从美国解决储贷危机中得到的经验教训》，载《南方经济》2000 年第 4 期。
[94] 郑庆寰：《美国储贷危机和次贷危机的对比分析——从道德风险视角的考察》，载《经济问题探索》2008 年第 6 期。

[95] 艾茜：《个人征信法律制度研究》，中国政法大学2006年博士学位论文。

[96] 钟文：《全国非法集资案达到历史峰值》，载《中国企业报》2015年6月9日，第3版。

[97] 涂重航、沙璐、李骁晋：《民间集资泛滥暴露监管真空》，载《新京报》2015年3月17日，B7版。

[98] 吴红毓然、韩祎：《集资风险显露 高层严令排查》，载《财新周刊》2015年第49期。

[99] 王丽娜：《非法集资新困局：民间投融资局部坍塌》，载《财经》2016年第1期。

[100] 朱文彬等：《千里直击“跑路风”》，载《上海证券报》2015年1月19日，第4版。

[101] 胡心洁、邹筱溪：《河南担保业“井喷”》，载《河南日报》2009年7月16日，第11版。

[102] 王勇、李姗姗：《变身“高利贷” 河南肃整担保业》，载《中国经济周刊》2011年第3期。

[103] 郭翔：《2014年，房地产拐点?》，载《期货日报》2014年3月7日，第5版。

[104] 莫兰琼：《2014年房地产降价原因分析》，载《检察风云》2014年第13期。

[105] 何丰伦、郑良、李劲峰：《民间借贷长期“地下运转”危及金融生态》，载《经济参考报》2014年9月22日，第5版。

[106] 马光远：《温州危机是改革不彻底的缩影》，载《中国经营报》2011年10月17日，B7版。

[107] 党小学、党玉红：《非法集资，重判还是轻责》，载《检察日报》2015年5月27日，第5版。

[108] 尹岳：《洛阳集资崩盘始末》，载《财经》2016年第1期。

[109] 杜涛欣：《河南非法集资事件透视》，载《民主与法制时报》2013年5月13日，A2版。

[110] 陈子牧、胡萍：《融资担保业：规范整合之后必将迈向新台阶》，载《金融时报》2012年12月3日，第7版。

[111] 张洁：《美国社区银行如何助力小微企业融资》，载《中国中小企业》2021年第7期。

[112] 禹爱民、李明耀：《立案登记制如何穿越现实屏障》，载《人民法院报》2015年5月4日，第2版。

[113] 萧辉：《娄底一老板自杀引爆百亿借贷挤兑潮》，载《新京报》2015年3月17日，B8版。

[114] 曹蓓：《银行开发贷冷对三四线城市房企　中小开发商被迫高息民间借贷》，载《证券日报》2014年6月24日，B2版。

[115] ［美］安德烈·施莱弗：《有效监管》，潘方方、丁丁译，载吴敬琏主编：《比较》，中信出版社2010年版。

[116] 徐可：《河南省民间融资的形势、特征、风险防范与启示》，载喻新安、谷建全主编：《河南金融发展报告（2015）：新常态下的区域金融发展》，社会科学文献出版社2015年版。

[117] ［意］毛罗·卡佩莱蒂：《比较法教学与研究：方法与目的》，王宏林译，载沈宗灵、王晨光编：《比较法学的新动向——国际比较法学会论文集》，北京大学出版社1993年版。

（三）网络文献类

[1]《全国人民代表大会法律委员会关于〈中华人民共和国证券法（修订草案）〉修改情况的汇报》，载中国人大网2020年1月3日，http：//www. npc. gov. cn/npc/c2/c30834/202001/t20200102_ 304437. html。

[2] 王晓洁：《机构：2014年P2P问题平台达275家》，载中国新闻网，http：//www. chinanews. con. cn/fortune/2015/01 – 04/6932016. shtml。

[3] 红原：《中小房企涌入线下P2P寻资金　利率高企或生新泡沫》，载网易2015年5月8日，http：//money. 163. com/15/0508/10/AP3A94OQ00254TFQ. html。

[4] 梁鹏、李鹏：《10亿非法集资背后的投资担保业乱象》，载央广网河南频道，http：//hn. cnr. cn/hngbqg/201309/t20130917_ 513618057. shtml。

[5]《e租宝非法集资500亿　福建投资者很受伤》，载新浪福建2024年7月14日，http：//fj. sina. com. cn/zt/ezbffjz/index. shtml。

[6] 泓翔：《e租宝非法集资案：大肆挥霍投资款、奢靡生活惊人》，载新华网，http：//news. xinhuanet. com/legal/2016 – 02/01/c_ 128691788. htm。

[7] 支付圈：《传P2P企业E租宝员工自爆钰诚集团为最大传销机构》，载搜狐网2015年7月29日，https：//www. sohu. com/a/24700276_ 116173。

[8] 孤鸿栖岸：《一个悲伤的故事：在e租宝上班是何种体验》，载新浪财经2016年2月3日，https：//finance. sina. com. cn/money/bank/dsfzf/2016 – 02 – 03/doc – ifxnzanh0664508. shtml。

[9] 白阳、陈寂：《"e租宝"非法集资案真相调查》，载《检察日报》2016年2月1日，第1版。

[10] 肖潇：《石述思：三四线城市楼市泡沫或将破灭》，载人民网2014年5月14日，http：//www. people. com. cn/n/2014/0514/c347759 -25017001. html。

[11]《公安部开通非法集资案件投资人信息登记平台 首对"e租宝"案件投资人开放》，载中华人民共和国公安部网2016年2月13日，https：//www. gov. cn/xinwen/2016 -02/13/content_ 5040928. htm。

[12] 建龙博客2015年4月6日，http：//blog. sina. com. cn/s/blog_ 49e28c6e0101jpc9. html。

[13] 樊纲：《经济危机常常是资产泡沫引起的》，载网易财经2010年5月18日，https：//www. 163. com/money/article/66VVS40H00254E1F. html。

[14] 赵普、董映颉：《安阳民间借贷崩盘三年：楼市陷入停滞信心全无》，载人民网2014年11月15日，http：//finance. people. com. cn/GB/n/2014/1115/c1004 -26027807. html。

[15] 马光远：《中国企业赚钱的逻辑》，载赣州金融网2011年9月26日，http：//www. gzjrw. com. cn/Item/80062. aspx。

[16] 余丰慧：《热钱撤离、真正金融风险在楼市》，载中国贸易金融网，http：//m. sinotf. com/News/index/id/152491/htm/。

[17] 许晔：《非法集资案后的河南村庄：有人被气死 父子断绝关系》，载凤凰资讯网2016年3月1日，http：//news. ifeng. com/a/20160301/47640098_ 0. shtml。

[18] 翁仕友：《地方政府金融办"实体化"改革观察》，载新浪财经，http：//finance. sina. com. cn/roll/20090314/00505975299/shtml。

[19] 周宏伟：《非法集资案件刑民交叉疑难问题之厘清》，载包头市昆都仑区人民检察院网，http：//www. baotoukdl. jcy. gov. cn/jcywl/201807/t20180710_ 2279315. shtml。

[20] 董兢：《以史为鉴：30年前的美国储贷危机》，载财新网，http：//finance. caixin. com/2016 -04 -26/100936692. html。

二、外文类

（一）著作与学术论文类

[1] Anders Isaksson, *The Importance of Informal Financial in Kenyan Manifacturing*, Statistics and Information Networks Branch of The United Nations Industrial Development Organization（UNIDO）Working Paper No. 5（2002）.

[2] Philip C. C. Huang, "*Public Sphere*" / "*Civil Society*" *in China? The Third Realm between State and Society*, 19 Modern China 216 - 240 (1993).

[3] Hyman P. Minsky, *The Financial Instability Hypothesis: A Restatement*, in P. Arestis & T. Skouras eds., Post Keynesian Economic Theory: A Challenge to Neoclasssical Economics, Wheatsheaf Books, 1985.

[4] Paul R. Milgrom & John Roberts, *Economics*, *Organization and Management*, *Englewood Cliffs*, Prentice Hall, 1992.

[5] George J. Stigler, *The Theory of Economic Regulation*, 2 Journal of Economics and Management Science 3 - 21 (1971).

[6] Anne O. Krueger, *The Pilitical Economy of the Rent - Seeking Socierty*, 64 The American Economic Review 291 - 303 (1974).

[7] Douglas Ginsburg, *A New Economic Theorty of Regulation: Rent Extraction Rather Than Rent Creation*, 97 Michigan Law Review 1771 - 1779 (1999).

[8] Zvi Bodie & Robert C. Merton, *Pension Benefit Guarantees in the United States: A Functinal Analysis*, in R. Schmitt ed., The Future of Pensions in the United States, University of Pennsylvania Press, 1993, p. 121 - 203.

[9] Robert C. Merton & Zvi Bodie, *A Functional Perspective of Financial Intermediation*, 24 Financial Management 23 - 41 (1995).

[10] Cf. G. Becker, *Crime and Punishment: An Economic Approach*, 76 J. Pol. Econ. 169 (1968).

[11] I. Ehrlich, *The Econoimc Approach to Crime - a Preliminary Assessment*, in S. Messinger & E. Bittner, Criminology Review Yearbook, Volume I Sage Publications, 1979, p. 25 - 60.

[12] Gary S. Becker, *Crime and Punishment: An Economic Approach*, 76 Journal of Political Economy 169 - 217 (1968).

[13] Gary S. Becker & George J. Stigler, *Law Enforcement*, *Malfeasance*, *and Compensation of Enforcers*, Journal of Legal Studies, Vol. 3: 1, p. 1 - 18 (1974).

[14] Richard A. Posner, *Economic Analysis of the Law*, Little Brown and Company, 1973, p. 2 - 16.

[15] Katharina Pistor & Chenggang Xu, *Incomplete Law: A Conceptual and Analytical*

Framework and Its Application to the Evolution of Financial Market Regulation, 35 Ssrn Electronic Journal 931 – 1014 (2002).

[16] Robert Charles Clark, *The Federal Income Taxation of Financial Intermediaries*, 84 Yale L. J. 1605 – 1608 (1975).

[17] Howell E Jackson, *Regulation in a Multi – Sectored Financial Services Industry: An Exploratory Essay*, Ssrn Electronic Journal, Vol. 77: 2, p. 319 – 397 (1999).

[18] F S Mishkin, S G Eakins, *Financial Markets and Institutions*, Pearson Education Limited, 2006.

[19] Paul McCulley, *Teton Reflections*, PIMCO Global Central Bank Focus (2007).

[20] Dale W. Adams & Delbert A. Fitchett, *Informal Finance in Low – Income Countries*, Westview Press, 1992, p. 1 – 5.

[21] Micheal Aliber, *Informal Finance in the Informal Economy: Promting Decent Work among the Working Poor*, International Labour Organization Working Paper, 2002, p. 1 – 4.

[22] Ronald I. Mckinnon, *Money and Capital in Economic Development*, The Brookings Institution, 1973, p. 177. Edward S. Shaw, *Financial Deepening in Economic Development*, Oxford University Press, 1973.

[23] Stiglits J. & Weiss A., *Credit Rationing in Markets with Imperfect Information*, 71 American Economic Review 393 – 410 (1981).

[24] Karla Holt & Joseph E. Stiglitz, *Imperfect Information and Rural Credit Market*, 4 World Bank Economic Review 235 – 250 (1990).

[25] Yingyi Qian, Gabriella Montinola & Barry R. Weingast, *Federalism, Chinese Style: The Political Basis for Economic Success in China*, 48 World Politics 50 – 81 (1995).

[26] James M. Cypher, *Mexico: Financial Fragility or Structural Crisis?*, 30 Journal of Economic Issues 451 – 460 (1996). J. A. Kregel, *Margins of Safety and Weight of the Argument in Generating Financial Fragility*, 31 Journal of Economic Inssues 543 – 548 (1997).

[27] Renee Spierings, *Reflections on the Regulation of Financial Intermediaries*, 43 Kyklos 91 – 109 (1990).

[28] See Dale W. Adams & Robert C. Vogel, *Rural Financial Markets in Low – Income Countries: Recent Controverisies and Lessons*, World Development, Vol. 14: 4, p. 477 – 487 (1986).

[29] Jan Pieter Krahnen & Reinhard H. Schmidt, *Development Finance as Institution Building: A New Approach to Poverty – Oriented Banking*, Journal of Development Economics, Vol. 50: 2, p. 392 – 395 (1996).

[30] Sanjay Jain, *Symbiosis vs. Crowding – out: the Interaction of Formal and Informal Credit Markets in Developing Countries*, Journal of Development Economics, Vol. 59: 99, p. 419 – 444 (1999).

[31] H. Bester, *Screening vs. Rationing in Credit Markets with Imperfect Information*, American Economic Review, Vol. 75: 57, p. 850 – 855 (1985).

[32] Erhard Kropp, *Linking Self – Help Groups and Banks in Developing Countries*, TZ – Verlags – gesellschaft for APRACA and GTZ.

[33] Lynn M. LoPucki, *The Systems Approach to Law*, Cornell Law Review, Vol. 82: 3, p. 279 – 1532 (1997).

[34] Kane E., *Accelerating Inflation, Technological Innovation, and the Decreasing Effectiveness of Banking Regulation*, The Journal of Finance, Vol. 36: 2, p. 355 – 367 (1981).

[35] Coffee J., *Competition Versus Consolidation: The Significance of Organizational Structure in Financial and Securities Regulation*, The Business Lawyer, Vol. 50: 2, p. 447 – 484 (1995).

(二) 外国法律、案例和国际组织文件类

[1] 15 U. S. C. A. § 80a – 48.

[2] AR ST § 23 – 60 – 102.

[3] Douglass v. Dynamic Enterprises, Inc., 869 S. W. 2d 14 (Ark. 1994).

[4] State ex rel. Duffy v. Western Auto Supply Co., 134 Ohio St. 163 (Ohio 1938).

[5] First National Bank of East Arkansas v. Taylor, 907 F. 2d 775 (8th Cir. 1990).

[6] NV ST 685B. 035.

[7] Robin Hood Group, Inc. v. Florida Office of Ins. Regulation, 885 So. 2d 393 (Fla. 4th DCA 2004).

[8] FL ST § 624. 155.

[9] NV ST 685B. 087. 79A C. J. S. Securities Regulation § 458.

[10] 15 U. S. C. A. § 80a – 46.

[11] 15 U. S. C. A. § 77x. Barnett v. Anaconda Co. , 238 F. Supp. 766 (S. D. N. Y. 1965).

[12] SEC v. W. J. Howey Co. , 328 U. S. 293 (1946).

[13] 15 U. S. C. A. § § 77b (a) (1).

[14] See Community Bankers Ass'n of Indiana, Inc. v. Clarke, 766 F. Supp. 1519 (S. D. Ind. 1990).

[15] TX FIN § 35. 201.

[16] VA ST § 6. 2 – 938.

[17] State ex rel. Taylor v. Currency Services, Inc. , 358 Mo. 983, 218 S. W. 2d 600 (Mo. 1949), See also Tex Atty. Gen. Op. DM – 239, 1995 WL 145055 (Tex. A. G. Mar. 9, 1995).

[18] BCBS, Implications of Fintech Developments for Banks and Bank Supervisors (2018).

[19] FSB, Finanicial Stablity Implictions from Fintech (2017).

[20] BIS, Cycles and the Financial System, 71 Annual Report, June 2001.

[21] State ex Re. Duffy v. Western Auto Supply Co. , 134 Ohio St. 163 (Ohio 1938).

[22] First National Bank of Eastern Arkansas v. Taylor, 917 F. 2d 775 (8th Cir.), cert. denied, 498 U. S. 972 (1990).

[23] SEC v. VALIC, 359 U. S. 65 (1959).

[24] Nationsbank v. VALIC, 513 U. S. 251 (1995).

[25] American Deposit Corp. v. Schacht, 84 F. 3d 834 (7th Cir.), cert. denied, 117 S. Ct. 185 (1996).

[26] U. S. Department of the Treasury. Blueprint for a modernized financial regulatory structure. (March 31, 2008): p. 139. Http://www. treas. gov, 2016 – 3 – 21.

[27] 12 U. S. C. § 1813 (c) (1) (1996).

[28] 12 U. S. C. § 461 (b) (1) (A) (1998).

[29] 12 U. S. C. § 2902 (2) (1998).

[30] 12 U. S. C. § 1841 (c) (repealed 1987).

[31] 12 U. S. C. § 1813 (a) (1) (2006).

[32] Board of Governors v. Dimension Financial Corp. , 474 U. S. 361 (1986).

[33] Tex. Fin. Code Ann. § 31. 004 (a) (West 1997).

[34] State ex rel. Taylor v. Currency Services, Inc. , 358 Mo. 983, 218 S. W. 2d 600 (Mo. 1949).

[35] Tex Atty. Gen. Op. DM – 239, 1995 WL 145055 (Tex. A. G. Mar. 9, 1995).

[36] First National Bank of East Arkansas v. Taylor, 907 F. 2d 775 (8th Cir. 1990).

[37] 15 U. S. C. § 80a – 3 (c) (3) &3 (c) (11).

[38] Efraim Benmelech, Tobias J. Moskowitz, *The Political Economy of Financial Regulation: Evidence from U. S. State Usury Laws in the* 18*th and* 19*th Century*, 65 The Journal of Finance (2010): p. 1029 – 1073.

[39] CCH Federal Banking Law Reporter: Fed. Banking L. Rep. P 48 – 901A. 912 (C. C. H.), 2009 WL 3688592.

[40] Code of Virginia Sec. 6. 2 – 938, as added by Laws 2010, Ch. 794, approved April 21, 2010, effective October 1, 2010.

[41] 12 U. S. C. § 1841 (c) (D), (H) (1998).

[42] IMF, Global Financial Stability Report (2007).

[43] FDIC, Community Banking Study (2020).

[44] 9 CorpusJuris Secondum Banks and Banking § 2 at 52 (1996).

[45] 12 U. S. C. § 80a – 3 (c) (1) (1998).

（三）网络文献类

[1] SBA, *Small Bussiness and Micro Business Lending in the United States*, 2002 Edition Small Business Administration, http: www. sbaonline/advo.

[2] *SBA Agency Financial Report · Fiscal Year – 2015*, Small Business Administration, https: //www. sba. gov/sites/default/files/aboutsbaarticle/Agency_ Financial_ Report_ FY_ 2015. pdf.

[3] World Bank, *Informal Financial Markets and Financial Intermediation in Four African Countries*, 2010 – 10 – 11 World Bank Group, http: //www – wds. worldbank. org/external/default/WDSContentServer/WDSP/IB/2010/10/11/000333038_ 2010101103

3553/Rendered/PDF/570510BRI0Find10Box353745B01PUBLIC1. pdf.

[4] See Anders Isaksson, *The Importance of Informal Finance in Kenyan Manufacturing*, The United Nations Industrial Development Organization (UNIDO) Working Paper, http://www.unido.org/fileadmin/import/userfiles/puffk/sin_ wps05. pdf.

后　　记

钱穆先生曾言：中国近代政治积弊，则仍在纸面文字上用力，一切要求制度化，认为制度可以移植，不必从活的人事上栽根。又认为制度可用来束缚限制人，不知道一切政治上的变化，正是活的人要求从死制度中解放。这一根本精神差了，于是从西方所抄袭的，只得仍成为一种敷衍文饰虚伪与浮华，始终没有把社会人心要求变化的内在活力，引上正路。

百余年来，中国学者学习和借鉴外国法律可谓不遗余力，不厌其烦，而其效果却总是未尽如人意。近代的吴经熊，年轻时游历世界名校，遍访名师，意气风发，希望通过法律移植改革中国的社会制度，然而，他失败了。失败的原因可能就是其对西方的情况很了解，而对中国的实际情况却不甚了解。故而，其苦心孤诣想要引进的来自西方的先进制度可能并非我们真正需要的。然而，仅认识到这一点还远远不够。正如朱晓阳在《小村故事》中所写，他和许多受过西方社会科学训练的前辈一样，在盯着自己的中国人这双脚时，为已经穿上去的西方社会科学这双鞋之夹脚而无可奈何。

我的家乡是豫南的一个地级市。2015 年年初我在美国交流学习时，陆续接到几位同乡的电话，向我倾诉其被“担保公司”“骗去”数万元、数十万元不等，因老板跑路而索要无门。当我那年暑期从美国回到家乡时，打开电视机，发现本省有线电视的起始页面已变为了“拒绝非法集资”几个大字，提示我这片土地上的人民目前可能正在集体罹受着某种痛苦。可以想见，当不富裕的城镇居民听闻同事、邻居、朋友都在投资赚钱的消息后，犹豫良久亦将多年积蓄交给“担保公司”时，当勤恳、本分的农民终于抵不住村里最值得信任的“排场人”的劝诱，将大半生在土地上劳作的微薄收入忐忑奉上时，他们没有想到自己的钱财真的会一去不回。悔恨、恐惧、怨尤、愤恨可能会填满他们今后数年的生活——这大概是渴望安稳的中原人最难以接受的一种生活状态了。地方政府有自己的难处，中央监管层也有暂时的力不从心，我在调研过程中接触到的各级工信部门、金融办、法院、公安机关的工作人员，并没有一人是只顾个人私利、对受害人不怀抱同情之心的。但问题太复杂了，且难以找到可以直接借鉴的理论与法律制度。

本书虽然研究的是具有中国特色的民间金融问题，但分析相关问题所需的法学、社会学、经济学理论仍然来自国外，唯期利用其基本理论框架，通过对中国具体问题的研究，得出一些关于中国的特殊规律，这不能不说是一种悲哀。然而，即便穿着夹脚的鞋，也必须将脚下的路走出来，因为自己的路只能自己走。本书也许并没有能在这条道路上迈出多远，然而，正如恩师吴志攀教授所说的那样，作为一本能够提供彼时的一些真实情况的参考书，也便有其价值。